沟通

兰 馨 编著

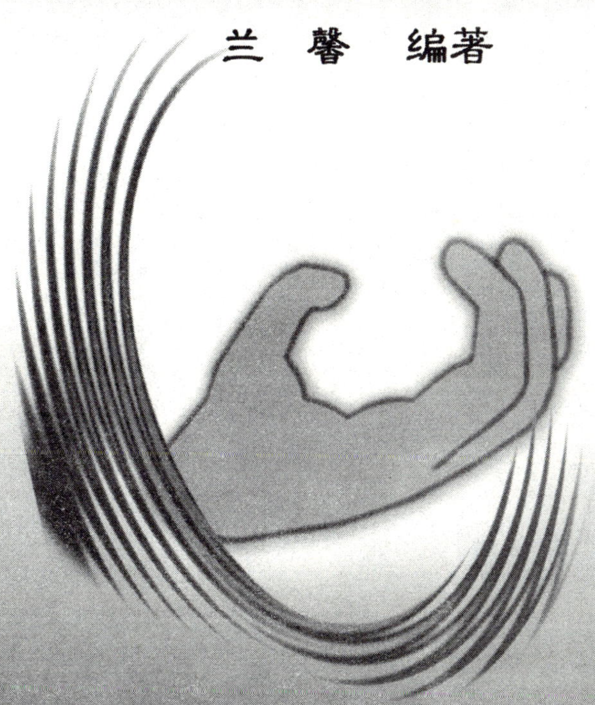

时事出版社

前　言

人生活在社会群体中，必然要和各种各样的人打交道，而“打交道”也就是人际沟通的代名词。如何在人际关系这种看似简单实则复杂的交往中如鱼得水、左右逢源，是值得每一个人重视、学习的大事。

戴尔·卡耐基认为人际关系是成功的重要因素。他指出：一个人事业的成功，只有15%是由于他的专业技术，另外的85%要靠人际关系、处世技巧。喜欢别人，又能让别人喜欢的人才是世界上最成功的人。怎样才能做到这一点呢？能够恰到好处地与各种各样的人进行成功沟通，建立起牢固的人际关系网，将有助于我们更好地发展自己的事业，成就自己的人生。

沟通既是一门科学，也是一门艺术。在经济发展的现代社会，沟通的重要性正日益显现，在市场经济占主导地位的今天，沟通正日益发挥出强大的作用。

虽然沟通看起来很容易，但是有效沟通实际上是非常复杂的。当然，这并不是说有效的沟通是一项高不可攀的技巧，只是成功的沟通要遵循一定的原则和方法。为人要讲究艺术，处世要注重方法，只有正确地掌握了与人沟通的技巧，才可能在经营事业和人生时达到无往不胜、左右逢源的境界。

本书包括十二章内容，作者将理论与实际相结合，有效引导读者如何与陌生人顺利沟通、交朋友；如何与朋友沟通，与朋友沟通应注意些什么；在恋爱中如何沟通、如何拒绝或追求对方；如何维系夫妻间的感情、化解夫妻间的矛盾；怎样与父母沟通，怎样正确教导子女并与子女共同解决问题；如何实现企业的内部沟通，并通过沟通建立高效的团队；如何根据上级的类型进行沟通、获得上级的赏识；如何搞好上下级关系并有效激励下级；用什么赢得客户，怎样与客户周旋；商务谈判如何与对方周旋并战胜对手；如何应付沟通受阻并应付沟通中的险境等等，条理分明、全面翔实地向读者介绍了各种沟通的方式与技巧，能够帮助读者提高对人际沟通的认识，增强实际沟通能力，从而在社会交往、人际沟通中游刃有余，立于不败之地。

本书内容全面、实用，相信能给广大读者以有益的启示、深远的影响以及实实在在的帮助。

目　录

沟通

第一章

与陌生人如何沟通

主动结交陌生人

结交陌生人的意义所在

行为科学研究人员发现，75%的人与你截然不同。他们中有的可能对你一生的成功至关重要，与这种人富有成效地合作将有助于你了解他们的做事方式和行为习惯，给自己以有益的引导。真正对你至关重要的人，不一定都是你所熟悉的人，就是说可能是陌生人，所以我们要能够积极主动地结交陌生人。

在各种场合与陌生人积极、主动地谈话，是获得更多朋友的最好方法之一。

只有想办法去认识更多的陌生人，并使这些人都成为自己的朋友，才能使自己的社交圈壮大起来。

有一个丰富多彩的人际关系网，是每一个正常人的需要。可是，很多人都没有建立起一个丰富多彩的人际关系网。大凡缺少朋友的人常常慨叹世界上缺少真情、缺少帮助、缺少爱，他们都被孤独感所困扰。其实，这些人之所以缺少朋友，仅仅是因为他们在人际交往中不能采取主动的态度，总是期待友谊从天而降。要知道，别人是没有理由无缘无故对我们感兴趣的。因此，如果想赢得更多的朋友，与更多的人建立良好的人际关系，最有效的方式就是主动交往。

要主动伸出友谊之手

朋友多的人与朋友少的人的区别之一就是朋友多的人能够主动去结识陌生人。而主动结识陌生人并不难，只要你能主动向对方伸出友谊之手，结识新的朋友将是一件令人愉快的事情。当你尝试着向陌生人伸出友谊之手，并彼此成为朋友时，你便会明白得到一个朋友是如此地简单与快乐。主动地结识陌生人并保持不断的联系，这是使陌生人转变为朋友的有效做法。

不过，“向陌生人主动伸出友谊之手”并不是所有的人都能做到的。现实中的很多人都不愿意主动去结识陌生人，都习惯于等待别人与自己主动打招呼，习惯这种被动的结交方式。如果所有的人都持这种态度，那么人与人之间不就没有交往了吗？幸好有一部分人是天生的活跃者，他们善于主动同陌生人打招呼，并努力与对方加深关系。这样，人与人之间才有了交往，世间才多了许多温暖。而这类活跃者往往是最有收获的人，他们朋友多、交际面广，做什么事情都容易，简直可以一呼百应、左右逢源。

要想获得更多的朋友，得到更多人的帮助，就要能够积极主动地去结识陌生人，主动向对方伸出友谊之手。

主动结交陌生人的心理障碍

积极而主动地去结交陌生人，对于大多数人来说，并不是一件容易的事情。原因何在？心理学家研究后发现，有两点主要原因导致人们不能主动与陌生人交往：

1. 担心自己的主动交往不会得到对方的积极响应，从而使自己陷入窘迫、尴尬的境地，进而伤及自尊心。其实，这种担心是没必要的。在现实生活中，人人都有交往的需要，我们主动交往而对方不加以理会的事情是少见的。如果你尝试着主动和别人攀谈，就会发现，主动与陌生人交往其实很容易。

2. 心理负担导致不能主动去交往陌生人。在主动同陌生人谈话前，

不擅长主动结交陌生人的人可能会产生这种想法：“先同别人打招呼，会不会显得自己低贱呢”，“我这样打扰别人，人家没准会烦的”，“彼此互不相识，人家会不会怀疑我居心不良?”等等。正是这些心理负担阻碍了我们与陌生人交往的积极性，使我们失去了很多结识别人、发展友谊的机会。

为了结交更多朋友，使我们的社交圈丰富多彩，我们要努力战胜心理障碍，告诉自己不能因为这些心理负担阻碍了自己结交朋友，也许情况根本就不是自己想像得那么糟，何不去大胆一试呢？不尝试，就不能得出准确的结论。

当你因为某种担心而不敢主动同别人交往时，最好去实践一下，用事实去证明你的担心是多余的。不断尝试，会积累你成功的经验，增强你的自信心，使你的人际关系状况越来越好。

克服主动交往的心理障碍

要克服主动结交陌生人的心理障碍，首先要克服不自信。不自信就会表现得犹犹豫豫、缩手缩脚。越是这样，别人越是不愿与你交往，你的心理负担就会更加加重。

不自信的人，往往是有着过分的自尊，总是希望自己能够十全十美地去做好每一件事，让别人无可挑剔。可是，实际能力与愿望之间常常存在着差距，从而无法使自己建立起自信，认为自己很无能。在面对陌生人的时候，生怕对方发现了自己的弱点，从而鄙视自己。于是就形成一种心理上的自我保护，这种自我保护的表现就是不愿意暴露自己的缺点，不愿意与更多的人交往，以免在更多的人面前暴露自己的缺点。

那么，该如何克服与陌生人交往的心理障碍呢？可以参考以下几种办法：

1. 进行自我鼓励

在与陌生人交往有心理压力时，可以这样鼓励自己：我社交的能力虽然差些，但别人开始时也是这样，不管什么事情，开始都不见得能做好，多实践几次就会做好了，大家都一样。只要不断努力，情况会越来越好的。

2. 进行自我安慰

如果对方是很出色的人，我们更容易不自信和有心理压力，生怕对方会看不起自己，从而拒绝与自己交往。这时，你可以这样安慰自己：对方虽然有一系列的优点，但自己在他面前也不一定就一无是处。人是各有长短的，某些方面他可能优于自己，另一些方面自己也可能是优于对方的。所以说，对方没有理由看不起自己。

3. 多进行实际磨炼

多进行实际磨炼，是消除心理障碍的最有效方式。因为熟能生巧，无论多么不擅长社交的人，磨炼多了也就慢慢掌握了其中的规则与窍门，心理障碍也就不存在了。日本的一些企业管理人员培训班，为了培养锻炼学员的社交能力，让学员站在闹市中人多的地方，大声唱歌和朗读报纸。这种有益的磨炼，对于学员克服腼腆、不善交际应酬的缺点有着非常大的好处。

参考以上几条办法，并努力使自己敞开心扉，主动与他人交往。告诉自己，人人都渴望别人的关心和爱，只要努力就能交到更多的朋友。在各种场合中，要尝试着主动与不熟悉的人打招呼、微笑，并尽自己的力量去帮助别人。只要你真诚待人，就会得到别人的理解和善待，关键在于自己能够积极主动地去做。长此以往，你在待人接物中会逐渐变得洒脱起来，你的朋友就会越来越多，肯帮助你的人也会越来越多。

怎样给对方留下好印象

待人接物要有分寸

和人初次交往，待人接物一定要有分寸，这将关系到能否给对方留下良好的第一印象。在生活中，这种初次见面的情况经常碰到，如和客户谈生意、和新朋友见面等。

如果与对方约好了见面时间，就一定要守时，交换名片之后不能看都不看就塞进口袋；谈话的时候不能光顾谈自己，要有耐心同对方谈他感兴趣的事；如果要抽烟，最好先征得对方同意；在语言、动作上表现出自己的谦虚和对对方的尊敬。

另外，要注意对对方的称呼。有礼貌的称呼应该是具体、亲切的，如：对老年人称呼“老大爷”、“老大娘”；同龄人相互之间可以称为“同志”、“先生”、“小姐”等。

言谈举止要有分寸。在请求别人的帮助时，要用商量的口气；接受别人帮助后要道谢；对别人的致谢要表示“没什么”、“不客气”。在进入别人住所前，要轻轻叩门，得到允许后方能进去。在别人遭到不幸时，要给予同情；对别人的同情要回谢。

用微笑赢得对方的好感

在一个宴会中，一位身着名贵貂皮，配戴钻石、珍珠的女人，希望通过华丽的装扮赢得众人的好感，但是没有人主动对她表示友好，因为她的面孔充满了刻薄和自私。看来，华丽的装扮并不能掩盖尖酸的面孔。其实，一个人的表情远比他的衣着及其他更重要。

纽约某大百货公司的人事部主任曾表示，他宁可雇用一个笑口常开的女职员，即使她是小学毕业的，也不愿雇用一位表情阴冷、死板的博士。

看来微笑才是最能赢得他人好感的法宝。一个微笑包涵着“我喜欢你”、“你使我感到快乐”、“我很高兴遇见你”等含义。

施科勃先生说，他自己的微笑能值100万美元。他说得没错，他的性格、魅力以及他那令人欢喜的能力，是他取得成功的全部原因。而他个性中最重要的因素，就是他那能够打动一切人的微笑。

玛丽几乎没有朋友，因为她不擅长对别人微笑。可是，当看到别人在一起欢声笑语时，她很是羡慕，为了改变自己的处境，她决定尝试着对别人微笑。于是，她总是尽力使脸上呈现出最美好的微笑，对她所遇到的每个人打招呼：“你好！”

当她去办公室的时候，她会对开电梯的人说“早上好”，并且对他微笑，还和看门人微笑着打招呼；她在地铁售票处兑换零钱的时候，也会以微笑和服务员打招呼；她站在交易所大厅的时候，还会对那些以前从未见过的人微笑……不久，她就发现每个人都对自己报之以微笑。

玛丽的工作和生活气氛开始改变，彼此的关系友善多了，玛丽成功地交到了一些非常好的朋友，她觉得自己的工作和生活因此变得愉快而有趣了。

要有良好的外在形象

在与陌生人打交道的时候，有一个良好的外在形象，非常有助于双方关系的建立。好的形象可以使对方信赖自己，愿意同自己交往、合作、提供帮助等。

拿破仑·希尔就是靠良好的外在形象赢得了别人的支持与帮助，才得以从命运的最低谷得到巨大的转机。

第一次世界大战结束时，拿破仑·希尔落魄到了极点，几乎到了一文不名的地步，他的全部衣服只有三套已经穿破了的西装和两件再也派不上用场的制服。为了尽快改变命运，他先从改变自己的形象着手。

希尔当时口袋中仅有不到一元的零钱，但他仍然挑选了最昂贵的布料制作了三套西服，这三套西服总共要 375 美元！幸好希尔在裁缝师傅心目中的信用很好，对方并没有要求他及时支付费用。希尔又在一家男士服饰店以记账的方式买了三套不太贵的西服，以及一整套非常好的衬衫、衣领、领带、吊带及内衣裤。

接下来，希尔开始实施他的计划了。

每天早上，希尔都会穿上一套全新的衣服，在同一时间走上同一条街道。这个时间正好是某位富裕的出版商前往吃午餐的时刻，而他所走的路正好跟希尔走的路线相同。

希尔每天都要和出版商打招呼，偶尔还会停下来同他聊上一、两分钟。这种情况重复一星期后，事情有了实质性的发展，因为希尔衣着所表现出来一种极有成就的“气质”，再加上每天一套不同的新衣服，引起了出版商很大的好奇心（希尔本来就是希望会发生这种情况）。

出版商问及了希尔的事业，希尔很潇洒地掸掉手中哈瓦那雪茄的烟灰，说道：“哦，我正在筹备一份新杂志，打算在最近一段时间内予以出版。”

“一份新杂志?”出版商回答说，“你打算替这份杂志取什么名字呢?”

“我打算将它命名为《希尔的黄金定律》。”

“不要忘了，”这位出版商马上说，“我是从事杂志印刷及发行的。也许，我也可以帮你的忙。”

这就是希尔所等候的一刻。当他购买这些新衣服时，心中就已想到了

这一刻。

后来，这位出版商主动同希尔签合约，要求负责印刷及发行希尔的杂志，并在不收利息的情况下为希尔提供巨额资金。可以说，这一切成果都是希尔漂亮的衣服吸引来的。

看来，一个人的形象真是太重要了。试想，如果这位出版商每天在那条街上看到希尔时，希尔脸上总带着沮丧的神情，身上穿着一塌糊涂的旧西装，眼中流露出贫穷的眼神，他将永远不会同希尔有任何关联。

良好的外在形象总是能够吸引人们的注意力，使他人乐于接近或交朋友。要想获得更多人的好感，别忘了努力使自己拥有良好的外在形象。

如何赢得对方的喜欢

真诚地赞赏对方最想被称赞之处

对于陌生人来说，要想赢得对方的喜欢可不是一件容易的事情。双方从没交流过，不懂得对方的脾气、性格，同时又不具备感情基础，别说赢得对方的喜欢，就连沟通都不是一件容易的事情。

可是，有些时候还必须得同陌生人沟通，为了使沟通进行得顺利、取得成功，就得想办法先赢得对方的喜欢，这就更是难上加难了。

不过，并不是无计可施，比如说，去称赞对方最想被称赞之处，就是一个不错的办法。

伊斯曼是著名的柯达公司的总经理，也是全世界最著名的企业家之一。虽然他如此地成功，拥有如此高的社会地位，仍然渴望得到别人的赞赏。

伊斯曼为了纪念他已经故去的母亲，准备在罗切斯特建造伊斯曼音乐学院和基尔伯恩大剧院。优美座椅公司的经理亚当斯希望能承揽其中的座椅业务。他打电话给伊斯曼雇用的建筑师约托，两人计划一同去罗切斯特拜访伊斯曼。

约托对亚当斯说：“我知道你想要得到这笔订单，但我可以告诉你，伊斯曼先生是个很严厉的人，他是这个世界上最忙的人，如果你占用他的

时间超过5分钟，那你就别指望得到这笔业务了。所以，我认为，你最好是长话短说。”

不过，情况比想像得要好很多倍，这都是亚当斯的赞赏技巧之功。

亚当斯见到伊斯曼之后，见到对方的办公室装璜非常讲究、精细，就知道主人一定是花费了很多心血，并且引以为荣。于是，亚当斯一开口就称赞伊斯曼的办公室，说从没见过比这更棒的办公室。伊斯兰自然爱听，他一直把办公室当作自己的一件杰作。于是，他们热烈地谈起了办公室。

伊斯曼说：“啊，如果不是你这样说，我倒真的想不起这些了。这办公室是不是很漂亮？当初装好之后，我就非常喜欢它。可是我现在每天都有一大堆的事要处理，脑子里想的只是工作，因此许久以来我竟没有注意到自己这个漂亮的办公室。”

亚当斯走上前来，摸了摸伊斯曼的办公桌说：“这是英国橡木的，对吧？它与意大利橡木在质地上有点儿差异。”

“是的。”伊斯曼回答说，“那是进口的英国橡木桌子。这是我一位对硬质木材很有研究的朋友特意为我挑选的。”

随后，伊斯曼带领亚当斯和约托参观了整个办公室，还给他详细介绍了各种物品的大小比例、颜色、精细雕刻，以及某些在他的参与下设计完成的装饰——很显然，伊斯曼很乐意向他的客人展示这些东西。

后来，伊斯曼还同亚当斯谈了自己的艰苦创业以及自己的母亲等等，两个人如同多年的朋友一样倾心交谈。实际上，这只是双方的初次交谈。亚当斯在进到伊斯曼的办公室，建筑师约托曾警告他不要超过5分钟。可是，两个人竟谈了好几个小时，还一起吃了饭。

最终，亚当斯轻而易举地就拿下了这笔大订单：价值900万美元的座椅。此后，亚当斯与伊斯曼一直保持着朋友关系。

这个故事简直有些让人不可思议：面对陌生人伊斯曼，亚当斯竟然轻而易举地就达成了自己的心愿，并且很快就与对方建立了朋友关系。起到关键作用的是亚当斯那恰当的称赞，称赞对方最引以为荣之处，一下子就说到了对方的心坎里，双方就此结交也就不足为怪了。

当你面对陌生人不知道该如何去赢得对方的喜欢时，不妨试着去称赞对方的得意之处，比如说优美的发型、漂亮的衣裙、得体的装束等，从这

里入手能够尽快地打消双方的陌生，拉近双方的距离，并且赢得对方的喜爱。

改变自身的不足之处

我们面对陌生人的时候，要想有效地吸引对方，赢得对方的喜欢，就必须用自身的人性光辉来赢取。在这里，所谓的人性光辉，就是在交往中使对方喜欢接近的性格特质，如果你通过努力改变自我、塑造吸引对方的性格特质，那么即使是陌生人，也会很快就喜欢你，从而乐于接近你，与你做朋友。

一般来说，能够吸引陌生人的性格特质有以下几种：

1. 亲切、随和

在与人初次见面的时候，亲切、随和是最能消除双方陌生感、拉近双方距离的，与一个亲切、随和的人打交道，会自然而然地形成一种舒适、愉快、友好的氛围，令人感到轻松自如、毫不拘束。能够做到这一点，对于与陌生人打交道来说是非常重要的。否则，对方会感到与你打交道很难，从而对你望而却步，并有意疏远你。

2. 善解人意

一个善解人意的人，懂得处处为别人着想，不使别人为难、拘束，更不会让别人尴尬、难堪。戏剧大师莎士比亚就具有善解人意的性格特质，在和他人交往的过程中，他能根据交往对象的不同特点，还有时间、地点的变化，恰到好处地与人交往。

3. 不卑不亢

不卑不亢是一个人必须具备的社交习惯。不卑不亢的人，是最受人欢迎的。见了地位高的人不谄媚，见了地位低的人不踧踖。不媚上、不欺下，才是做人之本。

4. 尊重他人

在与陌生人打交道时，尊重他人是必须的。如果连起码的尊重都没有，那么，也别想让对方尊重你。你能够尊重他人，对方自然就会尊重你、喜欢你。

除了努力改善自己的性格外，还要在言谈举止上多注意。以下几点可供参照：

1. 注意谈吐

与人交谈，声音尽量保持不高不低、不快不慢，不张扬、不紧张，表达清晰流利、大大方方，不矫揉造作。

2. 认真倾听

与陌生人交谈，不能光顾自己发表意见，还要能够认真倾听对方的意见与见解，这是尊重对方的一种表现。在倾听对方讲话时，要保持饱满的情绪，用心去理解对方讲话的内容，并且有耐心。

3. 注意行为举止

行为举止不能随随便便。男子应尽量显得潇洒与刚强，女子则努力体现优美与含蓄，并且得站有站相、坐有坐相。见面时有分寸地握手，既得体又表现出热情，对赢得对方的喜欢是非常有利的。所以，在交往中，一个善于把握自己行为举止的人，很容易赢得对方的好感。

4. 能够帮助他人

以帮助和相互帮助开始的人际关系，是最美好的交往，特别是对于陌生人来说，帮助他人最能赢得对方的好感，而且心理距离可以迅速缩短，使亲密的关系很快建立起来。帮助他人不一定非要对方遇到重大困难时，它可以体现在日常生活的一些小事上，如热情地给陌生人指路、在公共汽车上给人让座、他人拎不动东西你过去帮个手，这些简单的小事同样能使你获得陌生人的好感。

要赢得他人的喜欢，就要能够正确地审视自己，不断克服自身的缺点。如果你一向不被陌生人所喜欢，那么，就要从自己身上找原因，而不要把别人不喜欢你的原因归结到别人身上。在自己身上找到原因，并且通过努力改变自我、重塑自我，将自己性格、习惯方面的不利因素转变为有利因素，自然就能成为一个为他人所喜欢的人。

记住对方的名字非常重要

记住对方的名字就多了许多朋友

杰姆·费雷从来就没有机会受教育，10 岁的时候，他在一家瓦窑做

学徒，每天烧瓦片，然后置于阳光下晒干。杰姆的命运之所以发生巨大的转变，是因为他知道记住他人名字的重要性，并善于记住他人的名字，并有效地利用了这一点。

虽然杰姆从来没经历过上学是什么样子，但是在他 46 岁之前就已有 4 所大学颁予他荣誉博士的学位。他还成为美国民主党全国委员会的主席，并当上了美国邮政总监。

曾有人拜访他，问及他的成功之道和成功之源，杰姆说是因为他可以叫出 5 万个人的名字，由此他得以进入白宫，也帮助罗斯福进入白宫。

看来，记住他人的名字真是有着神奇的效应。

在富兰克林·罗斯福开始竞选总统的前几个月，吉姆一天要写好几百封信给西部及西北部各个州的人。然后，他登上火车，在 19 天之内，行程 12000 公里，足迹遍及 20 个州，用轻便马车、火车、汽车、快艇代步。他每到一个城镇就要和前来会见他的人共进午餐、早点、茶点或晚餐，同他们做一番亲切的交谈，然后再奔向下一站。

等他一回到东部，就立刻给自己所到过的每个城镇中的某个人写信，请对方帮忙将与他谈过话的客人的名单寄给他。然后，他将这些名单整理出来，最后名单上的名字就多得数不清了，但名单中的每个人都收到了吉姆的一封私人信函，且他在信中对对方总是大加赞扬。这些信都是用“亲爱的比尔”或“亲爱的杰恩”来开头的，而最后总是签着“吉姆”的名字，结果，他的这一做法帮助富兰克林·罗斯福拉取了大量的选票，使其成功地当上了美国总统。

所有的政治家都知道下面的这个真理：“你能记住选民的名字，这就意味着你能成为国务活动家；而忘记选民的名字，就意味着你将成为被遗忘的人。”无论是从事政治活动，还是去交朋友，都必须重视记住别人的名字，能有效地利用这一效应，将会受益无穷。

“名字”可以改变对方的态度

最简单、最明显、最重要的获得他人好感的方法就是记住对方的名字，这会使人感觉受到了重视。一般人对自己的名字比对地球上所有的名字加起来还要感兴趣。记住他人的名字，而且很轻易就叫出来，等于给予别人一个巧妙而有效的赞美。若是把人家的名字忘掉或写错了——你就会

处于一种非常不利的地位。

某人在巴黎开设了一门公共演讲课程。他向居住在中部的所有美国居民邮寄出了复印的信。但法国打字员的英文水平很低，因此在打姓名时自然会出现错误。有一个人是巴黎一家美国大银行的经理，他回复了一封毫不留情面的责备信，因为他的名字被拼错了。

如果你能记住某个人的名字，并在以后再见面时能不费劲地称呼他的名字，这就是对他的一个很好的恭维。

加利福尼亚州的洛克帕罗是一位航空公司的服务员小姐，她经常练习记住机舱中旅客的名字，并在为他们服务时称呼他们的名字，这使得顾客感到非常亲切，她本人也倍受赞许，有的顾客会当面表扬她，也有的顾客会告诉公司。有一位顾客曾写信给航空公司的经理说："我许久没有坐你们公司的飞机了。但从现在开始，我一定要等你们公司的飞机才乘坐。你们让我觉得你们的航空公司好像专属化了，而这对我非常重要。"

要想记住一个人的名字，有时可真是一件很难的事情，尤是当这个人的名字不太好念的时候。因为一般人都不愿去记这种难记的名字，都会心想："算了，干脆就叫他的简称吧。"但你想过没有，试着牢记别人的名字会产生什么样的效果呢？

一位著名的推销员拜访了一个名字非常难念的顾客。他叫尼古得·玛斯帕·帕都拉斯，别人都只叫他"尼克"。这位推销员在拜访他之前，特别用心念了几遍他的名字。当这位推销员用全名称呼他："早安，尼古得·玛斯帕·帕都拉斯先生"时，他竟然为有人叫他的全称而呆住了。过了几分钟，他都没有答话。最后，眼泪滚下他的双颊，他说："先生，我在这个国家十五年了，从没有一个人会试着用我真正的名字来称呼我。"可见名字在一个人心目中的地位。

巧用"名字"可以改变局势

"钢铁大王"安德鲁·卡耐基成功的原因是什么呢？尽管他被誉为"钢铁大王"，但他自己对于钢铁制造的知识掌握得并不多。他有成千上万的人为他工作，他们在钢铁制造方面懂得都比他要多得多。

卡耐基的成功在于他知道如何为人处世，而这正是他取得成功的关键原因。当他只有10岁的时候，他就发现人们对于自己的名字有着惊人的

重视。于是他有效地利用了这一点，结果让他受益无穷。

在商界，卡耐基利用“记住他人的名字”赚了好几百万美元。

又如，卡耐基与普尔门相互竞争的时候，就是巧用了名字的效应取得了成功。卡耐基所控制的中央运输公司和普尔门所经营的公司火拼一场生意，双方都希望获得太平洋铁路卧车联合公司的订单，于是两家公司互相排挤、大杀其价，最后竟到了无利可图的地步。

后来，卡耐基想到了名字的效应，就同普尔门去谈判。

卡耐基：“普尔门先生！我们两个人不是在自己出洋相吗？”

“你说这话是什么意思？”普尔门问。

于是，卡耐基把自己的意思表达出来——将他们双方的公司合并起来。两家公司互相合作而不竞争的好处，被他用美妙的词句描述得天花乱坠。普尔门十分在意地倾听着，但并没有完全赞同。最后他问道：“那么这家新公司你将如何命名呢？”

卡耐基立刻回答说：“哦！当然是普尔门皇宫卧车公司。”

于是，普尔门的脸上立刻神采飞扬。“到我房里来，”他说，“我们来详细谈谈。”谈判的结果自然是非常的成功。

试想，如果卡耐基没有提议用普尔门的名字命名新公司的名字，那么，结果是不可预测的，失败也说不定。重视了一个人的名字，就等于重视了这个人。这个道理与效应同样可以用在同陌生人的交往上。如果你能非常重视刚刚结识的陌生人的名字，那么，双方的距离很快就会拉近，陌生感也很快就会消失。

与陌生人如何交谈

交谈话题唾手可得

我们与陌生人想要交谈的时候，制造一个交谈的话题是不可避免的。可是，面对陌生人，很多人却发出这样的抱怨：“我真不知该说什么好！”或者想“他不一定会感兴趣我所说的话。”有些人又遇到这样的情况：“为什么别人能如此轻而易举地讲得那么悦耳动听，为什么无论我怎样努力都

得不到对方的积极响应?”现实中，这些情况并不少见。

面对陌生人制造交谈的话题，其实并不难，不过是与对方谈什么，从什么开始交谈而已。而可以作为话题的事情真是随处可见。之所以使人为难是因为人们对交谈有一个最普遍的误解：总是以为只有那些最不平凡的事件才是值得谈的。这样的结果使他们把彼此的交谈搞得索然无味。他们在搜肠刮肚地寻找重大事件的同时，却忽略了谈话本身所应具有的意义。

美国俄亥俄州雷顿的纽约人际研究会，有一位叫作约翰·丁·安德鲁斯的先生说：“从事我们这行工作，最重要的就是个人的态度问题。每一个想和别人进一步认识与了解的人，在与对方面对面时，往往不知道如何寻找话题。其实，话题实在多得唾手可得。”

确实如此，沟通的话题唾手可得。其实，人们除了爱听一些奇闻轶事以外，也很愿意谈一些有关日常生活的普通话题。比如，孩子的教育问题、业余的娱乐爱好，甚至衣食住行都是很好的话题，这些都是人们日常生活离不开的，因此更能使双方都有兴趣，容易抒发自己的感受与心得。只要你能够认识到这一点，在陌生人面前制造交谈话题就不成问题了。

谈论对方感兴趣的话题

保险公司业务员的说话技巧，是社会上公认的受过高度训练的一门学问。他们在与客户面谈以前，必须领悟一个道理，那就是他如果想与顾客做成一笔生意，先要学会碰到任何对象都能运用谈话技巧引起对方的兴趣，然后再进行洽谈。一旦对方有了兴致，再展开工作就顺利多了，自己的目的也就自然而然地达到了。

谈话时先引起对方的兴趣，不仅对工作有帮助，对人际交往也同样有效，特别是与陌生人交谈，更是效果奇特。可以说，通达对方内心思想的妙方，就是和对方谈论他最感兴趣的事情。

耶鲁大学教授菲利普先生在8岁那年，第一次领教了一个陌生人的交谈魅力。在姑姑林斯莉家中过周末的一个晚上，一位中年人来到姑姑家。在和姑姑随便聊了几句之后，他就把自己的注意力转移到了菲利普身上。当时菲利普对船的兴趣正浓，而这位来客则滔滔不绝地对菲利普谈论这方面的知识，不禁令菲利普对此次谈话产生了特殊的兴趣。即使在他离开之后，还对那位客人赞赏不已。姑姑说，那位客人是纽约的一位律师，对有

关船的事情应该是毫无兴趣可言的。

“可是，他为什么自始至终都在与我谈论有关船的问题呢?”菲利普问姑姑。

姑姑说：“因为他是一位善于交谈的人。他见你对船很感兴趣，就谈论他认为能使你注意并高兴的话题。通过这种方法，他使自己成了一个受欢迎的人。”

与陌生人谈论对方感兴趣的事情，不仅能令对方有兴致，甚至可能使其因心血来潮而慷慨付出。

查理夫先生是一位急公好义的童军工作人员。欧洲将举办童子军夏令营活动，查理夫想邀请美国某家大公司的经理出钱，赞助他本人和一位童子军的旅行费用。巧的是，在他去拜访这位大公司的经理之前，听说他曾开出了一张100万美元的支票。这可是100万美元的支票啊，真是数额巨大!

于是，查理夫见到这位财大气粗的经理之后说：“我这一辈子从来都没有听说有人开过数额如此巨大的支票！我要告诉我的童子军，说我的确看到过一张100万美元的支票。”听到这里，这位经理非常愉快地把那张支票递给查理夫看。查理夫则赞叹不已，并询问这张支票的详细情况，这位经理饶有兴趣地告诉了他。

之后，那位经理问查理夫：“请问你来找我有什么事?”到这时，查理夫才说明来意。结果十分出乎查理夫的意料：这位经理不但立即答应了他的请求，还十分慷慨地付出了更多的资助。查理夫本来只想请他出资赞助一名童子军去欧洲，可是他慷慨地资助了5名童子军和查理夫本人，并当即就开了一张1000美元的支票，并建议他们在欧洲玩上7个星期。另外，他又给查理夫写了封介绍信，把查理夫引荐给他在欧洲分公司的经理，好为查理夫提供帮助。当查理夫一行抵达欧洲时，分公司的经理亲自去巴黎接了他们，领着他们游览了这座美丽的城市。从此以后，这位经理一直对查理夫的童子军事业很热心，并且为家庭贫困的童子军提供工作机会。

查理夫先生与陌生人交谈之所以能取得如此大的成功，奥妙在于：刚开始时，他并没有和对方谈有关童子军与欧洲夏令营的事，也没有谈他想要对方给予的帮助。他谈了对方感兴趣的话题，从而使对方高兴和他交谈。否则，如果查理夫根本就不谈对方感兴趣的事情，而是开门见山地提

出请求，那么，这位经理可能一个子儿也不愿意出。这就是能否掌握交谈技巧的差别。

与陌生人交谈的基本原则

与陌生人交谈，除了尽量谈论对方感兴趣的话题外，还有其他一些原则需要掌握：

1. 不独占谈话时间

善谈虽是一件好事，但是不能谈起来就只顾发表自己的意见，而不给对方发表意见的机会。对方不仅是听者，还应该是参与者。如果独自一人滔滔不绝地大发议论，根本就不给对方插话的空间，对方就会有想法，不愿再听你说下去。因为，交谈就不该是一个人唱独角戏，双方都参与才能相互交流，只说不听是对对方的一种不尊重。

2. 要注意谈话主题的选择

不同的谈话主题会有不同的谈话氛围与效果。所以说，有必要因不同的对象选择不同的话题。谈话的主题，应该尽可能选择对方感兴趣或喜欢听的。与历史、文学、奇闻逸事相比，倒不如谈日常生活方面的，这些话题与人们息息相关，彼此间最容易产生同感，进行思想交流。特殊场合也可以谈些诙谐的话题，内容虽然没有意义，但是在特殊场合可以起到调节气氛的作用。

3. 话题不能以自我为中心

谈话是双方的共同交谈，绝对不能以自我为中心。这样，会给对方一种自尊自大、目中无人的感觉。无论是多么出众的人物，如果只谈论自己，必将引起对方的不快。

4. 不可自吹自擂

与陌生人交谈，最忌自吹自擂。你自吹自擂，无形中就等于看不起对方，认为对方某方面不如你。如此一来，对方就会认为你既不稳重又不可交，从而不愿与你再进行深入交往。

5. 认真倾听对方讲话

认真倾听对方讲话，是对对方的一种尊重。所以说，在对方讲话的时候不能一会儿抬头望着天花板，一会儿注视着窗外的景致，或是低头把弄着手中的烟盒……凡此种种，都会使对方感到你没有认真倾听、不够尊重

对方，因此给对方留下坏印象。

与陌生人交谈，没什么难的。选择适宜的交谈话题和方式，能有效拉近双方的距离，或达到自己想要的目的。掌握、遵循与陌生人交谈的原则，有助于交谈进行得顺利而有成效。

真诚的关心能有效拉近双方的距离

陌生人的关心是多么可贵

人活在世上，要面对许许多多的陌生人。对于我们的亲人、朋友付出关心并不难。可是，要对陌生人付出关心，许多人就会觉得有些不可思议了。“对陌生人付出关心？有这个必要吗？这又能怎么样呢……”与陌生人交往，更是需要付出关心的。关心最能将两颗彼此陌生的心凝结在一起，碰撞出温暖的火花。

马廷·金斯伯是纽约长岛人，在他小时候，一位护士给予他的关心让他终生难忘。在只有几岁的时候，由于生病而住进了医院，而且第二天就要做手术了。他能想像得到以后几周内会受到的痛苦。这时，他的父亲早已过世，只有母亲与他相依为命，而那天母亲因为有事没能陪着他，这令他倍感孤独与感伤，仿佛陷入了无边无际的寂寞、失望和恐惧当中。

在他一个人孤零零地哭泣时，一位年轻善良的护士听到哭声来看望他。她替他擦干了眼泪，尽全力给他关心与温暖，并陪他说话，以驱赶他的寂寞。她说她也很寂寞，因为她必须每天在医院工作，不能和家里人一同吃饭。后来她同他一起吃了晚餐。晚餐是她带来的火鸡肉片、马铃薯泥、草莓酱和冰淇淋等。虽然她下午 4 点就应该下班回家的，可是她一直陪他到晚上将近半夜，在他睡熟后才离开。

这个陌生护士给他的真诚关心，使那个冰冷、特殊的日子变成了幸福、感动的美好时刻，并且令他终身难忘。

可见，来自于陌生人的关心是多么的可贵，它能彻底感动一颗陌生的

心，形成永远的美好回忆。而且，给他人以关心，往往也能给自己带来幸运。

杨格是一个火车站的搬运工，靠给进出车站的乘客搬运行李谋生。他是一个积极乐观的人，当他为一个乘客搬运行李的时候，总是力图把对方作为自己的兄弟姐妹来看待。他同时又是一个乐于付出关爱的人，懂得如何用他的真心给他的顾客带来温暖。

有一天，一个身材矮小的老太太要杨格送她上火车。因为这个老太太是坐着轮椅的，所以杨格把她推进电梯。这时，他看到老太太眼里噙着泪水。电梯上升的时候，杨格闭上了眼睛，他在想该怎么去帮助这位老太太。当他把这位老太太推下电梯的时候，他想到了一个主意，他说："夫人，如果您不介意，我可以告诉您：你戴的帽子实在是太漂亮了。"这位老太太看了他一眼，说："谢谢。"

"或许我可以再补充一句，"他说，"您戴的帽子真的很漂亮，我非常喜欢。"

尽管事实上这位老太太感觉到自己的帽子并不十分漂亮，但作为一个女人，杨格的话让她感到快乐。她脸上有了红晕，问道："你为什么对我说这些动听的话呢？你是一个非常愿意关心别人的人。"

"不错，我知道您非常的不快乐，"杨格说，"我看到了您在哭泣。我在想我能为您做点什么，我想让您开心。您感到不舒服吗?"

可能很少有人这样关心她，这位老太太的眼泪忍不住滚落下来，她抬起头，脸上是发自内心的微笑，她拉着杨格的手说："谢谢你对我的关心。真的十分感谢……"

一年后，老太太的女儿找到了杨格，告诉她老太太去世了，为此她伤心地哭泣着。杨格耐心地劝慰她："许多人在比你小得多的时候就失去了母亲，而你的母亲一直陪你到现在，你应该感到幸福了。"杨格的安慰太有力了，女孩立刻停止了哭泣，紧紧地握住了杨格的手，不住地感谢他给母亲以及自己的关心。

杨格就是这样对身边的人们付出他的关心。看到自己能为别人解除烦恼与伤痛，杨格感到自己的付出很值得、很正确。后来，被他关心过的一些人也给了他一些很重要的帮助，使得杨格的命运发生了好的转变，不再是火车站上的搬运工了。

杨格对别人的关心没有白白付出，虽然他在关心别人的时候没有去想得到什么，结果却换来了命运的转变。

关心对方才能赢得对方

塞斯顿被认为是魔术家中的魔术家，可以说是“魔术之王”。他前后周游世界共 40 年，一再创造出各种幻象，令观众如痴如醉、惊奇不已，总共有超过 6000 万的人掏钱观看他的表演，而他也得到了大约 200 万美元的收入。

塞斯顿之所以如此受欢迎，获得这么大的成功，是因为他的魔术知识高人一筹吗？他本人说不是。他说关于魔术的书已经有几百种之多，而且有几十个人知道的魔术同他一样多，但他有两点是其他人望尘莫及的。首先，他在舞台上能够展现自己的个性，有打动观众的独特风格。他是一位表演天才，了解人类的天性，他的每个手势、每种声调、每一次提起眼眉，都是提前演习好了的，而他的每一个动作也都配合得不差分秒。另外一点也是最关键之处，就是塞斯顿真心关心观众的感受，能够为观众付出所有的热情。

而那些技艺高超的魔术师失败之处就在于，从心里把观众们当成了一群笨蛋——能够被自己骗得团团转的笨蛋。但塞斯顿却完全不同，他每次上台时，都会对自己说：“感谢这些人看我的表演，是他们使我过上了舒适的生活。我一定要尽力为他们演出最好的节目。”

就这样，塞斯顿用关心赢得了观众们的喜爱。

一位思想家曾经说过：“要想自己成为幸福的人，就应当对别人关怀备至、体贴入微、赤诚相见。”对别人所表达出来最真诚的感情和友善，往往会给你自己带来极大的幸福和满足。

维也纳已故著名心理学家阿德勒写过一本书叫《生活的意义》，书中说：“对别人漠不关心的人，他的一生困难最多，对别人的损害也最大。所有人类的失败，都是由这些人造成的。”相反，如果你能够真心实意地关心别人，那么你的生活将顺利很多，别人对你的帮助也将使你大为受益。也许你的巨大成功，正是如此得来的。

关心对方能打破沟通的坚冰

我们往往苦于不知如何与陌生人消除彼此的隔阂，进而使双方熟络起来，并开始交往。真正让我们为难的原因是不知如何表达我们的善意与想法，使对方了解我们的心意，让他们愿意接受我们、支持我们或成为我们的知己。那么，不妨试着去关心对方，也许能得到满意的结果。

多年来，克纳夫尔先生一直想将煤推销给一家大型连锁公司，但这家公司的经理对他根本不予理睬，而是向外地一个煤商采购燃煤。

后来，有人建议克纳夫先生试试采用其他手段——方式是要克纳夫先生与人进行辩论，辩题是“连锁公司的广泛分布对国家是否害多益少”，这里所说的连锁公司其实指的就是他想推销燃煤的那家公司。在辩论中克纳夫尔先生要站在连锁公司的立场上，为它做辩护。

于是，克纳夫尔先生就去找那家一直拒绝他的连锁公司的经理，对他说：“我来这里，并不是向你推销煤的。我只是来请你帮我一个忙。”

他告诉这位经理他要参加一场辩论赛，并说：“我来请你帮忙，因为我想没有什么人会比你更适合为我提供我所需要的材料。我非常想赢得这场辩论赛，无论你能给我什么帮助，我都将非常感激。”

下面是克纳夫尔先生对后来的情况的介绍：

“我请他给我一分钟的时间。由于讲了这个条件，他才答应见我。但是当我说明了我的来意之后，他让我坐下，和我谈了将近两个小时。他还叫进来另一个曾写过一本关于连锁经营的书的高级职员向我介绍相关情况，并提供了其他方面的帮助，他做这一切都是为了证明连锁公司是真正为人们服务的。当我离开的时候，他把我送到门口，搂着我的肩，祝我辩论胜利，并请我再来看他，将辩论的结果告诉他。他最后对我说的是：‘请你在春末的时候再来看我。我愿意订购你的煤。’”

简直可以说是歪打正着，这个结果是克纳夫尔先生没有想到的。到后来，他才明白了给他提建议的那人的用心所在：他同那位经理要资料的时候，等于间接关心了这家大型连锁公司，这一行为有效打破了那位经理心中的坚冰，从而对克纳夫尔先生由拒绝转变为接纳了。克纳夫尔先生根本就没提卖煤的事，可这位经理却主动提出了要他的煤。只用了两个小时，结果胜过了他几年的努力。

人们大都费尽心机想博得他人的关心与认可，却忽略了对别人的关心与认可，结果也没人关心我们。因为，人与人之间的关系是相互的，你不关心别人，别人又怎么会关心你呢？

假如我们只想让别人注意自己，让别人对我们感兴趣，我们就永远也不会有许多真挚而诚恳的朋友。朋友，真正的朋友不是用那种方法能交来的。如果一个人试着用心去关心别人，那么他在两个月内所交到的朋友，要比一个总想使别人关心他的人在两年内所交的朋友还要多。

所以，如果你要使别人喜欢你或者培养真正的友情，或是既帮助别人又帮助自己，那么就请从改变自身开始：真诚地关心别人。

如何与陌生人顺利沟通

尽量多了解对方

与陌生人进行顺利沟通的前提是尽量多了解对方。了解越多，沟通则越容易。这一点是罗斯福与陌生人沟通的法宝。

罗斯福在一次宴会上，见到了许多素不相识的人。这些人虽然都认得罗斯福，却并不因罗斯福的地位较高，就表现出逢迎谄媚。罗斯福眼见整个宴会中所有不相识的人，对他没有表示友好的趋向，于是心生一计。

罗斯福向坐在旁边的路斯·瓦特博士悄悄地说道：“路斯·瓦特，请你把坐在我对面的所有宾客的概况都告诉我一点。”

就这样，罗斯福对那些陌生人都有了大致的了解，比如说，他们个人最得意的是什么、做过何种事业、有什么个人爱好等。据此，罗斯福就找到了与那些陌生人沟通的最好话题，并很快就消除了彼此间的陌生感，与那些人成功地进行了沟通。

如果没有事前做了解，那么再高明的人也无法恰到好处地与那些陌生人沟通。没有了解就无所适从。有了了解，就知道该从何处入手了。

罗斯福后来当上了总统，他能与陌生人顺利沟通的能力也帮了他的大忙。罗斯福对于每个前来谒见他的人，在见面之前，必先对对方做到心中有数：对方有什么引以为荣的事、喜爱什么、希望得到什么称赞等，再沟

通起来自然就能够如鱼得水了。

要有一个好的开头

在工作和生活中，难免要同各种各样的人打交道，包括各方面的陌生人。人与人之间的距离，说长则长，说短则短。如果你懂得如何去接近陌生人，那么，双方就很容易由陌生人变为朋友。否则，就可能与对方永远无法沟通，双方永远是陌生人。

与陌生人打交道，开头很关键。如果有一个令人愉快的开头，那么你们之间的距离将会越来越近。要使两颗陌生的心贴近，热情是最有效的润滑剂。冷若冰霜让人望而却步，充满热情则让人倍感亲切。

要有一个好的开头，还要注意与对方交谈的方式。活泼、生动的交谈最容易拉近两颗心的距离，并使双方产生共鸣，实现心与心的相撞、情与情的交融。这样，即使是素昧平生的人，也很容易成为朋友。同时，言谈务必要干净利落、简明扼要。长篇大论的“演说”只会使对方失去耐心。

为了使对方信服，谈话要做到言之有据、言之有理、言之有物、言之有味，才会使场面活跃顺畅。在对方发表意见时，要及时作出积极的反应，比如说报之以点头、微笑、手势等反馈，让对方明白你在认真地听、用心地体会，这样才能使对方保持兴致，谈话气氛和谐自如。

在交谈中,你如果听到恭维话,应该虚心表示:“我还差得远呢。”听到不顺耳的话语,不要马上显露出不高兴或是进行反驳。在回答问题时,要表现得友好、真诚。如对方初次见面便向你透露心事,要留心地倾听,但你不要匆忙表达看法。即使对方向你征求意见,回答也要小心,不能引起对方的反感。

因为大家是初次打交道，赞美对方要适度，不能夸大其辞或有意奉承，这可能会令对方误认为你有什么企图。谈话要尽可能寻找双方的“共鸣点”，而不是去评论他人的不足或说一些不高兴的话，这都是不利于双方关系正常发展的。

尊重、迎合对方的爱好

与陌生人沟通，若能尊重对方的习惯、爱好，并正确利用这一点，可能会收到意想不到的结果。

葛迪斯先生正是有效地应用了这一点，才使得出版妇女杂志的事业取得了成功。当他刚开始为妇女杂志的出版事业而努力的时候，没有一位著名的作家肯为他这个默默无闻的小杂志撰写文章。

雅尔·克德女士是著名作家中的佼佼者。当时最受注目、最为畅销的作品，几乎都是她的杰作。葛迪斯与雅尔·克德女士素不相识，要想争取到她的稿件，绝对是一件非常难的事情。然而，葛迪斯先生同陌生人打交道的能力却使得事情取得了非常好的结果：这位知名女作家心甘情愿地与葛迪斯结为挚友，并为他办的妇女杂志尽心撰写。

葛迪斯是如何争取到这位知名女作家的呢？原来，葛迪斯得知这位女作家是位心肠极好的人，非常热衷于慈善事业。于是，他就迎合她的爱好，从慈善事业这方面着手，成功地与她进行了沟通，开始了合作。葛迪斯是怎么做的呢？他说他愿意拿出一百元捐献给她的慈善事业，条件是请雅尔·克德女士为他撰写一篇文章。结果，这位乐善好施的女作家高兴地接受了！从此，双方就以这种形式开始了合作。

聪明人都能明白，葛迪斯只是把稿费的名义进行了更换，迎合了雅尔·克德女士的心理，就这么简单，葛迪斯便成功地使这位女作家为他“效力”了。不久，他的杂志销售量日益俱增，出版事业也随之迅速地发展起来。

与陌生人顺利沟通不是一件轻而易举的事情，所以我们要尽量找窍门、走捷径。通过多了解对方，能够找到与对方沟通的切入点；有个好的开头，能够给双方关系的发展做好铺垫；尊重、迎合对方的爱好，能够恰到好处地与对方沟通，赢得对方的积极响应。

拿出所有的热情去跨越心与心的陌生，你会发现，沟通绝对可以颠覆距离一说。

第二章

与朋友如何沟通

与朋友沟通的意义所在

人生不能没有朋友

外国成功学有“友谊网”之说，认为喜欢别人，又能让别人喜欢的人，才是世界上最成功的人。

这话一点不假，能够得到别人的喜欢、拥有大批朋友的人，做事会比较容易。相反，不受别人喜欢，缺少朋友的人，做事会比较难。比如说做一件事情，缺少朋友的人只能找到一、两个人帮忙，而且未必能真正帮得上。朋友多的人就不同了，他能够找到各种各样的人帮他的忙。我们都知道人多力量大，朋友多的人做起事来，肯定就容易多了。

在生活中，我们只要留心观察，就不难发现，成功的人大多喜欢广泛交际，并拥有自己的“友谊网”。在他们的关系网中，有各式各样的朋友，这些朋友能够从不同的角度为他提供不同的帮助。

朋友多了路好走

朋友在我们的生活中真是不可缺少的。与好朋友在一起，我们会身心愉快，有着说不尽的知心话。不懂的事，可以问朋友；办不了的事，可以求朋友。再难办的事，一经朋友的手可能就解决了……不能不说，朋友多

了路好走。真正的朋友，会在你最需要帮助的时候出现在你面前。朋友是人类最不可缺少的财富。

一天，一个贫穷的小男孩为了攒够学费挨家挨户地推销商品。在劳累了一整天之后，他感到十分饥饿，但摸遍全身，却只有一角钱。怎么办呢？他决定向下一户人家讨一口饭吃，要一口水喝。那位年轻的女主人看到他很饥饿的样子，就拿了一大杯牛奶给他。

男孩喝完牛奶，问道："我应付多少钱？"

青年女子回答道："一分钱也不用付。从小妈妈就教导我们，要施以爱心，不图回报。"

男孩说："那么我们就成为最好的朋友吧！即使你不愿意，在我心里已经是了！现在请接受朋友对你的祝福吧！"说完这个男孩离开了这户人家，从心里牢牢地记住了他新结识的这位"好心的朋友"。为此，他不仅感到浑身是劲，而且好像看到上帝正对着他点头微笑，那种男子汉的豪气像山洪一样迸发出来。

其实，男孩本来是打算退学的，后来通过艰苦的努力完成了学业。

数年之后，那位年轻女子得了一种罕见的重病，当地的医生对此束手无策。最后，她被转到城市医治，由专家会诊治疗。

当年的那个小男孩如今已是大名鼎鼎的霍华德·凯利医生了，他也参与了医治方案的制定。当看到病历上所写病人的来历时，一个念头闪过他的脑际，他马上直奔病房。

来到病房，凯利医生一眼就认出床上躺着的是那位曾帮助过他、令他终身不忘的朋友。

他回到自己的办公室，决心要竭尽所能治好既是朋友也是恩人的病。因此，他特别关注这个病人，经过艰辛努力，手术成功了。

当医药费通知单送到这位特殊病人的手里时，她不敢看，因为她确信，治病的费用将会花去她的全部家当。最后她还是鼓起勇气，翻开了医药费通知单，旁边那行小字引起她的注意，她不禁轻声读了出来：

"医药费——一满杯牛奶！

你的朋友霍华德·凯利医生"

上面故事中的女主人公并没有对凯利付出很多，只是在他很需要帮助的时候帮助了他，可是到后来，凯利医生不仅竭力挽救了她的生命，还帮

她节省了巨额医药费。交凯利医生这个朋友可真值!

在交朋友时，不要吝啬付出，只要能交到真心朋友，你所得到的可能会远远比你付出的要多。即使你根本就没想要得到回报，对方也会在你需要的时候帮助你。这就是“朋友”二字的意义所在。

勇于为朋友付出

在人际交往中，千万不要吝啬付出。那些心胸狭窄的人，惟恐在交往中吃亏，甚至总期待占到一点便宜，这样的人往往是交不到朋友的。擅长交际的人都知道，为朋友付出是一种明智的、积极的交往方式，在这种交往方式中，由付出所带来的收获，其价值远远超过了所做的付出。

汉德先生本人既没学历，也没金钱，更没人事背景，但是他却能成为一个成功的企业家。他到底是靠什么成功的呢？是靠朋友们的帮助。

事实上，以前的他是一个孤独的人，由于他一无所有，别人都不想理他、与他往来。汉德在忍耐寂寞人生的同时也在努力奋斗着，渐渐地他学会了与人的交往之道，并付诸实践。

他对所有的朋友都十分地重视，他对周围人的重视甚至超过了别人的需求。只要你说要上他那里玩，他都会万分地欢迎你去，希望你能住几天。背地里，无论是多么的拮据，内心多么的苦恼，他都好像随时在等你的来临，竭诚地来接待你，甚至在你回去的时候，还要你带些小礼物、土产之类的东西。

无论是多么忙碌，汉德都不会表现出你的来访所带来的忙碌对他会是一种麻烦和困扰。朋友问他何以如此，他说：“像我这样一无所有的人，如果要与别人来往，就不能不令对方感到和我来往会得到某些方面的愉快与益处。”

“勇于为朋友付出”，这就是汉德赢得朋友、取得成功的秘诀。相反，如果你只盘算着如何从别人那里获取什么、得到什么，那么你将无法交到朋友。没有人愿意同一个自私自利的人交往、做朋友。

出身名门的“富家子弟”富特，他也想成功地做出某些事情来。但是，当他与别人来往时，他首先考虑的是这个人对自己有什么利用的价值。也许与这个人交往，以后向银行贷款时，会比较容易；也许与这个人做朋友，他会教给自己致富之道；也许这个人会将土地廉价出售给我；也

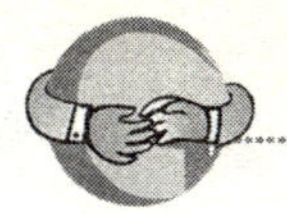

许会将办公室借给我。他就是如此这般地对周围人怀着期待之心，想办法使与自己接触的人，都能带给自己某些利益。结果，他交不到朋友，更得不到别人的帮助。

汉德和富特与人交往时的态度南辕北辙，完全不同，结果也完全不同。汉德是勇于付出，结果得到了很大的回报。富特是一心索取，却什么也得不到。

著名的社会心理学家霍曼斯提出，人际交往在本质上是一个社会交换的过程。而人们都希望所做的交换对于自己来说是值得的，希望交换的结果是得大于失或至少等于失。对自己认为值得的，或者得大于失的人际关系，人们就倾向于建立与保持；而对于自己认为不值得的，或者失大于得的人际关系，人们就倾向于逃避、疏远或中止。因此，人们都乐于结交能够为朋友付出的人，而不去结交想占别人便宜的人。

我们为对方所做的付出，会形成一种存储而不会消失，必将以某种我们常常意想不到的方式回报给我们，我们在赢得别人尊重的同时，会得到意想不到的收获。

怎样去交朋友

在工作和生活中，我们需要各种各样的朋友，多交朋友，就是积累人生财富。那么，我们该通过哪些努力去交朋友呢?

1. 挤时间交朋友

无可否认，现代人的生活节奏较快，要想去特意交朋友，可能就要挤时间了。不过，能得到珍贵的友谊，就算牺牲点时间也无所谓了。少看一部小说或少看一部电视剧，就挤出交朋友的时间了。

2. 多与对方联系

长时间不联系，难免关系会冷淡。别忘了经常给朋友打电话，问长问短以加固感情，这是保持友谊必不可少的行为。

3. 尊重对方的习惯

每个人的性格、脾气和修养都各不相同，为人处世的方式方法也各有异同。对朋友不必吹毛求疵，更不要把自己的观点强加于人。

4. 切忌斤斤计较

朋友之间的交往要本着宽容、大度的原则，如果凡事都斤斤计较，那

么就别想交到长久的朋友。

5. 接受帮助

有人曾说过："如果你想让人成为你的朋友，就请他帮助你。"对朋友，人们当然要付出。不过，有些时候，对方想要帮助我们的时候，我们也要以平和的心态接受帮助。当朋友看到我们得到了他的帮助，就会感到幸福与成就感，正如你帮助朋友而感到幸福一样。

朋友，一个多么熟悉又重要的字眼儿，它在我们生命中的位置举足轻重。一个人如果离开朋友，那么即使他拥有再多的能力与才华，也难免势单力薄，难以负重。相反，一个好汉三个帮，人多势重才更容易成大事。要想你的工作、生活更顺利、更容易，就多交朋友吧！一定会受益匪浅的。

尽量多结交良师益友

交朋友要有选择

我们交朋友的目的：一是可以让生活充实、丰富，能在工作之余有人一起娱乐、一起聊天；二是有利于工作，可以在工作上得到朋友的帮助。

朋友一般可以分为三类：一类是工作朋友，即由于工作原因而结识的朋友，如同事、客户等；另一类是生活朋友，即生活中结识的朋友；第三类就是一般性的朋友。

我们在交朋友的时候，一定要有所选择，不能盲目地乱交。一不小心交了不该交的朋友，可能会给我们带来麻烦或苦恼。而且，交朋友不能讲究多，而要讲究质量。交太多的朋友不一定会给我们带来同样多的益处，相反，我们与绝大多数人只能是泛泛之交，关键时刻更不能给你什么帮助，还会浪费你的宝贵时间。只有结识一些相互欣赏、有情有义的朋友才有意义。

不懂得选择、喜欢滥交朋友的人往往缺少真正的朋友。和朋友建立深厚的友谊需要各种努力，首先是要花一定的时间，否则就不会有真正的了解，也不会建立起深厚的感情。因为社会在变，人也在变，不经常交流肯

定会产生隔阂。

如果滥交朋友，那么你就没有一定的时间专门给一些朋友。建立友谊需要不断地付出，首先你得倾注关心、帮助、理解，然后你才能得到关心、帮助、理解。而滥交朋友所能交到的大多是点头朋友，不可能建立起深厚的友谊。

所以，我们交朋友要有选择，宜精不宜多，要尽量去结交一些志同道合的工作朋友和生活朋友，彼此间建立起一定的感情基础，在工作上互相帮助，在生活上互相关心。

朋友对你影响重大

我们对朋友的选择是很重要的，你今后会向哪个方向发展，朋友的影响尤为重要。我们相处密切的朋友对我们人生的影响比什么都大。因为，生活中我们总习惯在身边的人中寻找榜样，在潜移默化中，朋友们的言行不知不觉间就成了我们行动的指导。所以说，朋友对我们的影响力是非常重大的。

不知你想到没有，你将来的生活方式很可能成为你朋友现在的生活方式。原因是你在自觉、不自觉中会去模仿你朋友的生活方式。你朋友的习惯是你最可能效仿的生活方式。

这就说明，无论你在以后的几年中选择什么样的人为伍，你的倾向、举止和观点将变得越来越像这个人（同时对方也变得接近你）。

所以，在这里不得不提醒读者：你要相当审慎地选择你的朋友，因为这对你的行为有很大的影响。如果能与那些你希望效仿的人密切接触，那么你就会朝着你自己满意的方向发展、变化。

如果你的朋友是有才华的人，比如他们的学习成绩好，或者工作干得很不错；他们懂得关心别人；他们积极乐观，热爱生活，参与诸如唱歌、跳舞、体操等活动，培养有益的爱好，那么你也很可能积极地参加这些活动，并向着好的发向发展。

相反，如果你去交往那些有问题的人，那么你可能很快也会出现问题，染上与对方相同的一些坏习惯。

所以说，你应该懂得有选择地交朋友。

要多结交良师益友

在我们追求人生价值的历程中，对于有些事情并不熟悉，而个人的认识和经验都有限，很需要良师益友的帮助：在关键时指明出路，在必要时给予鼓励……“良师益友”对人生具有重大意义。

一位学者曾发现：一个人在 17—30 岁这段时间，能否获得一位良师益友，对人生的影响非常大，甚至可以说，起到决定性的作用。这样的事例在文艺界、学术界可以说是不胜枚举。

良师益友是我们前进的路标，他可以给我们的前进方向以最明确的指引，将我们奋斗的历程缩短，并增加我们成功的可能性。最近有个研究更可以很好地说明这一点。这个研究是以美国大型企业一千多位高级主管为对象的，结果发现这些高级主管年轻时，尤其是开始就业的前五年，良师益友对他们事业的影响很大，是良师益友促使他们的成功机会变大，速度加快。

青年人尤其需要良师益友。有了良好的楷模，可以免去许许多多不必要的摸索。我们的导师可以是现实生活中能接触到的人，也可以是传记中的人物，只要他们能使我们对生活有正确的追求、建立明确的人生目标，使我们向着正确的方向发展，就可以成为我们的良师益友。

在交朋友时，我们有必要尽量去发现、结交良师益友，这会给我们整个人生带来光明，甚至会改变我们的命运。

交朋友不要势利眼

也许是“近朱者赤，近墨者黑”的观念作祟，人们在社会交往时都愿意结交优秀出色、成绩斐然的人。好像是能与这类人缔结关系，就能大借其光，起码也能狐假虎威，壮壮自己的气势。

结交成功的人固然没错，不过有一点要提醒读者，在这种情况下结识的对象，通常无法发展成可靠的人际关系。对于高高在上的人，人人都想与其结识，这种千人争、万人抢的人，是不会格外珍惜大多数人付出的友谊的，他们也没有那么多的精力顾及每一个想与他们结交的人，所以说，他们对每一个人的感情都不可能太深，除非是特殊关系——特别是在不得

志时所交下的朋友。

一个人最难忘、最珍重的是在不得志时所交的朋友。这种时候，人才最易付出真情，其情也真，其意也切。特别是在落魄之际，谁对自己伸手相助，将会铭记终生。因为，一个人一旦落魄了，很少有人会上前结交，就连平日最亲密的亲人、朋友也可能会离他而去。“缺少的时候才最珍贵”，友谊也是如此。在一个人最缺少朋友的时候，谁主动与他交朋友，那么，他一定会格外珍重这个朋友，即使以后飞黄腾达，也会牢记落魄之际所交下的朋友。

所以说，结交朋友的最佳时机不是对方得意的时候，而是对方失意的时候。在对方落魄时，能够伸手相助才能交到真正的朋友。在这种情形下建立的关系，是最真最牢固的。世事多变，成功与失败都不是永久的，当时失败的人，未必见得永远处于失败的处境。倘若希望与成功的人结成莫逆之交，那么，最好是在对方失败之时伸出援助之手。一度失败的人可能会在某种机缘下翻身，并取得成功。如果等到对方成功之时再去攀附交情，那么就晚了。

所以说，交朋友不能势利眼，专结交得意之人，这样，你就交不到真正的朋友。

在理解和尊重的前提下沟通

关注朋友的感受与需要

有很多人认为，既然大家是朋友就不必讲究太多，其实不然，伟大的作曲家贝多芬在失去听力后一度为朋友们的不理解而烦恼，他曾这样描写那些不理解他厄运的朋友们：“你们认为我是个凶恶、不理智、仇恨世界的人，那是因为你们不了解其中的原因，才将我想象成那种人。我无法向你们解释，我丧失听力有多么痛苦，它应该比其他人的更完好、灵敏……”

一个人从出生、成长、成熟到老年都离不开身边的朋友。无论是过去的知己，还是近交的新朋：地位高的，地位低的，他们不分行业，不论地

域都会在你遇到困难时从不同的角度为你提供帮助。当然，你也要根据朋友不同的需要为他们付出，这样才能维持牢固的友谊关系。

爱伦太太是一家服装店的裁缝，因为经济不景气，她失业了。朋友彼德知道她的境遇后，对她十分理解、同情："我知道你的遭遇对你是个打击，但是你要振作精神，为下一份工作努力。"

爱伦太太非常感动，同时也不再沮丧，不久后便找到了另一家服装店，可见彼德的安慰是她找到另一份工作的动力。

朋友间需要相互的理解和同情，设身处地为他人着想，才能使朋友间越来越默契。

能够站在对方的立场上

如果两人都很自私，只知道为自己着想，希望对方多为自己付出，那么这种关系也不会维持多长时间，必然会矛盾四起。不信，请回忆一下与你关系最好的朋友发生的每一次争吵，是不是都是由于缺少善解人意而造成？你认为你最清楚某件事情的过程，而对方却另有见解，虽然你努力让步，可他却试图迫使你赞同他的思路。长此以往，双方的关系势必恶化。

不了解他人的内心，没能认真用心地去了解朋友的心声，这样势必会影响到双方关系的正常发展。李茜和玲玲相识多年，然而对对方的所思所想却缺乏深入的了解，只了解一些表面上的情况，就是因为她们都没有试着去聆听和了解对方。在李茜生日那天，玲玲想表示一下心意，却不知道对方究竟喜欢什么，便买了一般女孩子衷爱的"娃娃熊"。李茜收到礼物后，不仅高兴不起来，相反感到很遗憾：对方与自己相识多年，竟不知自己平时根本不喜欢毛绒玩具，但碍于情面只好接受了。

朋友之间，贵在"知心"，贵在能站在对方的立场上。如果一味地只想自己，而不顾对方的感受，那么，双方的交往还有什么意义呢？又如何能维持长久呢？

认真聆听朋友的想法和观点

朋友之间的交谈当然要参与，为了有效参与讨论而又不会起反作用，你必须认真地聆听朋友们的想法和观点，并在此基础上作出回答，清楚地

表达自己的观点，进行提问时也要适时酌情，以便更好地了解对方，但这并不是让你们彼此约束。两个人以这种方式进行沟通，就会形成一个彼此尊重的氛围。这样一来，沟通也会变得轻松而有意义。每个人的沟通风格和接受能力是有差异的，为了避免“说者无心，听者有意”的误解，避免冲突致使关系破裂，你还需要对朋友的喜好及不同的沟通风格进行全面的了解。

沟通时要避免产生误解

在沟通中如果使用含糊不清的言辞就可能造成对方不知所云，从而无法准确地理解你的真实想法。结果，就会导致沟通不畅，出现冲突。如：“我喜欢你”是一句极其简单而常见的表述，但由于所处的场合和听话的对象不同，它能够表达不同的含义。对于两个密友或相处时间很长的两个人来说，“我爱你”可能意味着“我认为你是一个可爱的人，你的为人和做事方式很值得我佩服和欣赏”，而在一个优雅的环境中对自己的爱人来说，则代表着至高无上的爱意：“你是我最好的配偶，我希望彼此之间的情义永不会改变，天长地久。”

与朋友沟通时言辞清晰，有明确易懂的含义或观点，就能避免误解。在生活中常常会出现因没加注意，而使你与朋友的关系出现紧张状况或者已经达到白热化程度的情况，一旦出现这种情况，你可以采取冷静解决问题的对策，即学会试做一个成熟的思考者，先将自己降温，冷静一下头脑，等双方平息后再请教对方为什么会得出那样的观点，以及对此观点有何种看法，之后自己站在对方的位置上做一次深入的体会，从不同的角度分析问题、解决问题。

尊重朋友的习惯

朋友间一定要相互尊重，不要将自己的爱好或习惯强加在对方身上。俗话说：己所不欲，勿施于人。我们首先应该明白这些：自己的朋友为人是什么样的，拥有什么样的性格和喜好……在交往中一定要尊重对方的这些习惯。

在与朋友相处的过程中，要时刻想着维护他的利益，尊重他做出的决定。因为朋友间的亲密关系，或与最亲近人的相互关系之所以遭到破坏，往往是因为对那些应该注意的大事，反而当作微不足道的小事来对待。

如果彼此互不相让，说些诸如“你的做法很愚蠢”、“为什么你那么迟钝，简直和木头没两样”之类不尊重朋友的话，结果必然是：彼此之间充满仇恨，然后不欢而散。

朋友之间如果想很好地沟通，必须以互相尊重为前提，即使是微不足道的小事，也不要对朋友放肆无礼，那样容易伤害朋友之间的感情。只要双方能够相互尊重，就能和谐愉快地相处。

理解并帮助朋友

在朋友遇到危难和痛苦时，千万不要揭他的伤疤或说风凉话，而是应尽量加以开导，使对方脱离困境。

美国总统罗斯福听说他朋友的心爱之物被小偷盗去了，便写信安慰道：

“亲爱的朋友，听说一个没头的苍蝇顺手拿走了一些你心爱的物品，我深表同情。但庆幸的是，它只偷了一些与我们生命无关的东西，并没有伤到我的一根汗毛；同时值得庆祝的是，做贼的是他，而不是我们。”

这封信果然有效，朋友在拿到信时，当即笑出了声。

可见充分理解朋友的苦衷，善解他意并以合适的话去安慰他，是任何时候都适用的。真情的释放让他感到你在任何时候都会支持他，与他同患难，使他在心中产生感激之情。

给朋友留一些自由的空间

每个人都渴望得到属于自己的快乐自由空间，即便是最要好的朋友。朋友之间亲密固然很好，但过于随便就容易侵犯这片禁区，从而产生一道破坏感情的鸿沟。比如说在未征得对方同意的情况下，任意支配或延误对方的宝贵时间，原本对方已有安排却不得不听你滔滔不绝、高谈阔论，而你却没有意识到对方其实不便听下去或已经不耐烦；再比如说执意追问对方不愿启齿的隐私、忽视与友人在金钱方面的关系等。

朋友之间要实现感情一体化，而不是经济一体化。钱财及私人物品不

分彼此，都是不尊重朋友的表现。西方人在这方面起了表率作用。他们与朋友间的消费往往是“AA 制”，这样就避免产生侵犯、干涉朋友的不良现象。当然不经意地犯错可以得到朋友的理解和宽容。如果是故意或已经养成这种习惯，久而久之就会导致朋友的厌烦，致使感情疏远，甚至关系恶化。

和谐长久的友谊关系，需要用心去维持，真正的友谊不是矫揉造作的衍生物，也不是虚伪做作的克隆物，而是两颗真诚之心的相互交融。

开玩笑要有分寸

开玩笑未尝不可

在与朋友交往的过程中，开个得体的玩笑，可以放松心情、活跃气氛，营造出轻松快乐的氛围。因此，幽默、诙谐的人常能受到朋友和周围人的欢迎与喜爱。

波奇是一位伟大的钢琴家，他在第一次登台演奏时，发现观众席上只有平时那些朋友和很少的几个观众。于是，他对朋友说：“亲爱的朋友们，我发现你们都很有钱，因为每个人都买了十几个座位的票。你们肯花这么多钱来看我的演出，我实在感激不尽。”一席话过后，每个到场的听众都放声大笑。他无伤大雅的玩笑缓解了尴尬的气氛，使其在气势上反败为胜。

事实上，这些观众也真的不枉此行，之后的精彩演出使他们大饱眼福。而让他们久久难忘的，是波奇所开的别出心裁的玩笑，他们也因此喜欢上了他这个人。

不要用朋友的隐私或缺陷作为笑料

与朋友开开玩笑，是情感相互交流、相互沟通的重要因素。不过，开玩笑一定要友善，如果借开玩笑的机会，对朋友冷嘲热讽，发泄心中的不满，朋友一定会十分生气，从而使友谊蒙上一层阴影。朋友在一起聊天时

可能会“放肆”、“百无禁忌”，甚至开一些玩笑，但开玩笑时一定不要尖酸刻薄、乱寻开心。

有时你在众多朋友面前，为哗众取宠或解闷逗人一乐，用朋友的隐私或缺陷等作为笑料来尽情挖苦、嘲笑、讽刺朋友，或许你达到了目的，你的玩笑博得大笑，获取了一时之快意，可是你过火的玩笑也会给你带来难以挽回的损失：它会伤了和气，使朋友感到人格受辱，认为你变得如此可恨可恶，后悔误交你为知己……

如果你不能意识到事情的结果有如此严重，或不以为然，认为朋友之间开个玩笑何必当真，那你就大错特错了，这无法不伤到对方的心，而你也必须承担由此造成的后果。所以，朋友相处，尤其是在众目睽睽之下，应互敬互慕，切勿乱开玩笑，以免言多必失。

可巧妙地利用玩笑

如果实在无法避免发表你的意见，也应注意哪些话该说，哪些话应少说或不说。对于那些该说的话，尽量用委婉、幽默的话语调节气氛；对于那些涉及缺陷或私人的话题则应尽量避开。你的朋友一定会明白你的好意，对方会感到自身的利益得以维护，从而加深对你的好感，这样既避免了对方的不好意思，又没有违背大众请你“演说”的意愿，何乐而不为呢？

幽默大师斯蒂芬，是个开朗健谈的美国老人。一次，一个多年不见的老友带着他的孩子来家看望他。正当他俩谈得兴趣盎然时，那个壮得像牛犊的孩子爬上了斯蒂芬的床，更不幸的是，他把那床当成跳跳床在上面又蹦又跳，床被他折腾得痛苦不堪。斯蒂芬看在眼里，疼在心上。如果直接请他下来未免有些不留情面，使老朋友产生歉意，脸上有点挂不住；如果装作视而不见，他这么折腾也不是个办法。于是，斯蒂芬灵机一动，幽默地说道：“让你的儿子回到地球上来吧，别在月球上跳了，那上面很危险!”

朋友立即心领神会，把儿子抱到地上玩。之后两人相互对视，坦然笑之。不愧为大师，一则幽默一箭双雕，既使老朋友的面子保住了，也达到了自己的目的。

恰到好处的玩笑往往使一些事情得到满意的解决，不至于令对方难堪

或伤了彼此的和气，有利于长久保持朋友之间的情意。

开玩笑不能伤到人

任何人都希望拥有几个志同道合、趣味相投、感情深厚的友人。但好不容易建立起来的友谊，不知为何却渐渐变得疏远，朋友一个个莫名地离你而去。是什么原因使朋友之间产生隔阂与矛盾，致使友情淡化了呢？可能就是乱开玩笑的缘故，你要特别注意一些细节问题，比如一个小小的玩笑可能就会伤到对方。只要对此多加注意，就能有效避免伤到对方。否则，可能造成严重后果，失去珍贵的友谊。

莫尼卡年轻时十分任性，常常写信指责朋友的缺点，搞一些恶作剧，更恶劣的是他竟然故意把这些信丢到路上，让路过的行人拾去看。

这个缺点，他在读大学时仍未改正。有一次，他在学校的举报箱中投了一封匿名信，对好友詹姆斯进行了一番冷嘲热讽。次日学校在广播中批评了詹姆斯。詹姆斯并不知情，所以十分气愤。经过调查，他找到了主谋，原来是自己的朋友。他很伤心，也很遗憾，认为自己当初看走了眼。从此两人的友谊一刀两断，莫尼卡只因乱开玩笑就失去了最要好的朋友，但后悔已为时太晚。

他牢牢记住了此次教训，以后再也不乱开玩笑伤害朋友了。

开玩笑要注意对象

还要注意什么样的玩笑适合与什么样的朋友开。由于朋友身份、性别、性情、情绪的不同，对玩笑的承受力也不同，因此要选择适当的玩笑。如果朋友的性格外向，有耐心，玩笑适当夸张一些也未尝不可；如果对方性格趋于内向，平时言语较少，喜爱对他人说的话进行琢磨，那玩笑的用词就应谨慎，以免误会。如果你的朋友时值双喜临门，你与他开个玩笑，将会出现意想不到的效果；反之，虽然朋友平时性格开朗，但此时正遇到不顺心或很难解决的事，你就不应该随便与他开玩笑，那样会让他误以为你不关心他，拿他的痛苦当笑料，一个不合时宜的玩笑就可能使友谊产生巨大的裂缝。如果你和朋友是忘年交，当然玩笑的同时也要尊重长者，爱护年轻人；如果朋友恰恰是你的上司或下属，那则更应该注意玩笑

的分寸；如果朋友是要好的异性，那么根据交往的程度不同，要做到玩笑适度，切忌过火。

开玩笑有什么禁忌

李蕾和刘刚是很要好的异性朋友，有一次在酒吧娱乐，朋友间互相开起了玩笑。刘刚无意中开了不适宜的玩笑，使李蕾有些不高兴，但碍于面子又没说出口。很长时间，两人都没有联系，直到在后来的朋友聚会中才得以缓和。

在与朋友开玩笑时，要想做到恰到好处，不伤到对方，一定要把握一定的分寸，不能触犯了开玩笑的禁忌。那么，朋友间开玩笑，到底有什么禁忌呢?

1. 忌与比你年长或年龄小得多的朋友开一些轻佻、放肆的玩笑，特别忌讳将男女情事摆在桌面上。例如：你有一个比你年纪小很多的朋友，她正在读书，你却和她谈一些有关男女私生活的玩笑，就有些不合适了。而和比你年长的老年朋友开玩笑时最好找一些高雅、机智、解闷助兴的话题。

2. 忌和非血缘关系的异性单独相处时，开一些不三不四的玩笑。不三不四的玩笑本身就会降低你在她心中的地位，容易令对方产生反感，也会使周围的人误会你们的关系。应在不拘谨的情况下，保持应有的幽默和适当的距离。

3. 忌与残疾朋友开有关他身体缺陷的玩笑。每个人都怕别人用自己的短处开玩笑，当然残疾人更是如此。俗话说，不要当着和尚骂秃子，当着瘸子的面说跛子如何如何。

4. 忌在朋友陪客时大开玩笑。朋友间已有共同话题，就不要乱开玩笑，打破和谐融洽的气氛。否则，朋友会认为你故意扫他的面子。

总之，朋友之间开开无伤大雅的玩笑，未尝不可。在有些时候，玩笑还能起到某些积极的作用。但与朋友开玩笑，绝对不能伤到对方，并且要适可而止。

与朋友沟通的禁忌

对朋友不要过于随便

人们在交友处世时常常产生这样的想法：认为好朋友之间无须讲究客套。因为好朋友间彼此熟悉，亲密无间，常常有福共享，讲究客套就太拘束并且太显外道了。其实，这种想法是不对的，朋友关系的存续应该是以相互尊重为前提的，容不得半点强求、干涉和控制。朋友之间，志趣相投则交，反之则断交。

朋友之间再亲密，也不能随便过头，不讲客套，这样维持友谊的默契和平衡将被打破，友好关系也将不复存在。因此，对好朋友也要客气有礼，这样才不至于伤了面子或伤了和气。

必要的客套会促使朋友之间相互尊重，不轻易跨越对方的禁区。每个人都应该拥有一片自由的小天地，朋友之间过于随便，就容易侵入这片禁区，从而引起隔阂冲突。如果事出偶然，还好解决些，一旦形成惯性，那么双方必定会发生不愉快，导致朋友关系疏远，友谊的淡化甚至恶化。因此，好朋友之间也要讲究必要的客套，这才是交友之道。

对他人不要苛求

在现实生活中，任何一个人都有这样那样的缺点，既然我们谁都免不了有不足之处，就不要对他人苛求，更不能要求他人按照我们的想法去改变。那样，不仅不能达到愿望，相反还会造成双方关系紧张。我们本来就是不该对他人苛求的。

林肯说："对人要以仁慈为怀。"这句名言一直流传到今天，它是林肯对自己一生的反省。

林肯在年轻的时候，由于年少轻狂，待人处事不够谨慎，甚至有些任性。他常常写信指责别人，有时竟将这些信故意扔在乡间的道路上，让路人拾起。

直到林肯在伊利诺州的斯普林费尔德当了一名律师，仍没有改正这个缺点。有一次，他又在《斯普林日报》上发表了一封匿名信，嘲讽一位爱尔兰政客——詹姆斯·希尔兹。当人们读到那封信时，无不捧腹大笑，致使全城舆论哗然。然而，希尔兹可不是好惹的，他看到这封信后火冒三丈、怒不可遏。当他查明信是林肯写的以后，马上骑马来找林肯，要同他决斗，后来差一点就发生了一场流血事件。

林肯从这件事情中吸取了宝贵的教训。从此，他再也不写那些挖苦别人、伤害别人的信了，再也不去嘲笑或指责旁人了，而且他还经常告诫自己的朋友："不要指责别人，你自己也不会受人谴责。"

有一次，林肯手下有一位将军，因为愚蠢而错失了一次取胜的战机，使林肯大为恼怒，可以说简直把林肯气疯了！生气之余，林肯坐了下来，提起笔给米德写了一封信。当时的林肯，在措词上已非常谨慎和节制。而这封在1863年写成的信则不能不说是极为尖锐的指责了。

还好，那位将军根本就没有机会见到这封信。原来，林肯写好这封信后，抬头向窗外望去，自言自语地说："等一等，也许我有些操之过急。我是坐在这安静的白宫里发令要米德去进攻，这是非常轻松的事情。要是我当时在葛底司堡，同米德一样目睹那血肉横飞的惨状，耳闻受伤士兵的痛苦呻吟和死亡时撕裂肝胆的惨叫，也许我就不会急不可待地下令去进攻。一旦我有了米德那样的胆怯心理，我也会重复他所做的一切。不管怎么说，事情已经过去了，这封信发出去又有什么用处呢？我是发泄了胸中的怨气，而米德呢？他肯定要竭力为自己申辩，激起强烈的不满情绪，自然也会指责我的不是，这样一来，势必损害一个指挥员的威信，最终会迫使他辞去军职。"

想想过去，那些尖刻的指责又有哪一次产生了积极的效果呢？于是林肯将这封信搁在了一旁……一直到他去世后才从他的一大堆文件中冒了出来。

"不轻易指责别人"成为林肯最伟大的优点之一，这也是值得每一个现代人借鉴之处。

"不轻易指责别人"用在现代社会，也可以理解为"不苛求别人"，我们都存在着一定的不足，不能做到某些事、达到某些目标，那么又怎么能去苛求他人呢？人与人之间都是相互的，投之以桃，才能报之以李，

要想赢得别人的友爱，首先要能够宽以待人，这样对方才不会对我们刻薄。

与朋友交往的误区

朋友间的友谊之所以较难保持长久，是各种各样原因所导致的，其中，也必有我们的错误。要想尽量少犯错误，留住得之不易的友谊，就要尽量避免踏入与朋友交往的误区。

下面列举几条与朋友交往的误区，供读者参考、借鉴：

1. 乱动朋友之物

即使你与朋友间的关系再亲密，也不能乱动朋友之物。不要认为“朋友间何分彼此”，对朋友之物，不经许可不要擅自拿用，更不可不加爱惜。一次两次朋友可能会碍于情面，不好意思说什么，时间长了朋友就会产生厌恶、防范的心理，进而影响到双方的友谊。

2. 对朋友不拘小节

朋友之间也应该讲究谈吐大方、亲切、不矫揉造作，才能给对方留下好的印象。如在朋友面前不拘小节、不自制，将会使对方感到你粗鲁庸俗，从而对你产生轻蔑、反感。有些人和一般人相处会保持理性，但与朋友相聚就忘乎所以、信口雌黄，在朋友言语时肆意打断，讥讽嘲弄，或顾盼东西……一旦出现这种情况，再亲密的朋友也会觉得你有失体面，缺少风度和修养，难免对你产生一种厌恶与轻蔑之感。所以，在朋友面前应自然而不失自重，有分寸、有节制。

3. 没有信用

没有信用就会使朋友认为你不可信赖，甚至因此而失去对方的友情。在你眼中一些无关紧要的承诺，你总是不能很好地履行，使对方无法再相信你。你可能习惯对朋友之求想都不想就爽快应承，可由于无法做到，又不得不常常失信……对于这些“失信”的行为，你可能认为朋友间应当相互谅解宽容，区区小事何足挂齿！可事实上，没这么简单！你常常让朋友扫兴、失望，即使他们不当面指责你，也会在心里责怪你，认为你这个人对任何人都是逢场作戏、反复无常，绝对不可信赖，从此就会避开你、远离你。所以说，与朋友交往不可没有信用。

4. 不识时务

你上朋友家拜访时，若遇上朋友正在读书学习，或正在接待重要客人，你也许会自恃挚友，就不顾时间场合，不看朋友脸色，一坐半天，夸夸其谈、喧宾夺主，不去注意人家早已如坐针毡，厌烦透了。此后，朋友一定会认为你太没有教养、不知时务，从此会避开你。所以，再遇到这种情况，一定要顾及场合，根据情况做合适的选择，不要让对方对你产生反感。

5. 讥笑朋友

有些人爱在大庭广众炫耀自己，为了显示自己的能言善辩，不惜将朋友的短处拿出来作笑料，乱用尖刻词语，尽情挖苦、嘲笑、讽刺对方，以博众人的大笑。结果，一时的欢乐换来得罪朋友、失去友谊的恶果。所以，朋友相处，尤其是在众人面前，应互敬互慕，千万不能乱讥笑朋友。

6. 不听朋友劝

是朋友就要互相取长补短，对对方好的意见要给予采纳。反之，如果你总是自作聪明，认为自己无所不能、无所不知，而轻视朋友的提议，那么，必然会伤到朋友对你的一片心。毕竟对方是为你好，可你却并不领情，好像根本没把朋友放在眼中，这不能不使对方渐渐疏远你。从另一点来说，我们也应该多听朋友劝，两个人的智慧总是强过一个人的。一个再聪明的人，也有疏忽的时候，而多一个人，看事情就会透彻些，策略就会高明些。所以你在遇到事情时，应多听取朋友的意见，正确理解朋友的一片好心。即使不采纳朋友的意见，也要表示感谢之意。

不能与朋友进行正确的沟通，是友谊淡化、破裂的根源。友谊是脆弱的，它经不起太多的风雨侵袭，需要你精心地维护。要想与朋友保持长久、牢固的友谊，切不可踏人与朋友沟通的禁区，触犯了禁忌。

与朋友沟通要注意什么

与朋友交谈要有分寸

生活中有很多这样的人，受到别人的表扬后就不知天高地厚地飘飘然起来，尤其是在朋友面前，他觉得得到称赞是应该的，还沾沾自喜地说：

“本来就是嘛，你怎么才发现呀。”这些话一出口就让人感到有些别扭，怎么就不知道谦虚，难道连“骄傲使人落后”的格言都不懂吗？

同样的话以不同的态度说出口，效果自然有所不同，比如得到朋友的夸奖，你用“没什么的，你不也是一样出色嘛”，“有你这样的好朋友支持，我会更加努力的”之类的话是不是更好？这样，对方会觉得你谦虚、稳重，从而乐于与你继续交往。

喜欢阅读的青年朋友们一定知道克雷洛夫，他的寓言传遍全球，写得既多又好。有一次，他的朋友称赞他的书写得好，一版又一版，比谁的书都畅销。

克雷洛夫笑着回答说：“不，不是我的书写得好，是因为大家都和你——我的好友一样，懂得欣赏我写的东西，还得感谢你们才对。”

由此可见，不同的交谈方式，会在朋友之间产生不同的效果。一般来说，与朋友交谈应做到以下几点：

1. 谦虚热情，但不低三下四。

2. 谈话彬彬有礼，句句在理，脱离低俗。

3. 幽默风趣，不失风度。

4. 多称赞，勤夸奖，说甜话，但不阿谀奉承。

5. 态度坚定，语言果断，充满自信，但不固执傲慢，言辞不要过激。

6. 理解、尊重对方，不揭对方短，不打听他的隐私，避免口无遮拦。

7. 忌喋喋不休、啰啰嗦嗦，力求语言简洁、明了。

8. 不过分严肃，也不要过分随意，玩笑要有分寸。

9. 多听他人意见，不自吹自擂。

10. 围绕主题谈话，不要随意打断他人；不乱发问，不随便转移话题。

朋友是一个特殊的群体，他不同于交际场上的对手。为了金钱、权势的诱惑，不惜使用一切代价和手段；他们也不同于自己的父母，为了你的利益甚至牺牲自己的生命。朋友之间重在保持一种有松有紧的尺度。朋友间应该直率、大方、亲切地谈话，避免过于散漫，不重小节，使人感到粗鲁庸俗。也许你和同事或客户之间的相处会以理性为基准来约束自己，但遇到老朋友相聚就忘乎所以、指手画脚、高谈阔论或肆意打断朋友的交谈，或左顾右盼、心不在焉。有时候你的行为和举动并不是故意的，也许

是自然流露，但时间长了，朋友会觉得那样很失体面，没有修养，会毁坏你在他心目中的形象，使他产生一种轻蔑感。所以，在朋友面前应保持自然而不失自重，热情而不失礼节，做事有分有寸、有尺有度。

与朋友交谈要注意场合

在与朋友沟通和交流时，要特别注意场合，否则将给朋友带来不便和尴尬。

李经理正与客户谈生意，忽然秘书走进来告诉他："你的挚友在门外等候，我说你正在和客户谈生意，可他执意要见你，说有要紧的事。"

李经理只好示意秘书让他进来。朋友一进门，便滔滔不绝地同老板诉说他所谓的重要事件。这位经理好几次示意朋友先停下来，等他同客户洽谈完毕再与他沟通，可是这位朋友却凭着自己与老板的多年交情，根本没当回事儿，仍然没有停下来的意思。客户看洽谈实在是无法进行，便说，"你先跟朋友谈吧，咱们改日再谈。"随后沉着脸走出了办公室。

一桩很挣钱的买卖就这样被朋友给搅浑了。他真想大骂朋友一场，可是心想：算了吧，多年的交情也不能因为一桩生意而破裂，以后请他注意就是了。从此，李经理再也不允许任何朋友进入自己的办公室。

由此可见，和朋友交谈一定要注意周围的场合，"买货看成色，说话分场合"，讲的就是这个道理。不管新朋，还是旧友，都需要注意沟通的轻重缓急，切忌在朋友有客人的时候，进门就说，滔滔不绝，这样不仅会破坏朋友与他人的交际，甚至会使朋友对你产生憎恶感。

道歉要讲究方法

与朋友交往，无论如何小心谨慎，总会有出错的时候，一旦出现错误就要及时道歉。道歉的关键在于爽快地承担自己的责任，不要为自己的过失寻找借口来冲淡道歉的气氛，这样会使对方认为你不是真心诚意地道歉，而是来洗脱自己的罪名，这就失掉了朋友原谅你的机会。我们应该采用豪爽、直截了当的道歉方法，让对方明白你会知错就改，这样才能促使双方的感情更加融洽，这也正是我们道歉的目的所在。

要想使道歉起到积极的作用，一定要讲究方法：

1. 道歉要有诚意

萨拉到朋友家里做客，餐后大家一起聊天，由于某种原因萨拉说了不该说的话，致使朋友有些不愉快。萨拉意识到自己失言后，主动向朋友道歉："亲爱的安迪，我刚才的话伤害了你，很抱歉，请原谅！请接受我真诚的歉意……"一句真心诚意的道歉使紧张的气氛得以缓解，何乐而不为？

2. 以书信的形式道歉

如果碍于面子不敢正视朋友不欢的表情，就把你的歉意写出来交由对方，可能是比较恰当的做法。

小李在一次聚餐中醉酒，把朋友镶蓝宝石的金手镯弄坏了。小李赔偿不起，朋友也没有强迫他非要赔，只是对他的行为有些不悦。小李随后写了张便条交给朋友，用比说"对不起"更好的方法表达他的懊悔。便条是这样写的："我知道我昨晚犯的错使你失去心爱的手镯，我是没有理由得到你的原谅的，并且很抱歉我无法赔偿这一损失。但我相信，你理解我不会故意碰坏它。如果我当时不过量饮酒，是不会发生这种事情的。"他承认，餐桌上好朋友还递给他一杯醒酒茶，含蓄地劝阻他不要过量饮酒，可他却无视这彬彬有礼的暗示而造成了严重的后果。

小李交便条的时候，还附上了一张友谊贺卡。他很清楚，这小小的礼物代表不了什么，但可以表现出他真诚的歉意。

用书写的形式道歉，可以更详尽地表达你的感情，也是你表达道歉的一种方式，朋友可以一次次地读到它直到原谅你为止。所以书面的悔过书，还是较被人们喜欢的一种向朋友道歉的方式。

3. 道歉后要及时改正

及时地道歉能帮你赢得朋友的谅解。但得到谅解后如不思改正，你同样会失去朋友的友谊。只有及时地改正错误，道歉才能起到应有的作用。俗话说"知错就改，善莫大焉"。

有两个朋友经常一起出入，形影不离，但甲经常因为出言不逊而被乙指正。开始甲还注意一些，后来干脆就将乙对他的劝告视作大惊小怪的表现。乙发现他朋友的坏习惯不但没有改正，反而愈演愈烈，便渐渐疏远了他。仅仅口头上答应却没有实际改正错误的行动，是无法取得朋友原谅的。

不要以为对方是自己的朋友，就一切都可以无所顾忌了，这种思想往往是导致友谊破裂的根源。我们不仅要注意与朋友的交谈方式，还要注意与朋友的道歉方法，这是维持友谊所必须的。

别在朋友面前炫耀自己

过分地炫耀只会惹祸上身

一个人炫耀自己往往是想抬高自己的身份或地位，从而让别人高看自己一眼，但结果往往适得其反。想一想杨修的下场，你便会有所领悟。

杨修非常有才气，在给曹操当主簿期间，把职责范围之内的所有事都处理得十分妥当，深得曹操赏识。但他有一个致命的弱点——喜欢炫耀，在别人面前炫耀不说，在曹操面前仍照“炫”不误。有道是“祸从口出”，杨修的脑袋可以说是让自己的嘴巴给搬了家的。

有一次，曹操大兴土木，扩建府院，整修房舍。某日曹操去视察，感到不满意，就派人在门上写了一个“活”字。这是什么意思啊？是嫌我们设计得不够灵活吗？是想让门活动起来吗？曹操离开后，工匠们七嘴八舌地琢磨了起来。这时，杨修看到了“活”字，就叫人把大门改小。大门改小和“活”字何干？杨修解释道：“门中加个‘活’字，不就变成‘阔’字了嘛！丞相是嫌门太宽了。”工匠们将门改小后，曹操果然很满意。

又有一次，有人送曹操一盒点心，曹操只吃了几口，便在盒盖上题了三个字：一合酥。大家不知曹操写这个字的玄机，这时杨修把盒子打开，吃了一口点心。众人问他怎么回事，他回答：“丞相要大家‘一人一口酥’，你们还愣着干吗?”大家恍然大悟，原来“合”字拆开念就是“人一口”，那么“一合酥”就变成了“一人一口酥”。曹操的本意虽如此，可是杨修的不断卖弄却使他非常反感，从而生出要治他一治的想法。

建安二十四年，刘备进攻汉中，曹操打算弃守，却心有不甘，于是左右为难起来。有一天，部属向曹操请示军中口令，曹操竟出令为“鸡肋”。“鸡肋”？又一个令人费解的词语，大家都弄不明白是什么意思。惟有杨修开始动手整理起行囊，准备打道回府。大家感到惊讶，就问他为什么那样

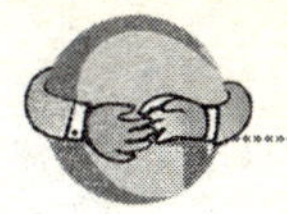

做。杨修说："鸡肋这东西，食之无味，弃之可惜，丞相用它来比汉中，这不是明摆着要撤军吗？"曹操巡营，见众将士在收拾行装，明白原因后，抓住这个机会以"惑乱军心"之罪名把杨修给杀了。

杨修之死为后人敲响了警钟：做人不要太炫耀，枪打出头鸟！这一点，在与朋友相处时尤其值得注意。

炫耀是友谊的死敌

王鸿是一个家境优越，又有美好前途的大学生。她天生丽质、身材高挑，而好朋友李梅却是个普通人家的女孩子，家里省吃俭用才供她上了大学。王鸿喜欢炫耀，以为自己比别人强，也常在众人中间抬高自己、贬低朋友，因此到现在几乎连一个知己都没有。认识李梅后，她依然如此。两个人一同出入图书馆，出入教室。每次王鸿炫耀自己的优越家庭和美好前途时，李梅总是一言不发，觉得她仿佛是在有意贬低自己，不由产生了自卑感。

这天，王鸿又炫耀起来，声称自己大学毕业后，要上美国留学，之后又将找到非常理想的工作。正当她陶醉于幻想之中时，李梅突然站起来，头也不回地跑出教室。王鸿并没有意识到自己已经伤害了李梅，令朋友彻底失望，从此这位家世显赫、外貌出众的姑娘，又成了"孤家寡人"，很是后悔当初经常在朋友面前过分表现自己，失去了一个好朋友。

不炫耀才能拥有朋友

也许你与朋友之间无话不谈，十分投机；也许你的家庭、前途等等令人羡慕，高出你朋友一筹。你的优越感和有利条件使你不分场合，尤其与朋友在一起时，总是喜欢炫耀，不顾忌旁人感受尽情地表现自己，言谈之中会使朋友觉得很自卑，各方面都不如你，而且会使朋友感到你在居高临下地对他说话，有意抬高自己，从而对你产生敬而远之的想法。

这种显示自己的行为是过于尊重自己，轻视朋友的表现。这种表现，体现在不能平等地对待自己和朋友，也没有顾忌到对方的想法，只要求朋友尊重和聆听自己的侃侃而谈，毫不在乎朋友此时有何意见。

无论处在怎样的高位，或者有多么高深的学识，在与朋友相处之际，都不能去自我炫耀，而应谦虚谨慎。多为别人着想，比尊重自己还更尊重对方，不炫耀、不自傲，这样才会赢得别人的友谊与尊重。

让对方产生优越感

让对方感到比你优秀

在与朋友交往时，我们不能总是夸夸其谈，向对方炫耀自己的优点，这样会令你失去朋友。相反，我们要多关注对方的优点，并努力让对方感到比你优秀。

"如果你要得到仇人，就表现得比你的朋友优越吧；如果你要得到朋友，就要让你的朋友表现得比你优越。"这是法国大哲学家罗西法的哲理，它适用于每一个人。

纽约市人事局最得人缘的介绍顾问亨丽塔，过去曾是一个爱夸耀的人。在初到人事局的头几个月当中，亨丽塔没交到一个朋友。是什么原因？原来每天她都使劲吹嘘自己在工作方面的成绩、新开的存款户头，以及所做的每一件初见成效的事。

"我工作做得不错，并且深以为傲。"亨丽塔对自己的工作十分满足。与此同时，她有自己的烦恼，于是她对好友拿破仑·希尔说："但是我却交不到一个朋友，她们都不愿分享我的成就，而且还极不高兴。我渴望朋友们都能够喜欢我，我真的很希望他们成为我的朋友。"为此，拿破仑·希尔为她提出解决问题的方法，不久亨丽塔再次来到老友的家："在听了你提出的一些建议后，我开始少谈自己的成绩，而多听同事说话。我发现他们也有很多事情要吹嘘，也会滔滔不绝地把他们的成就告诉我，比听我吹嘘更令他们兴奋。现在我们有时间在一起沟通时，我就设法使他们把各自的欢乐说给我听，让我分享，而只在他们问我的时候才说一下我自己的成就，同时努力迎合，使他们感觉自己比我要强。现在我有很多的知心朋友，他们都愿意和我透露他们的心声，并愿意支持我的工作。"

只要仔细观察，就不难发现，当我们的朋友表现得比我们出色、优越时，他们就特别自信，有一种重要人物的感觉。相反当我们表现得比对方

有魅力、更优秀时，对方就会产生羡慕和嫉妒的心理，从而疏远我们。要想得到朋友并维持双方的友谊，就一定要想办法使对方感到比你优秀。

用赞赏去征服对方

安德鲁·卡耐基是美国的钢铁大王，他白手起家缔造了“钢铁王国”。开始创业时，他既没有资本也没有钢铁方面的专业知识和技术，但后来他却成了举世闻名的钢铁巨人，这不禁使人产生疑问：是什么神奇的力量帮助了他？

有一位记者经过几番周折好不容易才使卡耐基接受了自己的采访，他迫不及待地就这一问题向卡耐基提问：“您的钢铁事业成就是公认的，那么取得成功的原因，一定是您有过硬的专业知识和技术吧？”

卡耐基哈哈大笑地回答：“记者先生，首先指出您错误地认识了我。在整个公司，炼钢学识比我强的有200多位呢！”

一句话使记者有些不好意思，他接着问：“那为什么您的炼钢学识平平却成为今天响誉全球的钢铁大王？您有什么特殊的本领？”

“因为我知道如何鼓励我的朋友，使他们加入我的团体，并能发挥所长为公司效力。”卡耐基很认真地回答。

的确如此，卡耐基创办的钢铁“王国”是靠身边的朋友竭力发挥所长而取得成功的。

卡耐基的钢铁厂曾因产量上不去，效益受到极大的影响。他果断地以100万美元年薪聘请好友查理·斯瓦伯任其钢铁厂的总裁。当时斯瓦伯是有名的管理专家，并且有一套完美的方案来使每一位职员和朋友都信服他。

斯瓦伯走马上任后，果然不负众望，日夜激励工人进行竞赛，经过努力和拼搏，这座工厂的生产情况迅速得到改善，产量大大提高，也就有了今天的钢铁王国。卡耐基也从此逐步走向“钢铁大王”的宝座。

如果卡耐基当时自命不凡，自认为是最伟大的炼钢专家，那将导致一些水平与其不相上下的专家不服从他的领导，不肯为其效力。

所以说，让对方感到比你优秀，是最好的征服他人的办法。如果一个人不服从你、不肯为你效力，那么就试着去赞赏他吧，让他感到比你优秀，相信他很容易就会被你征服。

不要轻易指出对方的错误

有的人为了显示自己的聪明，总是习惯去注意对方的错误之处，并乐于指出来，以显示自己比对方聪明。可是，你想到没有，你的这种举动会伤到对方，使对方对你产生反感，进而破坏你们之间的友谊。

有一位年轻的纽约律师，公正廉明、执法如山。他参加了一个重要案子的辩论，这个案子牵涉金额较大而且涉及到一项重要的法律问题，而接手这桩案件的法官恰好是他的忘年交。在辩论中，法官朋友对年轻的律师说："海事法追诉期限是六年，对吗?"

律师愣了一下，看看法官，然后率直地说："不。海事法没有追诉期限。"

朋友间的心无芥蒂并非与生俱来，明快、欢愉的沟通才能永葆友情之水清澈、明艳。

法庭内顿时鸦雀无声，似乎连气温也降到了冰点。虽然律师是对的，而且法官朋友确实错了，律师如实地指了出来，老朋友却没有因此而高

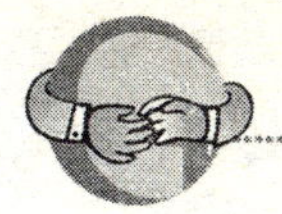

兴，反而脸色铁青，令人望而生畏。那是因为当时的情况使法官的面子有所降低，同时却树立了律师的威信。律师回忆此事说：“尽管法律站在我这边，但我铸成了一个大错，居然当众指出一位声望卓著、学识丰富的人的错误，并且他还是我的老朋友。我的冲动使老朋友面子扫地，确实不应该。”

这位律师确实犯了一个“轻易指出对方的错误”的错误。轻易指出朋友的错误，特别是在大庭广众之下，的确是有失高明。德国人有一句谚语，大意是这样的：“最纯粹的快乐，是我们从别人的麻烦中所得到的快乐。”

是的，你的一些朋友，从你的麻烦中得到的快乐，远比从你的胜利中得到的要多得多。因此，我们对于自己的成就要轻描淡写、要谦虚，这样才会受到朋友的喜爱。真正聪明的人，永远不会显得比朋友更聪明，这样，你才能得到并很好地去维持友谊。

第三章

与异性或恋人如何沟通

对异性交往有个正确的认识

异性交往是必然

异性之间相互交往是人生成长的必然，异性之间因性别的不同，而有相互吸引、促进的天性。到了一定的年龄段，异性之间就开始萌发表现意识：就是希望在异性面前表现出色，得到异性的赞赏，这种欲望要比得到同性的赞赏强烈得多。

当异性意识形成时，你就会有意识地调节自己的行为，根据你所形成的价值观和审美观来决定自己在哪些方面要表现突出，哪些习惯要有所收敛。

有一所学校为了维持食堂秩序，纠正插队现象而采取了一项措施，让男生和女生分别排队，而且形成交叉，男生队列旁就是女生队列。有趣的是这一招还真灵，男生为了表现出自己的风度，几乎没人再违反规定，而且变得安静、有礼；女生为了表现自己的女子风范，更是人人守秩序。这就体现出人类异性相吸、相互促进的天性了。

与异性交往是人类的一种精神需要，它能使人保持一种积极的心态，特别是能获得周围一些异性同辈好感的人，情绪会比较稳定，并自发地激

励自己追求更好的状态。

反之，如果总是得不到异性的好感，则容易产生情绪上的不安定、寂寞、失落，并容易自卑、害羞，刻意躲避社交。

另外，男女之间还有互补性，比如说，一般男子比较胆大、坚强，女子则比较胆小、柔弱。还有其他方面的不同，比如说男子勇于创新，女子善于思考，如果这一差异用在学习或工作上，那么双方无疑有着很好的互补性。如此看来，与异性交往，还可以相互取长补短，不断丰富自己，弥补不足。异性之间的友谊关系还有益于促进智力水平的提高：发现自己在学业或技能方面落后于朋友，很多人都能在“要赶上甚至超过对方”的动机激发下刻苦努力，迎头追赶，以向异性证实自己是出色的！

对异性交往不必心存偏见

对异性交往的偏见问题，主要是针对青少年的。随着年龄的增长，男女学生到了一定的年龄段，逐渐理解了两性关系，产生了较清晰的性别意识，开始爱慕异性。

到了这种时候，男女生都开始注意修饰、打扮，喜欢在异性面前表现自己，并经常对异性特别留意。在某些场合，会对自己的行为加以注意，以博得异性的喜欢。

当然，也有的人对异性交往心存偏见，认为与异性交往是一件很难为情的事。虽然心里特别留意对方，却总是刻意去回避对方，尽量避开与对方交往。

在这里要提醒读者，对异性交往不必心存偏见，男女交往是很正常的，没有刻意回避的必要，我们首先同是人类，其次才是异性。

有的女生淡女生重男生，喜欢与男生打打闹闹，是没什么不可以的；某个男生对某个女生有好感也属正常现象，但由于自己思想还很幼稚，又处于学生时代，过早涉入爱河还是不可取的，这样不但影响学业，对身心健康和前途也无益处。

对异性交往不必心存偏见，交往要做到大大方方，在努力共同进步的基础上还要保持一定的距离。

男女之间该怎样交谈

男女之间交往虽然很普遍、很平常，但也不可大意，毕竟男女有别，在异性面前还是要保持必要的风度的。谈话要小心，不可胡言乱语。如果对异性说了不恰当的话，有时还会引起一些麻烦。

与异性朋友交谈，不要紧张，可以用一个轻松的话题来开始你们的交谈。至于该由哪一方先开口讲话，那就看具体情况了。

1. 双方共同创造愉快的谈话

异性之间怎样才能进行愉快的谈话呢？我们都知道，男与男之间，或女与女之间，互相交谈一般不成问题。但到了男与女之间，彼此因为性别上有差异，在谈话刚刚开始的时候，一般气氛会比较生硬，要进入愉快的谈话氛围，不是轻而易举的。

在过去的社交场合里，当男女被介绍相识以后，最常见的现象是：女的大多保持沉默，男士不得不先向女士开口。绝大多数女士似乎都不准备首先发言，而把这吃力的工作交给男方去做。谁先开口说话，没有对错之分，也没有固定的章程，而是要根据不同对象与不同情况来决定。比如说男的是主，女的是客，那么由男方先开口比较合适些。反之，女方是主，男方是客，那么，则由女方先开口讲话要好些。另外，还要根据性格的不同，性格外向的人应该先开口，并多说话，性格内向的人要不断地随之附合，就能够形成比较融洽、愉快的谈话场面了。

2. 避免一方冷一方热

男女交谈的时候，最忌一方热情，一方冷漠，这样会出现尴尬的局面，并伤到热情者。

有一次，在一间咖啡屋里发生了这样一个故事：

男的先问："你常到这里坐吗？"

女的答："是的。"

"这地方很不错，可惜常常没有空位。"

"是的。"

"某某咖啡室也不错，去过吗？"

"没有。"

"你是不是觉得在外面喝咖啡比在家里更有感觉呢？"

“差不多。”

男的明显不自在了，只好换了个话题，想挑起女方的热情，打破谈话的僵持局面。于是，他想到给女方要一份点心，问她爱吃咸的还是爱吃甜的。

“随便。”女的回答。

“肉饼如何？我看许多人都喜欢吃咸的。”

“也好。”

女方的态度依旧，男的就又换了一个话题。

“你常看电影吗?”

“是的。”

“《小妇人》这个片子看过没有?”

“看过了。”

“你觉得这个片子怎么样?”

“还好。”

“你爱看国产片还是外国片?”

“都差不多。”

“在最近看过的影片中，你对哪一部比较满意?

“很难说。”

男的再也坚持不下去了，只好借口有事走掉了，留下女方不知所措地呆在那儿。

像以上这个故事，谁也受不了那位女士的“惜语如金”，再热情的人也无法在这样的人面前坚持下去。因为谈话是双方一种互相交流、互相促动的行为，有交流，谈话才能进行下去，否则就无法进行下去。当你兴致盎然、滔滔不绝地发表意见时，对方却几乎没有反应，只是应付式地吐几个简单的字，那么你一定会生气的，特别是面对异性朋友，你的自尊心一定会受到伤害，认为对方不重视自己，听不进自己的话。反过来，当面对别人的热情交谈时，你一定要表现出应有的热情与回应，才能使谈话愉快、顺利地进行下去。

正视异性交往，将有利于我们的成长与身心健康。与异性交往，不必心存偏见，而应大大方方。

分清友情和爱情

区分友情与爱情的必要

处于恋爱年龄的人，常常为分不清友情和爱情而苦恼：领悟不到对方的示意或误解对方的心意，都是不好的。为了避免产生误解、发生误会，我们一定要掌握分清友情和爱情的方法。

一对男女同事相处很久了，关系一直不错。其实，男的对女的一直心存爱意，只是羞于表白。事情发生转变是因为女方要换工作，男方不得不在她走之前表明爱意。于是，男方给女方写了一封情书。当他收到回信时，发现信里面只放了一张用笔戳破了一个洞的白纸。

男的看了这张白纸，是这样理解的："她是叫我看透些，不要太认真。"

失恋的男子经过一段痛苦煎熬的光阴，才让自己的心情慢慢地平复。事隔两年之后，他接到了女同事的电话，邀请他去参加自己的婚礼喜宴。在电话中女同事说："有一件事我想问你，你看过当年我留给你的信了吗?"

男子叹口气回答："看过了，你是要我看透些，死了心。"

谁知女同事听了气恼地说："什么呀！我是要你突破情书的示爱方式，当面向我表白!"

真是遗憾！如果男方能早早地通过女方的言、行看出对方与自己之间到底是友情还是爱情，就不会出现这样的遗憾了。可见，男女之间分清友情与爱情是多么的重要!

区分友情与爱情的指标

关于友情与爱情的区别，日本一位心理学者提出了5个指标，可供参考：

1. 前提不同

友谊的前提是"理解"，爱情则是"感情"。友情最重要的支柱是彼此

的相互了解，不仅是对方的长处优点，就是短处缺点也要充分认清。只有这样，才能产生友情。爱情则不然，它是对对方的美化，视作理想后产生了恋爱，贯穿其全过程的是感情。

2. 要求不同

友情双方的地位“平等”，爱情却要求“一体化”。朋友之间立场相同、地位平等，彼此之间无须多余的客气，也没有烦恼的担忧。如果遇到对朋友不利时，可以直率地提出忠告，甚至动怒，要义正辞严地规劝。朋友之间，就是这样，有人格的共鸣，亦有剧烈的冲突。爱情则不然，它具有一体感，身体虽二，心却为一，两者不是互相碰击，而是互相融合。

3. 规则不同

友情是“开放的”，爱情则是“关闭的”。处于友谊关系中的双方，都不会在乎对方在与什么样的人交往，他们能坦然自在地相处，而且彼此都以开放的态度接纳对方的朋友。而处于恋爱阶段的双方，会对一方与别的异性有亲密接触而产生烦恼、嫉妒、不安、苦涩，因为恋爱使人产生排他性。

4. 基础不同

友情的基础是“信赖”，爱情则是纠缠着“不安”。一份真诚的友情，具有绝对的信赖感，犹如不会动摇的磐石。相反的，一对相爱的男女，虽不是不信赖对方，但却老是被种种不安所包围，比如“我深深地爱着她，她是否也深深地爱着我?”“他的态度稍微变了，是不是还和以前一样地爱着我?”

5. 期望不同

友情充满“充足感”，爱情则充满“欠缺感”。当两个人是亲密的好朋友时，彼此都有满足的心境；但当两个人一旦成为情人时，虽然初期会有一时的充足感，可不久之后，就会生出不满足感，总希望有更强烈的爱情保证，经常有一种“莫名的欠缺”尾随着，有着某种着急的感觉。

处于恋爱年龄段的青年男女可参考以上几条来判断与异性间的关系到底属于友情范畴还是爱情范畴，如果能做出明确的辨别，就知道下一步该怎么做了。

区别友情与爱情的特征

只要我们掌握爱情所独具的排他性、冲动性和隐曲性的特征，就可以区别对方对你是友情还是爱情。

如果你在对方面前表现出与其他异性之间密切、无拘无束，对方没有任何不自然的表示和情感反应，那他（她）对你很可能是友情而不是爱情。这是用爱情的排他性来判断的。

对你试探性的语言和行为，他（她）无动于衷，表现得满不在乎，更没有丝毫紧张和不自然，那么他（她）对你的情感多数停留在友情的程度。这是用爱情的冲动性来判断的。

下面再说说爱情的隐曲性。友情与爱情的另一大区别就是友情没有隐曲性，而爱情则存在着隐曲性。也就是说友情不需要避人耳目，可是恋人就不可能总是在大庭广众之下卿卿我我了。所以，如果面对你的帮助与关怀他（她）不回避；对你从不悄声细语，而是随随便便，从不对你暗送秋波；对你“有目的”的单独约会总是借口推脱……那么，他（她）对你是友情而非爱情。

如何辨别对方对自己是友情还是爱情？

1. 对方是否特意在你面前改掉或掩饰一些缺点。
2. 对方是否对你的兴趣爱好表现出关注。
3. 对你的服饰、情趣等变化，对方是否在意。
4. 对方是否积极向你介绍家人、亲友以及他（她）的同事。
5. 对方是否关注你喜欢什么。
6. 对方是否关注你的工作或学习情况，并主动帮助你。
7. 和你在一起时，对方对你的每一句话是否留心注意。
8. 对方是否投其所好地送你珍贵的礼物。

如果大部分的答案为“是”，那就证明对方多数是爱上你了。

如何辨别自己对对方是友情还是爱情

要想搞清自己是否动了真情，认真回想一下自己的心理活动，就明白一切了。

1. 首次约会，你激动不安地盼望对方的到来。

2. 迫切地希望见到对方，否则就觉得时间难熬，有一种度日如年的感觉。

3. 如果对方故意躲避，立刻就会痛苦地回忆与对方曾经相处的情形，扪心自问是否有什么地方做得不对。

4. 对于自己的邀请，如果对方满不在乎，就会茫然若失，甚至茶饭不思。

5. 当对方与别的异性朋友表现得很亲近时，内心会感到刺痛。

同样，如果以上的答案大部分为“是”，那么就证明你爱上对方了。知道自己是否爱上了对方，对于有些事情就好做取舍了。

与异性相处，最好是先分清双方的关系到底是友情还是爱情，分清了，就能找到准确的行为方式。否则，就容易产生误解，造成遗憾或误会，害人害己。

与异性交往该注意什么

与普通异性交往要把握尺度

不同性别之间既可存在友情，也可产生爱情，如果与对方相处的尺度把握不当，则很可能使对方产生误解，不明白你的真实心意。你明明从心里把对方当普通朋友，可对方却误认为你对他“有意思”；明明你对他很有心意，对方却云里雾里，不知所以。

所以说，与异性交往，要注意以对象不同而不同对待，不能疏忽大意，否则可能使对方产生误解，双方发生不愉快。

张梅是个开朗、活泼的女孩，长得十分标致，属于人见人爱型的姑

娘。在办公室里，她人缘相当不错，不论男女同事，都喜欢听到她银铃般的笑声。可是，不久前她伤心地辞职了。原来，开朗的张梅没有意料到，她的活泼、美丽打动了一位沉默同事的心。当她毫无顾虑地与他谈心时，他的心里如同钻进了一头小鹿，凡是她说的每一句话，他都当成是天籁之音。没多久，他就完全像个沉浸在爱河中的动情少年了——天真烂漫的张梅却对此一无所知，依然每天都说着在他耳中美妙动听的话，播洒着在他听来如仙乐般的笑声。

终于，在一个与她单独相处的时刻，他情真意切地向她吐露了自己的心声。张梅当时真是哭笑不得，当然一口拒绝了。可是，他一口咬定张梅是爱他的，所以总是缠着不放，甚至对她骚扰。张梅的生活完全被打乱了，那个曾经活泼可爱的女孩被纠缠得憔悴不堪。

更令她意想不到的是，办公室里一夜之间竟然传起了他和她的流言蜚语，让她坐立不安。几天后，办公室主任找那位痴情的办公室恋情发起者谈话，没想到这位深陷爱河的男人情绪激昂地对主任发了火——他当天就被辞退了。而无辜的张梅，也无法忍受同事们异样的眼光，终于伤心地离开了这个“是非之地”。

张梅可能没有意识到，正是由于她在朋友沟通上的不当，才使得那位男生产生了误解，错将友情当爱情，最终导致了不愉快的事情发生。

虽然这已经不是男女授受不亲的年代，可男女之间交往的尺度还是要把握的，等麻烦出现再警醒，就已经来不及了。

细心领悟对方的暗示

除了要把握与异性交往的尺度外，对于异性的感情暗示也要能够细心领悟，不然可能使你不喜欢的异性误以为你已经默许，或者使你喜欢的异性认为你对他无意而失望地走开。出现哪一种情况，都是不好的。

有一个典型的笑话，说的是青梅竹马的年轻人在野外散步的情形。

女孩含情脉脉地说：“你知道吗，如果男人的臂长等于女人的腰围，他们就能成为夫妻?”

男孩摇摇头说：“不知道!”

女孩见他无动于衷，又说：“不知谁的臂长跟我的腰围等长。”

男孩听不出女孩的言外之意，反而跑过去找了一个藤条，要为她量量

腰围。其实，他心里对女孩早已动了情，可是每次都不懂女孩的暗示，还以为她只是像小时候那样顽皮呢。时间一久，女孩就对男孩彻底失望了，认为对方对自己没有意思，只好走开了。

这就是不能细心领悟对方暗示造成的悲哀，它也许会使你失去一份来之不易的友谊，也可能会使你失去一个心仪已久的恋人。

爱就要说出来

如果爱上一个人，总是憋在心里不说出来，是很难受的，同时也是很错误的。如果对方也喜欢你，而你不把爱说出来，就可能错过了一份好的机缘。如果对方不喜欢你，而你总是掂记着这份感情不放，就会陷入无望的单相思之中。总之，无论结果如何，都要将爱说出来，即使遭到拒绝，也不是什么丢脸的事情。爱与不爱都是很正常的。

有这样一个小伙子，他爱上了一位姑娘。经过无数次的思想斗争之后，他终于决定上门求婚。“求婚可不是件容易事啊，”小伙子在心里暗暗想道，“首先，姑娘会对自己有意吗？从以前的接触来说，姑娘似乎对自己有点意思，可姑娘从来没明说过，难保不是一时的热情，又有谁能了解一个女孩子心灵深处的想法呢？再说，又有谁能担保那不是自己因单相思而产生的错觉呢？”

小伙子犹豫起来，停下了脚步。“姑娘还有一个妹妹，据说那是个相当挑剔的女孩，可听人说，妹妹对姐姐的婚姻大事最为关心，在这一点上姐姐对妹妹也是言听计从。假如她妹妹看不中我，又如何是好？”

小伙子再也迈不动步了。“唉呀，怎么光想着她的妹妹，她还有爸爸妈妈呀！是啊，父母之命的分量是最重的，她妹妹不喜欢自己倒还好说，要是她父母也看不中自己，那不彻底完了吗？”

想到这里，小伙子的虚汗就淌了下来，不由自主地转回了头，往回走去。就这样，他的这份爱情再也不会有结果了。

故事是虚构的，道理却是值得深思的。如果深爱着一个人，却瞻前顾后，连表白的勇气都没有，就太没出息了，这样的人是无法得到渴慕的爱情的。

如果爱上一个人，你就不要思前想后、畏首畏尾，应当把握好时机，鼓起勇气，向对方一吐为快，也许他（她）早就等待着这一天呢！他

（她）接受，你就拥有了一份感情收获；他（她）拒绝，你就果断地斩断情丝，另寻爱人。总之，爱就说出来，才是正确的做法。

怎样拒绝异性的感情

不能接受就果断地拒绝

男女间互相爱慕和追求是不可避免的。我们都知道，爱情不是游戏，它是需要男女双方都承担一定责任的。在现实生活中，一个男子被多个女子喜爱，或者一个女子被多个男子喜欢，都是可能发生的，所有的人都难免遇到被自己不爱的异性追求，甚至是穷追不舍。情感不是可以勉强的东西，对于不能接受的追求者，要果断地拒绝。

19 岁的小雯面对一个 25 岁的追求者不知所措：“他从外地到我们单位帮助工作，认识不到三天，他就对我说，他喜欢我。工作中碰面的时候，他总是呆呆地盯着我看，弄得我很尴尬，又怕被同事知道。我对他根本不了解，更谈不上爱。我想让他放弃对我的追求，该怎么做呢?”

20 岁的话务员李红更是被一个她不喜欢的男孩缠得烦恼不堪：“他和我是同事，老是跑到机房来，一呆就是一小时，赶都赶不走！真不知道该怎么办才好。”

既然已经准备拒绝这份不合适的感情，那么绝对不能在与对方沟通时表现出模棱两可的态度，以免给对方留下还有机会的误解。比如，你不能对一个不可能爱上的男人说：“请不要这么冲动，我最近比较烦，没有心思谈感情。”这样会让他产生“等你心情好了之后，也许会考虑我”的想法。也不要说“不要这样，别人看到不好”之类的话，这最容易让对方误以为你只是害羞而已。

一个男学生一直邀请一位女生看电影。她对他没意思，不想去，于是回答他：“你这么忙，怎么会有空呢?”

可是，那个男学生却认为自己“还有机会”，而不认为是“被拒绝”。在这种情况之下，男的还是不断花时间去约这个女学生，等到几经尝试，终于了解到自己没希望，他则反过来责怪这个女学生让他浪费了那么多的

时间。

模棱两可、态度模糊是要不得的，这样既延误了别人另找对象的时间，也势必使你的恋爱生活复杂化，甚至带来不堪设想的后果。对于不接受的追求者，一定要果断拒绝，才能快刀斩乱麻。

真诚而友好地拒绝对方

即使你并不喜欢对方，也不要随随便便就把对方给赶跑，对方既然满心期待地向你吐露了心迹，这种真挚炽热的情感就是圣洁美好的，所以说，我们应当给对方应有的尊重，如果你无法接受对方的爱，就应该态度友善诚恳地告诉对方，既伤不到对方，又能使对方不好再对你纠缠不休。

《简爱》中当简·爱的表哥牧师圣约翰向她求爱时，尽管牧师救过她的命，而这时孤单的简·爱也确实需要傍依，但她清醒地懂得：友情不等于爱情。她说："我答应作为你的传教伴侣和你同去，但我不能做你的妻子，我不能嫁给你。"约翰在当时可能很痛苦，但简·爱的语言真诚而友好，他只好退步。

向你表达爱意的人，往往是克服了极大的心理障碍，鼓足勇气才说出自己的感情的，一旦遭到断然的拒绝，很容易感觉自己受到了伤害，甚至痛不欲生，或者采取极端的手段，以抚平自己的感情创伤。因此，在拒绝对方时，态度一定要真诚，言语也要慎重。

你可以这样对对方说："我觉得我们的性格差异太大，恐怕不合适。""你是个可爱的女孩，许多人会喜欢你，你一定会找到合适的人。""你是个很好的男人，我很尊重你，我们能永远当朋友吗？"这类话会让被拒绝者容易接受些。

采用委婉的方式拒绝对方

有时，直接地去拒绝一个人的求爱会很容易伤到对方，或者是情况特殊、话难出口，这时，不妨采用委婉的方式拒绝对方，既可达到目的，又不至于场面尴尬，造成不愉快的后果。

一个姑娘想与小伙子断绝来往，小伙子找到了姑娘的公司，邀请约

会，姑娘婉拒："我现在正忙于公司的事务，实在抽不出时间，真对不起，你请回吧！"

下班后，姑娘发现小伙子等在公司的门口，于是买了一个泡泡糖递给他，寒暄几句后便匆忙告辞。姑娘的这一举动，使小伙子倏地猛醒其意，知道姑娘是在借物喻人，借泡泡糖的易破裂，来否定一厢情愿的爱，他只好罢手。

看来，委婉的拒绝方式真是一种不错的办法。当你拒绝他人的追求时，可以这样说："我现在想好好学习（或工作），不想谈恋爱，请你谅解。""我父母不希望我这么早谈恋爱，我不想伤他们的心。"

分手时不必把话说绝

还有的时候，男女双方经过一段时间的相处后，一方发现另一方并不适合自己，进而就要提出分手，这种时候，采取什么方式提出分手比较适宜呢？

有的人习惯在分手时把话说绝了，不见面、不打电话、不再有任何联系。就要分手的一方面言，能这样洒脱自然干净利落，可是就被"甩"的一方而言，从"有"到"无"，心理会一下子跌落到失望的谷底，甚至会痛不欲生。双方毕竟还是曾经有过感情的，让对方如此伤心、难过是不人性的。

男女朋友在分手的时候，如果双方都缺少理性，那么失恋的一方可能会做出一些后果严重的举动，给双方都造成伤害。所以在分手的时候，一定要注意了结恋爱关系的方式，尽量帮助对方走出失恋的阴影，重新面对生活。比如说，分手时不要把话说绝，电话还是可以打，但次数应逐渐减少，话题可以只限于日常生活而不再含有浓情蜜意。渐渐地，对方就能够适应分手的事实了。

有一位女子的处理方法比较妥当：她跟男朋友分手了，男朋友把过去几年来同她合照的照片，按时间顺序挑出几十张，然后一天一封信、一张照片，试图挽回女孩的心。女孩很感动，打电话告诉男孩："你这样做我很感动，不过我必须向你坦白，这样是没有用的……我真的很抱歉。"女孩在电话中也哭了，她的态度使男子心平气和地接受了事实。

恋爱是人生的必修课，拒绝他人的感情也是必须掌握的。在拒绝他人

的时候，要根据对象的不同采用相应的措施，对于外向、开朗的人可采取果断拒绝的方式；对担心受到伤害的则应采取友好而真诚的方式；对话难出口的应采取委婉拒绝的方式。

另外，在与对方分手的时候，千万不能一走了之或者把话说绝，要顾及对方的感受，这样可以使对方少受伤害，自己也心安理得。

怎样向对方表达爱意

采取热烈直接的表达方式

向一个人表达爱意，绝对不是一件简单的事情，它可能关系到你一生的幸福。示爱的方式适宜，就可能得到好的结果。相反，不注意方式，随心所欲则可能会让对方不动心甚至觉得讨厌。

如果双方都属性格开朗型，那么，就可以采取热烈直接的表达方式，这样，示爱方能够清楚、直接地表示出自己的心意，让被爱者一目了然。如果被爱者也同样爱慕对方，那么，这种表达方式会让他（她）很感动、觉得很有面子。

大胆热烈的求爱是比较现代的做法，中国人的求爱方式一向比较含蓄、隐晦，如梁山伯与祝英台就是典型的一例。让人们在惋惜之余，不免想到为何不明确求爱呢？这一点，我们可向西方人学习，不要怕羞、不要含糊其辞、不要转弯抹角，而要大胆勇敢、明确坦率地热烈追求。这样，就能使对方注意到你的求爱。

不过，这种表达方式也要有度，不能让对方感到你很轻浮，难以让人信任。要真诚、自然地表现，使对方真真切切地感受到你的爱。

采用间接的表达方式

对于性格内向、含蓄的人来说，采用间接的表达方式比较合适。间接的方式就是通过他人转告。间接的方式还有其他的好处，比如说男女双方是同一个单位的，万一求爱不成，日后相见可能就要难为情了，在这种情

况下，通过他人转告的方式比较合适。

通过他人转告还有一个好处，就是可以及时反馈信息，通过中间人了解对方的情况及对你的态度，还可请中间人做撮合工作。

间接的表达方式除了通过中间人外，还有一个办法就是多在对方面前表现自己。如果两人原本熟悉，或在同一系统、同一单位工作，那就不妨多多接触，让对方更进一步地了解你的性格、才学和理想。虽然这种方法比较含蓄，可是时间一长，对方是能够明白你的用意的。

采用旁敲侧击的方式

有的时候，求爱者向对方示爱，既不好直接表达，又不好请中间人帮忙，因为自己根本没有把握对方会不会接受自己，而一旦不接受，双方就会变得非常尴尬。这种时候，采用旁敲侧击的方式是最恰当的。请看下面这个故事：

俄国作家陀思妥耶夫斯基的妻子玛丽亚病逝后，为了还债，他要为出版商赶写小说《赌徒》，于是请了一位速记员，叫安娜·格利戈里耶安娜。

安娜非常崇拜陀思妥耶夫斯基，她工作认真、一丝不苟。书稿《赌徒》完成后，作家已经爱上了他的速记员，但不知道安娜是否愿意做他的妻子，便把安娜请到自己的工作室，对安娜说："我又在构思一部小说。"

"是一部有趣的小说吗？"她问。

"是的。只是小说的结尾部分还没有安排好，一个年轻姑娘的心理活动我把握不住，现在只有求助于你了。小说的主人公是个艺术家，已经不年轻了……"

他所说的主人公的经历正是他自己的，安娜听出来了，忍不住打断他的话："你干什么折磨你的主人公呢？"

"看来你好像同情他？"作家试探地问安娜。

"当然非常同情！他有一颗善良的心！他遭受不幸，却依然渴望爱情，热切期望获得幸福。"安娜有些激动。

陀思妥耶夫斯基接着说："用作者的话说，主人公遇到的姑娘，温柔、聪明、善良、通达人情，算不上美人，但也相当不错——我很喜欢她。但很难结合，因为两人性格、年龄悬殊。年轻的姑娘会爱上艺术家吗？这是不是心理上的失真？我请你帮忙，听听你的意见。"作家征求安娜的意见。

“怎么不可能！如果两人情投意合，她为什么不能爱艺术家？难道只有相貌和财富才值得去爱吗？只要她真正爱他，她就是幸福的人，而且永远不会后悔。”

“你真的相信，她会爱他？而且爱一辈子？”作家有些激动，又有点犹豫不决，声音颤抖着，显得窘迫和痛苦。

安娜停住了，完全明白了他的用意。她也是爱他的，如果模棱两可地回答他，对他的自尊和高傲将是可怕的打击。于是安娜坚定地告诉作家：“请听我的回答，我爱你，并且会爱一辈子。”

之后不久，他们就结为伉俪了，在安娜的帮助下，陀思妥耶夫斯基写出了许多不朽之作。陀思妥耶夫斯基向安娜求爱的高招，被世人当作爱情佳话，久久地流传着。

看来，这的确是个不错的方式。

采用奇招制胜的方式

对于特殊的被爱方，求爱可以尝试以奇招制胜的方式。比如说，你所追求的对象是一个明星或者有众多的追求者，而你想引起对方的注意，无疑就很有难度。在这种情况下，就要考虑以奇招制胜了。

足球明星克鲁伊夫，不仅风度翩翩而且球技闻名于世，是很多姑娘崇拜和追求的对象，四面八方飞来的情书不计其数，他根本不加理会。有个叫丹尼·考斯特尔的有心姑娘，与众不同地给他寄了一册日记本，很容易就引起了他的注意，这册日记本每一页都有克鲁伊夫的亲笔签名，最后一页是一封情书：

“……我已经看过你踢的100多场球，每一场都要求你签名，而且都得到了，我真幸运啊！当然，对于拥有无数崇拜者的你来说，我是微不足道的一个。‘爱是群星向天使的膜拜’，但我敢说，我是最有心计的一个，我多么希望你对我有了一点印象！”

这本日记本及信中所流露的姑娘的真挚感情，成功地使克鲁伊夫接受了她的爱情。

商场如战场，那么情场也如战场，谁胜谁英雄。况且，那些俗套的示爱方式早就显得过时了。如果你能以奇特的方式向对方示爱，那么就一定会因其独特性与新奇性引起对方的注意或者好感。

表达爱意的禁忌

求爱的方式有多种，采用哪一种就看具体情况了。不过，无论采用哪一种方式，都不要触及求爱的禁忌，否则一定会产生负面后果的。

1. 不能鲁莽行事

向情人表白自己的心迹，绝不能操之过急，必须首先正确地判断和了解对方的心意，做到知己知彼。自己有心，对方也有意，但双方态度还没有明朗，感情尚不成熟，这种情形即可谓最适当的时候。但即使到了最适当的时候，同样忌讳操之过急，否则极易使对方造成感情上的逆反，不能取得预期的效果。尤其是向大龄青年求爱时，更要忌讳鲁莽行事，表达感情也要更巧妙、含蓄。这一点，对于双方性格都很开朗的人来说，则显得不十分重要，“鲁莽”地相告，“直言”中皆是诚意，也妙不可言。

2. 忌冷面

有的男青年，整天习惯于板着面孔，不苟言笑，虽内心喜欢某个姑娘，却绝不先说“我爱你”。他过分沉默、过分含蓄，以至于内心里幻想了几千次的求爱之情，仍在毫无表情的脸上不露一丝痕迹。这种默默地“求爱”自然不会为任何人所发现，包括那位意中之人，随着时间的流逝，机会逐渐消失……

3. 忌轻浮

爱恋之中的人都喜欢听甜言蜜语，但当你向对方表露情怀之时，要切忌卖弄和肉麻的吹捧。无论是十分含蓄的人，还是十分直爽的人，故作姿态总会令人感到莫名的厌恶。

4. 忌灰心

男女青年之间互相求爱，选择爱侣，对方可能接受你献上的玫瑰花，但也可能拒绝。当你热情的暗示没有得到回应时，不应灰心，应考虑进一步的表白；如仍遭到冷遇，不妨宣告失败，求爱不成是常有的事，这不是受辱，也不是丢面子，而且豁达能使失败的悲痛减少。“天涯处处有芳草”，豁达能给你增加机会。

朋友们，当爱神的金箭射中你时，你准备怎样向你所钟情的人吐露衷肠呢？是暗示，还是直言？能够做到上述四点要求，直言和不直言就可任你选择，相信朋友们不会错过属于自己的幸福。

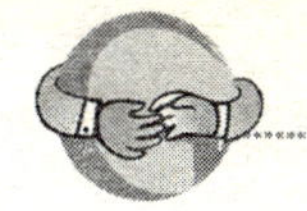

男子如何博得女方的爱情

向对方展示一个好的外在形象

对于恋爱来说，以貌取人是避免不了的。一对男女能否进入恋爱状态，彼此的印象往往会起到关键性的作用。如果彼此感到满意，就会进入发展角色，如果彼此印象较差，双方的关系就很难进入恋爱状态。

铁军是个活跃、善良的小伙子，单位的人都知道他业务强、能吃苦，就是有点小毛病——不修边幅。每次同事给他介绍女朋友，铁军总是随随便便，给人一种邋遢的感觉，这样自然不能给对方以好的印象，所以他总是与爱情失之交臂。这就是不注意外在形象造成的遗憾。

第一印象往往决定双方是否可能进一步交往，所以说良好的外在形象是恋爱的第一步，也是关键的一步。良好的外在形象，应该建立在坦白的胸襟、大方的举止、整洁庄重的着装上，在不显招摇的情况下稍加些修饰是可以的。

不过，良好的外在形象不能违背适宜、大方、诚恳、潇洒的原则，经过伪装去故意增大光环，或过于拘泥、怯场都会带来不愉快的后果。

能够迎合女方的内心需要

在追求女方的时候，一定别忘了对女子的性格特点与内心需求有个初步的了解，否则行动起来就有些鲁莽了。女性的性格特点与内心需求不同于男性。在向恋爱发展的过程中，一个想征服女子的男子，必须懂得这几点：女孩子喜欢男子热烈的追求，并且喜欢得到男子的奉承，喜欢男子对她温柔体贴，喜欢男子幽默风趣……

所以说，一个男子若想赢得中意的女子的爱，可以参照以下几点去做：

1. 敢于追求

凡是女子，对男子的追求都会感到高兴，这是自己有魅力的一种体现。而在爱情面前畏畏缩缩的男子则容易让女子看不起，认为其缺少男子汉气概。遇到了自己喜欢的女子，男子应主动为自己创造机会，大胆地表明心意。不要信心不足，也许你所喜欢的女子正期待着你的表白。即便失败，难堪也是一时的；倘若成功，快乐却是长久的。能够鼓起勇气去追求，就等于成功了一半。

2. 懂得赞美

女子大多虚荣心强，喜欢听到别人的赞美，特别是来自于异性的，更会使其心花怒放、自信倍增。女子的容貌、行为、服装、发型，甚至声音，都是可以赞美的。

如果不懂得赞美女子，就很难赢得她的欢心。因为再完美的女子，也有着自己不满意的地方，或者是缺少自信，希望从别人的眼中得到信心，证明自己是美好的、令人喜欢的。如果是容貌不突出的女子，就更需要他人的认同与赞美了。本来就不出众，再没有别人喜欢的其他优点，人生还有什么意义？如果能够得到别人真诚的赞美，比如夸她温柔、有女人味，那么她就知道自己并不是一无是处的，是招人喜欢的，阴暗的心情就会立刻变得明朗起来。对赞美她的人，定会视为千里难觅的知音，分外重视。

3. 尊重个人爱好

每个人都有自己的爱好，每个人也都希望别人能尊重自己的爱好，心细、敏感的女子更是如此。若一个男子对女子的个人爱好表现出淡漠，女子无一例外会感到失望。相反，如果男子能对她的个人爱好表现出尊重与重视，那么女子无一例外会感动、高兴，认为你懂她并把她放在了心上。比如说，你投其所好地买了一件衣服送给她，对她说："你不是最喜欢这种款式和这种颜色的上衣吗？特意买来送给你！"她一定会对你另眼相待的。

如果你想得到令你心仪女子的爱情，可以参照以上所说去做。另外，别忘了努力发展自身，对于女子来说，除了以上所说的外，她还希望自己的"另一半"才华突出、能力非凡，取得令人瞩目的成绩。有句话说得不无道理：要想征服女人，先征服这个世界。

让对方觉得真诚可信又可靠

男子要想得到女子的好感，善于表现是很关键的。恋爱是一门艺术，男子如何能在自己喜欢的女子面前表现得体，让对方觉得真诚可信又可靠，从而得到对方的好感呢？

下面就说说恋爱中该如何表现：

1. 诚实而有分寸

做人应当正直、诚实，恋爱也应如此。但是，不能死板地理解“正直、诚实”的含义，因为爱情是需要一定的朦胧感与美感的，并不需要把整个人毫无遮掩地呈现给对方，特别是在双方的感情基础不够扎实时，不宜过早向姑娘公开你的某些缺点和无关紧要的不足之处。那种恋爱之初便向女方坦露所有缺点的男子，很少有不碰钉子的。

2. 与异性交往要有分寸

爱情是最自私的。恋爱中的女方很可能会把你当成她的“私有财产”，对你的爱越深，这种心理就越明显，所以说，当着她的面千万不能与其他女性言语暧昧，乱开玩笑，这样很容易引起她的误会和怀疑，伤到她对你的感情。

3. 表现出关怀、体贴

如果能对女方关怀备至、体贴入微，并甘愿为她作出牺牲，这是最能令女方感动的了。姑娘病了，你寸步不离地守护在旁，侍奉汤药；天下大雨，你用惟一的雨具使姑娘不遭淋，自己却被浇得像落汤鸡一样；姑娘生日自己都忘了，你却送上她最心仪的礼物……

4. 要有幽默感

没有哪个女子喜欢整天板着脸、不苟言笑的男子，相反，幽默风趣是许多女子都喜欢的。恋爱中的男子可以适时地来点小幽默，幽默能有效缓解双方的气氛，升华双方的感情，对方还会觉得你格外可爱。特别是在对方不高兴的时候，也许你的一句幽默话就能使她眉开眼笑，从而舍不得离开你。

除了要知道该如何去表现外，还应该明白在表现中该注意什么，对此可参照以下三点：

（1）忌过分地炫耀。恋爱时，男方请女方吃饭是很常见的。有些男子

为博得姑娘的好感，往往以上高级饭馆为“荣”，多叫菜，叫贵菜，以显示自己的阔气。男子的用意是好的，想让女方知道，自己是财大气粗的。不过，并不是所有的女子都喜欢这样的男子，相反，有的女子会认为这种行为是一种轻浮、不稳重的体现。

（2）注意说话的分寸。不要过分询问对方的情况，特别是不能像查户口一样盘问对方的家庭情况或学习、工作、生活各方面的事情，这样女方会认为你没有分寸。有些男子习惯奉承对方，明显言过其实地赞美对方。言过其实的赞美就不会是发自内心的，聪明的女子立刻就能明白赞美的虚假性，如此一来，女方就不能不反感了，认为你这个人不实在。另外，不能为了讨好对方过分地言听计从，一点主见也没有，因为女子天生对男子有一种依赖性，那种什么都“对的”、“好的”，一味附和的男子，会被女子认为没有主见、缺乏男子汉气概，无法依靠。

（3）不要急于求成。恋爱是有阶段性的，双方的关系一般要一步一步地发展，开始保持一定的距离，一点点地再发展到亲密无间。如果你疏忽了这一规律，在双方的关系尚未成熟的时候就做一些过分亲密的举动，那么，女方定会产生厌恶的心理，认为你轻浮、不可靠，这可能会促使你们已经建立起来的爱情出现裂痕或危机。

男子要博得女方的爱情，既复杂又简单：胆大、心细、积极努力，再加上善于表现，那么，实现美好心愿就不难了。

女子如何主动去争取爱情

主动争取没什么不可以

不要以为，每一场恋爱，男子都该是理所当然的主动者，不能忽略了，男子中也有性格内向者，并且同样存在着羞涩感，只不过不像女子那样将羞涩外露。一个看起来风度翩翩、玉树临风的男子，很可能是一个保守而又内向的人。你深深地喜欢着他，而他也很可能悄悄地喜欢着你。之所以不曾向你表白，是因为羞涩所至。女子都有等着男方来追求的心理倾向。可是，一旦遇到内向、羞涩的男子，这种心理倾向就成了双方感情沟

通的障碍。

我们可以设想一下：一对本来可以相识、相恋的男女，只因各自的心理作祟，一直悄悄暗恋对方却谁也不肯先表白，那么两个人就永远都不会有结局的。这不是爱情的悲剧是什么？反之，如果有一方能够大方地表明心意，那么一场令人羡慕的爱情就产生了。

现代社会不同于过去了，男女平等，在恋爱问题上更是如此，我们不能再抱着“男追女才是正常”的思想观念来对待恋爱，女的主动争取男的，没什么不可以的。

当你遇到一位自己喜欢的男子，在什么都没有开始时就去想“他不一定会喜欢我”，那么你就有可能会真的失去拥有他的机会。也不要想：“如果被拒绝了，那该怎么办？”或者“万一他态度很冷淡，我该如何是好？”大可不必有这些顾虑。如果每个人都这么想，害怕被拒绝，那么人世间就无法展开恋爱了。所以说，我们必须要克服这种想法，鼓励自己要敢于追求。

爱一定要有行动与表白，不论是爱或者被爱，都是一件很幸福而美好的事，可幸福不都是可以等来的，切忌不要因为自己是女方就一味地守株待兔，那样很可能会错失良机，遗憾终身。渴望爱不如创造爱，只要你能够勇敢地向男方表白，等待你的可能就是你渴求的爱情。

如何积极主动地去争取男方

当你心中理想的“白马王子”已经出现时，该怎样赢得意中人的好感呢？下面的几点建议可供你借鉴：

1. 善于发挥表现力

要想有效吸引对方，你就得充分发挥自己的表现力，吸引他的注意，因为好的印象是进入初恋的关键，它往往如电光火石，最深刻、最清晰，或许爱情的种子就萌发于偶然的一瞥。所以说，在与其相见的场合里，你一定要注意仪表美。适当的打扮是必要的，使自己美的部分能够突出。不过，美要美得自然，切忌浓妆艳抹、盲目追求流行却不适合自己的东西，矫揉造作只会使你最具吸引力的自然之美大打折扣，还可能会给对方一种浅薄轻佻的感觉。

2. 展现活力与朝气

活力与朝气是最能吸引人的，一个神气活现的女子，最容易使男子产生爱的联想。所以说，要尽量使自己显得精神充沛、充满活力，切忌萎靡不振。没有男子会喜欢一个孤僻冷漠、呆板无趣、没有一点热情和朝气的女子。

3. 制造、利用相处的时机

利用你特意制造的相处时机，向对方展示你女性特有的美好的一面，从而有效获得对方的好感。在你们相处的时候，一定要注意使自己女性化一些，不要过分滔滔不绝，大唱“主角戏”，相反要温雅自然、轻言细语、恰到好处，这才是吸引男子的最有效方式。

4. 巧妙沟通

一定要表现出赏识对方，这会让对方有某种满足感，从而把你当成他的知音，并乐于见到你。人们都有渴望得到他人赞赏的天性，所以你要适当地对他所做的事情给予真诚的赞赏，不吝惜你表扬的话，这是你成为对方“重要人物”的最有效办法之一。

5. 坚持到最后

女子主动争取男子，一般来说不像男子主动追求女子那么容易持久，这是男女的天性使然。开始的时候，也许他对你无动于衷，遇到这种情况千万不要因为一时受了冷落就彻底失去信心，只要对方值得你争取，就应继续努力。情感是微妙的，可能就在某一刻，或通过某一件事，他会突然在一瞬间改变以前的想法，转变对你的态度，愿意接纳你。最好的做法是你主动从生活上、学习上多关心帮助他，天底下事在人为，人心都是肉长的，在你行为的冲击下，他心底的坚冰可能就会慢慢溶化，总有一天他会发现，你已经成为他生活中不可缺少的，到那时候，你的所有付出都会得到回报的。

别忘了保持女性应有的含蓄

在这里虽然说的是如何主动去争取男子，不过，别忘了，你毕竟还是女子，即使主动，也应该保持适当的度，不应丢掉女性应有的含蓄，如果主动得过了火，反而会让对方产生恐惧、厌烦的心理。

在与男子交往时，小敏时常在很短的时间内便将自己的情感完全付出。她可以为男友做任何事情，诸如做晚餐招待他，买一些时尚的礼品送

给他，请他看电影、品咖啡，甚至替他安排日常生活的作息。总之，她对男友是召之即来，可以说是无微不至。

一些与小敏交过男女朋友的男子，无一例外是起初被她热烈的情感所感动，不过时间稍长，男子们又都无一例外地对她产生了反感，接下来就逃掉了。

对男子主动些不是过错，把握不住应有的度就不可以了。多数男子都喜欢温柔、娴静、含蓄、婉约的女子，阴阳相济才能体现出男女相爱的和谐。而且，与这种有女人味的女子交朋友，男子才会感到舒心，才能体会到自身男性的尊严和力量。

如果你的性格中有泼辣、果断、勇敢、顽强、豪放等男性气质，那么，在男子面前则尽量收敛些，否则双方就可能产生“角色错位”的现象，如此一来，就无法实现“异性相吸”了。列夫·托尔斯泰曾说：“女人的柔弱蕴含着一种巨大的力量，它能使男人变得更加勇猛，使其产生照顾和保护她的愿望。”

女子在男子面前时，一定要适当地表现自己的软弱，最好是显得楚楚可怜。男子生来就是爱保护女子的，他们以能帮助女子为荣。男子说：“一个女子显得楚楚可怜，那是很能感动人心的，我会无所顾忌地去帮助她解决遭到的任何困难。”这就是女子含蓄的力量。

如何增加女性魅力

增加女性魅力也是有效吸引男子的一个好方式。女性征服男性，魅力的作用是其他条件无法替代的。

除了性感和美感的梳妆打扮能够有效地吸引男性外，从心理学的角度来看，女性在和男性交往过程中所显示最大的魅力，往往是羞涩、微笑和撒娇。

羞涩是女性美的特征之一，它蕴藏着妩媚和柔情。女性的羞涩主要体现在爱情生活中，这是难为情、不好意思的体现，羞涩是女性最美的情话，是对异性来说最珍贵的礼物。

女人的微笑魅力无穷，它能融化一切。一张真诚而可爱的笑脸是对付男人最直接、最有力的武器。“这个女孩真甜，脸上总是挂着微笑，使人感到亲切和温暖。”这是许多男性对微笑的心理效应。一个男性说：“走在路上，或在其他公共场所，如有一位陌生的女孩向你微笑，你一定会觉得自己充满魅力，心里一下子就兴奋起来，并希望能和她交往。”可见，女性的微笑对于男性来说具有何等的吸引力。

撒娇，可以说是女性的特有专长，也是女性“俘虏”男性的有力武器。一个男人，面对撒娇的女性，很容易在心中荡开爱之涟漪，心甘情愿地对她百依百顺。一个女性要想俘获男性的心，撒娇可以说是相当灵验的。

总之，女子主动争取男子是大有学问的，既需要勇气，又需要心机，也可以说是要“有勇有谋”，以上几种争取男子的办法对将要涉足情场的女子是大有帮助的。

恋爱中的非语言沟通

男女之间在恋爱中，可以用语言沟通，也可以用非语言沟通。语言沟通与非语言沟通各有所长，处理好了，会形成互补的关系。所以说，在恋爱中，不但要利用好语言沟通，还要懂得非语言沟通，这样才能更好地促进双方感情的进展。

利用情书表达心声

要说非语言沟通，情书就是必不可少的沟通工具了。情书的好处在于不仅能表达出示爱者的心声，还能说出语言沟通方式所不便表达的话。所以说，能够恰到好处地利用情书来表达心声，是十分必要的。如果你比较内向、含蓄，那么，完全可以采用情书的形式来进行爱的沟通，它同样能有效引起对方的情感共鸣，使双方达到心灵相通的目的。

当然，情书表达也有其适宜的时机，一般来说最佳的时机大致有以下几种：

1. 求爱的时候

这种时期，双方尚没有进入恋爱阶段，甚至还不是很了解，但是，爱情已经在心里萌芽了，用一封情书投石问路、表达心意让对方明了，是最

合适不过了。一旦遭到对方的拒绝，也不会出现面对面无言以对的尴尬。

2. 初涉爱河时

双方刚刚进入恋爱阶段，情书往来是必不可少的交流方式，情书往来可以加深双方的了解与感情交流，使双方的感情更快地进入高潮阶段。

3. 对方生气时

恋爱中，双方难免产生点小磨擦，一旦对方生了气，充满歉意与真诚的情书往往能很好地化解矛盾，使双方尽快重归于好。

4. 对方需要安慰时

人生不如意时而有之。人生活在社会中，会碰到许多困惑与麻烦，恋爱中的人或许烦恼会更多些。这些烦恼、忧虑主要来自两个方面：一方面是恋人与社会间的摩擦，如恋人在工作单位与人发生争执、恋人对工作不满意等等。遇到不如意，情绪难免会低落，这时，通过情书的方式给对方以安慰、劝导，最能令对方感到宽慰。

5. 写在对方心绪不稳时

恋爱中的人心绪不稳往往是由恋爱本身造成的。原因可能是父母不同意自己的恋爱，或对发展恋爱关系缺乏信心等等。这种时候，能及时得到恋人的鼓励是非常重要的，如果能适当地写一封情书，在信中给予理智的分析，在劝慰中给予精神的支持，往往能使对方走出矛盾的心境，起到拨云见日的作用。

6. 写在对方不幸时

在对方不幸的时候，通过深情款款的书信送去温暖，表达爱之诚意。人是需要相互安慰的，特别是恋人间更需要互相慰藉。当对方生活中出现不幸，特别是当对方身患疾病，担心影响恋爱关系时，一封充满感情的情书不仅会给对方送去温暖，表达自己对爱情的忠诚，而且会增强对方战胜不幸的信心。

7. 写在生活转折时

在恋爱的过程中，爱人的生活可能会发生一些转折，比如说换工作、升职、出国留学等等。恋爱关系是比较敏感与脆弱的，在人的生活发生转折时，恋人之间的感觉往往会发生一些改变。这种时候，爱人可能需要安慰、鼓励等等。

8. 写在小别时

谈恋爱的人不可能整天厮守在一起，由于一些原因，恋人们可能会有暂时的分别。这时如果双方关系还未牢固，那么主动的一方焦急、担心的情绪就会产生，他（她）会怕因为小别而使关系淡漠下来；或者是双方热恋得难舍难离，感情脆弱的一方无法接受暂时的离别。这时写一封情书，至少可以发挥两个作用：一是可以弥补无法见面的缺憾，使双方的感情不致因为小别而阻碍沟通；二是唤起对方对自己的回忆，避免可能出现的惆怅感。这对恋人是十分重要的，因为联系中断，淡漠与不满会使第三者乘虚而入。

9. 写在发生危机时

恋爱，犹如在大海中航行的小船，有时会顺利到达幸福的彼岸，有时也会“触礁翻船”。所谓危机时，就是指爱的“红线”将断而未断时。如果你对对方十分中意，对方有意要中断关系而又出于非自身的因素，这时一封情书可能渡过这种危机，从而挽救爱情，使其重新扬帆。

10. 写在结婚后

要是不想让婚姻成为爱情的坟墓，那么，即使双方结了婚，也还是要用心经营爱情的。适当的情书表达，能够使双方一起回味甜蜜的恋爱，促使感情深上加深。因此在婚礼之后，写一封情书，它对维系爱情、创造新的生活无疑是需要的。成婚时的情书，不妨写写自己的长处与短处，同时谈谈喜欢对方什么，订立一些基本的生活准则，也可以谈谈两人以后共同努力的目标，这会给人一种安全、实在、亲切之感。

借用信物表达爱意

恋爱中的非语言沟通，除了情书来往以外，最值得一提的就是用信物来表达爱意的方式了。以信物来表示爱情的方式，是恋人彼此忠于爱情、永远相爱的象征。

恋爱中的情人，互赠礼物可以说是必不可少的礼节。这种礼节自古就有，以信物定情，可以说是一种古老的表示爱情的方式。在古代，一块香罗帕、一把题诗扇、一枚钗头凤、一支碧玉簪，都可以成为情人们终身相爱的象征。侯方域赠一柄桃花扇，表示了自己对李香君的炽烈爱情；陆游赠表妹唐琬一枝钗头凤，作为终身相爱的标志。而在国外，情人们习惯以戒指为信物，来确定双方的恋爱关系。易卜生在写娜拉最后出走时，就是

以娜拉和丈夫换回自己的戒指而告终。当初互赠戒指是爱情结合的开始，如今换回自己的戒指则是爱情破裂的象征。

在当今中国社会，互赠信物仍是情侣之间必不可少的礼节，只不过赠送的信物已有所变化，内容更丰富，更显文明、高雅，使双方得到一种极大的精神上的满足与享受，给恋爱的双方留下终生难忘的美好回忆。可以说，恋人互赠信物变得越来越有意义了。

不过，赠送爱情信物也不是随随便便就能得到好的结果的，虽然现代社会没有了太多的约束，不过，赠送信物的规则还是要讲的。

那么，情场馈赠信物有何规则呢?

1. 送有特殊含义的信物

情场上馈赠的信物不在“贵”而在“重”。最好的信物不是高档衣物、手表、彩电、冰箱、轿车之类的高档日用品。它既然是双方爱情的标志，就应别具深意、非同寻常才是。信物的选择，不在于它外观辉煌，也不在于它价值连城，而恰恰在于信物能凝聚着自己的深情，能代表自己一颗赤诚之心，使忠贞的爱情同美好的祝愿，永远地留在恋人的身边。因此，确定信物时，应考虑如下几条：一是来之不易的物品；二是与自己有特殊感情的物品；三是自己非常珍爱的物品；四是别有内涵的物品。

当年，年轻的马克思最初送给燕妮的信物只是三本自写、自编、自选、自抄的爱情民歌选，那薄薄的几页纸就其本身来说，当然值不了几个钱，但对深深爱着他的燕妮来说，却无比珍贵。

2. 向对方清楚地表明心意

向恋人赠送信物的时候，不一定要举行什么隆重的仪式才显得用心，其实完全不必拘泥于形式。关键之处在于，一定要向恋人十分郑重地说明信物的来历，以及与自己的特殊关系，让对方明白信物“重”在哪里，意义又是什么，这样对方才会真正地领悟到你的心意。

3. 要选择合适的时机

在赠送信物时，如果不分时间、场合，不但不得体，甚至成事不足，败事有余，起到适得其反的作用。因此，当你在决定馈赠信物给对方时，对于时机的选择务必要用心考虑，不可莽撞行事。

4. 向对方报之以李

别忘了“投我以桃，报之以李”，也就是说收到恋人的信物后，应该向恋人回赠信物。爱情是两个人的事，对方既然已经用信物向自己表明心迹，自己也应有所表示才是。这既是出于尊重，更是双方心灵的沟通，会使爱情更加牢固。

恋爱中信物的互赠可以加深双方的感情，坚固双方的关系。所以说，信物的作用是不可取代的。

在恋爱中，当你与爱人的沟通并不是十分理想的时候，不妨尝试一下给对方写情书与送信物的非语言沟通方式。情书与信物的有效利用，是语言沟通的最佳弥补，会使相爱的人更相爱。

男女在恋爱时该注意的问题

分清真情付出与逢场作戏

恋爱嘛，少不了甜言蜜语、卿卿我我，可是你想过吗，对方所说的甜言蜜语与亲密的举止，有几分是真，有几分是假？是完全发自内心深处的真情流露还是言不由衷的逢场作戏？

恋爱关系可能转变为婚姻关系。婚姻是关系到人生幸福的大事，千万不可马虎。如果你糊里糊涂地与一个口是心非的伪君子全心全意地谈恋爱，那将是一件可怕的事情，你的真情付出是不会得到回报的。相反，最终你还会受到这场虚假爱情的伤害。

那么，如何去分辨对方是真情付出还是逢场作戏呢？

这要做具体分析。一般说来，男女双方通过相当的接触，产生了爱情，憧憬着共同美好的未来时，说些忠于爱情的誓言，是比较可信的。特别是在爱情遭到反对的时候，发出的“海誓山盟”就更为可信。反之，如果男女双方刚认识，在既无深刻了解和坚实爱情基础，又不存在外来压力的情况下，轻易就发誓，大言不惭地表白什么“我永远忠于你”之类的情话，那就应该警惕，就要在头脑里打个问号，这极有可能是骗人的花言巧语，是轻浮、廉价的谎言。

在现实生活中，人的性格、品质是多种多样的，有的人感情像火炉一样，里热外也热；有的人感情则像热水瓶一样，里热外不热；有的人思想

和情操像水晶似的透亮；有的人却经常用漂亮的外衣遮盖不干净的灵魂。对于有丰富社会经验、识别能力强的人来说，往往只需稍有接触，就能大致判断出对方是哪种类型的人了。但是，对于缺乏社会生活经验、感情容易激动的年轻人来说，要在短暂的接触中就作出正确的判断就不大容易了。为了解决这个问题，青年朋友们不妨做以下参考：

1. 多观察对方以加深了解

通过不断地接触去观察对方，特别是对于相识不久的恋人，只能通过较多的接触和观察才能对对方各方面有深入的了解。仪表是外露的，能够一目了然；思想品质却是内在的，要想做到真正知心，必须从各方面做认真的考察和比较细致深入的了解。比如，他（她）对人生的态度，对工作的态度，对家庭、长辈、兄弟姊妹的态度，对同辈、邻居、公共场合中不相识人的态度，对上对下的态度等等。在这过程中，不仅要听其言，更重要的是观其行，从各个角度去观察他（她）的思想修养、品质，看他（或她）的思想作风是否正派，更重要的是——是否表里如一地真心爱你。

2. 借助别人加深认识

如果觉得对对方的观察了解不够深入，还可依靠组织或借助一下外力。比如说，在时机成熟时，你可请对方到职工集体宿舍或你同事那里去玩，请那些有经验的伙伴们帮助分析；条件允许的话，还可以通过互访家庭和工作单位，请自己的父母兄姐和本单位的长者帮助你“参谋参谋”，也可请工会或团组织帮助你了解。当然，能不能建立爱情，起决定作用的还是男女双方自己。不过，多听听别人的“参考意见”是有助于自己作出正确判断的。

在恋爱中，我们既要谨慎对方欺骗自己，又要约束自己不要去骗别人。不要因你风度翩翩、能说会道，就妄想能将对方哄得团团转、以色骗财等等，要知道谎言能哄骗一时，但不能骗人长久。交往时间一长，施展甜言蜜语伎俩的人，就会露出真面目，结果是不会有好果子吃的。

尽量避免“一见钟情”订终身

恋爱、婚姻是人生的大事，关系着后半生的幸与不幸，所以，千万不能轻率，爱情的种子要结出幸福之果，需要时间的栽培和浇灌。

年轻人，热情如火、易冲动，爱的琴弦很容易拨动，正因如此，就更需要审慎地对待爱情。有的青年男女一直憧憬着“一见钟情”式的爱情，觉得那样的爱情才是最美好、够味的。关于“一见钟情”的例子，倒真有不少，在文艺作品中有《西厢记》中的张生和莺莺、《魂断蓝桥》中的克劳宁上尉和玛拉，但现实生活中由“一见钟情”结成百年伉俪的毕竟很少。相反，许多爱情悲剧往往正是由“一见钟情”引发的。比如说大家熟知的俄罗斯著名诗人普希金，在一次舞会上与莫斯科第一美人娜塔丽亚邂逅相遇，两人一见钟情，甚至没有经过“闪电恋”，就决定了婚姻关系。婚后，娜塔丽亚醉心于社交寻欢，成天向普希金要这要那，并且不时地要普希金陪她出去做客。天才诗人的才华被一见钟情的婚姻渐渐窒息，最后他的肉体也毁于因娜塔丽亚而引起的野蛮决斗之下。这就是在没有深入了解的情况下，“一见钟情”订终身酿成的苦果。

爱情不能建立在没有诚意的基础上

爱情的价值在于双方发自内心的爱恋，如果是为了恋爱而恋爱，或者是为了名利而刻意地去“爱”一个人，那么这场爱情就是虚假的，是无法长久的。如果不及时地加以制止而是任其发展，那么，势必会给双方或某一方造成痛苦。

俄国作曲家柴可夫斯基的爱情生活，远不如他的作品那么脍炙人口，相反倒使他痛苦了一生，根源就在于他的爱情是建立在没有诚意的基础上的。事情是这样的，一个叫安东尼娜的姑娘倾慕于柴可夫斯基的声誉，不断地给他写来热烈的求爱信，并且“义无反顾”地表示，如果作曲家拒绝她的爱，她将惨然死于他的脚下。心慈的柴可夫斯基心软了，疏忽了对方并不是真实诚意地爱他——而是看中了他的声誉。

由于安东尼娜感兴趣的是他名誉、地位，而不是音乐，所以两个人在一起没多长时间，就出现了严重的问题——安东尼娜无休止的纠缠使作曲家只有躲开她，才能进入音乐的天国。而安东尼娜不知廉耻的生活，更成为柴可夫斯基一生蒙羞的根源。

爱情是神圣的，是不可亵渎的，只有两颗真诚、火热的心才能碰撞出幸福的火花，否则，其中掺杂任何不纯洁的东西，爱情都不会美满，相反，当事人免不了要品尝自己酿下的苦酒。

追求与被追求都要守规则

恋爱同其他事情一样，有着它的潜在规则。特别是在追求人与被人追求的时候，把握好这种规则就显得格外重要。规则的宗旨是提醒你：面对爱情要保持冷静的头脑与严肃的态度，并理智地审度自己感情，比如说，不是爱情不要冒充爱情；是爱情，就要对自己也对对方负责……在这里，主要说说追求人与被人追求的规则，并且教你该如何去遵守：

1. 当你被多人追求时，你就面临着这样的选择

面对众多的追求者，你需要谨慎但又不拖延地确定你的选择。有些时候你可能拿不定主意，在这里就要提醒你，在你拿定主意之前，你应同所有的追求者没有厚薄之分地保持同志关系。另外，你既不能因为喜欢你的人多而飘飘然，也不能随便选择一个“试试”。在作出选择后，你应尽快向“落选者”表明你的鲜明态度。模棱两可是要不得的，否则既延误了别人另找对象的时间，也使你的恋爱生活复杂化，容易引起麻烦和纠纷，甚至带来不堪设想的后果。

2. 当被你追求的人已有了恋人时，那么你理应退出来，不应去做不光彩的“第三者”

如果你不想放弃对方，那么，也要等到对方的恋爱关系结束，否则，冲上前去与情敌一争胜负是不道德的。

3. 当你同时对几个异性有好感，而他们又都对你有意时，则应该明确自己的选择标准，看看哪一个是最适合自己的

在做出选择之前，切忌与多人保持暧昧关系，更不能脚踏多只船，欺骗他人的感情。这样做不仅是不道德的，还易引起纠葛，带来意想不到的麻烦。

恋爱不是一件简单的事情，它需要我们全方面地思考、谨慎地对待，把恋爱切实地当作人生大事来对待，不随便、不疏忽、不欺骗、不违反规则，在此基础上获得健康、美满的爱情就不难了。

如何解决恋爱中的矛盾

充分理解对方，努力避免矛盾

恋爱中的男女产生矛盾，原因是多种多样的，最常见的情况就是一方不能理解另一方，致使双方的沟通出现障碍，感情出现裂痕。这就要求我们要尽可能地多理解对方，理解对方的性格特点、心理倾向等等，这样可以避免许多矛盾的发生。

1. 多欣赏，少挑剔

恋人之间产生矛盾的原因之一就是试图改变对方，使对方努力改变成自己理想中的完美爱人。为了达到这个理想，在交往的过程中，我们往往不合实际地要求甚至迫使对方摒除以往的习惯和言行，以吻合自己心中的理想形象。这种情况是很难能变成现实的，一个人的好多习性都是天生的，不可能因为一场爱情就整个人脱胎换骨、焕然一新。

既然如此，那么，要想避免双方因心理不合而产生矛盾，就应试着去多欣赏对方，少挑剔对方，把对方看成一件“艺术品”，而不是“半成品”。因为，人人都企望被欣赏而不愿意被改造。所以不要把爱当成一把雕刻刀，挖空心思地去想把对方雕琢成什么模样。

总之，要想维持你的爱情，避免矛盾，就要对对方多些欣赏，少些挑剔。

2. 不要强迫对方为自己付出

恋人之间有时会强迫对方为自己做什么、付出什么，比如说让对方为自己买名牌服装、送贵重物品、去高级餐厅等等，这是不可取的，也可能是产生矛盾的根源。

爱应该是发自内心的，为爱付出也应是自发的、心甘情愿的，如果对方对你的爱到了那种程度，那么，即使你不强迫，对方也会为你做你想要的那种付出的。相反，如果对方根本就不情愿，那么，即使在你的强迫下去做了，又会有什么实际意义呢，这不过是阴奉阳违的行为，丝毫不能真正加深你们之间的感情。

要想真正加深彼此之间的感情，绝对不要强迫对方为自己付出什么，

这无异于拔苗助长。感情没有到，做了也是虚假的行为，可能还会使对方产生厌烦的心理。

帮对方改正缺点，有效避免矛盾

有些矛盾的产生是由于对方存在着某些缺点，如果为了双方的感情不受影响，一味地迁就、忍让，就会成为积怨累加、矛盾激化的根源，到头来还是避免不了产生矛盾。总之，问题的根源不改变，该来的总归是要来的。惟一的办法就是通过正确的方法帮对方改正缺点，从而有效避免矛盾的发生。

帮助对方改正缺点，并不是一件很容易的事情，需要你把握好方式与尺度，否则，就会伤到双方的感情。

那么，该怎样让对方愉快地接受你的建议，并积极去改正缺点呢？可以参照以下的方法：

1. 委婉地表达自己的意见

有些时候，对方的缺点是天性使然，如果直接要求对方改正，势必会使对方难堪，以至生气。那么，如果采取委婉的表达方式来发表自己的意见，就较容易使对方接受并改正了。

某官的女儿小张和本单位的小赵谈恋爱时总是有某种优越感。因为小赵是农家子弟，大学毕业分在局里做科员，没有什么“靠山”。有一次小张到小赵家做客，吃过晚饭后把小姑子使唤得团团转，又是要冷饮，又是要西瓜的。小赵看在眼里，心里很不是滋味。但他没有发作，反而笑着对妹妹说：“要当师傅先学徒嘛！你现在加紧培训一下也好，等将来你嫁到别人家里，也好摆起师傅的架子来。”小赵的做法可谓高明，他不失时机地用“要当师傅先学徒”的俗话来提醒小张，避免了直接冲突。即使对方当时略有不满，过后也会有所感悟的。经小赵这么一说，小张以后果然收敛了许多。

2. 巧用幽默表露不满

当对方的所作所为不适宜时，可以巧用幽默的语言向对方表露自己的不满。

小梅非常喜欢跳舞，男友小郑却是个好静的人，无奈常被小梅拉去“看”舞。有一次他们从舞厅出来已经很晚了。

小郑灵机一动，说道："你的慢四跳得很棒，我还没看够。你一路跳回宿舍怎么样?"

小梅说："你想累死我啊!"

小郑一副认真的样子："不要紧，我用快三陪你跳。"

小梅："亏你想得出，丢下我一个人也不怕我碰上流氓。"

小郑这时有话说了："那你在舞厅丢下我一个人，也不怕我打瞌睡被人掏了包儿。"

小梅这时才知道男友来看跳舞是很不情愿的，以后就再也不拉着他来了。

3. 与对方倾心交谈

对恋人的某种缺点进行及时的制止或纠正，有时需要用合情合理的话语与对方进行倾心的交谈。尽管对方的想法存在着谬误，做法掺杂着任性，不过，只要你与对方进行倾心的交谈，你的立场占理，对方就会认识到自己的不对，听从你的意思。

小葛和小陈是一对恋人，正月里小葛和小陈去她大哥家拜年，见小陈想带两瓶低档酒，认为很失面子，便自作主张地要把小陈姐姐孝顺给父亲的一瓶高级人参酒带去拜年。小陈当然很不乐意，他知道小葛爱面子，又不好责怪她，就借故把小葛叫到房间，推心置腹地说："这酒可是我姐姐对父亲的一片心意。我父亲当然没有什么意见，因为他只有我这么一个小儿子还没成家，给你家亲戚拜年大方一点也是应该的。可你想一想，要是这事让我姐姐、姐夫知道了，心里会是什么滋味。假如你嫂嫂把我们送给她的东西拿去孝顺别人，你心里又是什么滋味……"小陈一番合情合理的话说得小葛无话反驳，乖乖地顺从了小陈的意思。

采取有效策略，积极化解矛盾

尽管我们千方百计地避免矛盾的产生，可是有时候矛盾还是会不可避免地产生，可能对方的行为非常过分，非常使自己生气，抑制不住地要爆发。这时，该如何改变不良倾向、有效化解矛盾呢？一般来说，可参考下面三种方法：

1. 沉默是金、以静制动

有些时候，一方确实是无理取闹，特别是女性更容易无理取闹。对于无

理取闹的人，你越是耐心地劝解或讨好，对方就越是闹得凶，如果你确认对方是在无理取闹，那么，最好的办法是不予制止，任其发展。

在你既不劝说也不制止的情况下，对方就会渐渐觉得兴致索然，一个巴掌拍不响嘛，连个陪着的人都没有，一个人还闹个什么劲！

结果，面对你的沉默，无理取闹者的头脑会逐渐冷静下来，并进行自我反省，主动与你讲和。

2. 亡羊补牢、巧献殷勤

生活中，经常会出现工作与爱情或家人与恋人之间的矛盾。有些时候，为了顾全大局，我们会冷落了恋人，使对方生我们的气。

女友可能这样质问你："工作和我，哪一个对你重要?"或者"你妈妈和我，你到底要哪一个?"男子最怕女友提出这类问题。本来嘛，恋人不能舍，工作不能丢；妈妈是亲人，女友是爱人，实在是无法分清哪一方更重要。

爱情绝对是朵娇艳的鲜花，离不开精心的呵护，更需要坦诚相间的沟通与付出。

这些道理，女友不是不知道，当她明知故问，有意穷追不舍时，不过是心理不平衡，觉得自己受了委屈。这时，你可以不正面回答她的质问，而是采取亡羊补牢的方法，通过献殷勤来弥补对她的欠缺，只要她的委屈得到了化解，心理得到了平衡，那么，双方的矛盾也就化解了。

3. 先怒后软、恩威并施

有些时候，恋人固执地抱守着错误的做法，甚至可能会造成严重的后果，使你忍无可忍。这时，你就可以严厉地批评对方的做法，以自己的威严对其加以制止，否则可能还会有下一次。

当然，这种做法免不了要使对方下不来台，产生怨恨的心理，为了不致使双方的感情因此而破裂，事后还要采取相应的补救措施。

你首先要对自己当时的态度进行道歉，说自己只是一时冲动，要对方不要介意。接下来，你要条理分明地讲明对方错在哪里，有什么利害关系，会产生什么严重后果，只要你说得在情在理，对方就会原谅你，认同你的观点，然后与你重归于好。

恋爱中的矛盾无可避免，我们有必要学会努力减少矛盾发生的机率，并有效化解矛盾，使我们的爱情变得更顺利、美好。

第四章

与爱人如何沟通

如何维系与妻子的感情

从细节处表示对妻子的关爱

对于男人来说，如何维系好与妻子的感情，绝不是一件简单的事情，而是需要多方面认识与努力的。在婚姻生活中，男人与女人的位置是不同的，男人多处于主动位置，而女人多处于被动位置，这也是天性使然。所以说，婚姻是否和谐、幸福，男人的所作所为是起到关键性作用的。

大多数男人总是不注意通过日常小事来表示对女人的体贴，他们不知爱的表示往往都是从小地方开始的。

芝加哥大法官塞巴斯曾审过4万件离婚案，并使2000对夫妇达成和解。

他说："大多数夫妻婚姻生活的不和，根本原因即在于细小的琐事。例如，早上丈夫离家上班的时候，如果妻子能向丈夫挥手再见，就可以使许多夫妻免于离婚。"

不要等你的妻子生病了，才想起来为她买花。如果你平时多些这类举动，你们的婚姻生活一定会变得不一样。不必吝啬这笔钱，它与你们的幸福欢乐相比，分量轻多了。如果你固执地一定要等妻子生病才会为她买

花，那么你就别指望你的婚姻多么幸福了。

千万要记住有关妻子的重要日子。比如说，妻子的生日、结婚纪念日等。女人是敏感而心细的，她们对于自己的生日和结婚纪念日都非常在意，这就是女人同男人的区别。你不仅不能忘记这些重要日子，还要在这些日子里送一份令妻子可心的礼物，安排一次隆重的宴会进行庆贺，这样，才算是尽到了做丈夫的责任。

平时如何与妻子沟通

夫妻俩在一起生活的时间是最多的，要想处理好关系，一定要注意平日的沟通。女人在男人面前永远处于被保护、被关爱的位置，要维系好与妻子的关系，男人要事事加以注意：

1. 对妻子要有耐心

爱唠叨是女人的天性，特别是在饭后茶余，妻子可能喜欢兴致勃勃地向你讲述某件令她欢乐或烦恼的事，你要耐着性子去专注地听，并从中分享乐趣或表示同情。

2. 能够向她承认错误

你做错了事情的时候，就要在妻子指责你之前向她承认你的错误，这样不但能得到妻子的谅解，也能避免双方发生争吵。

3. 常常关心对方

特别是在妻子生病或心烦的时候，你应尽全力安慰、开导她。她在心理脆弱的时候，是最需要安慰与关怀的，也最容易为此而感动。

4. 特殊场合爱护她

当你和妻子被邀请参加晚会、婚礼或宴会的时候，你应尽量陪着她，千万不能为了自己尽兴而使妻子有被遗忘、冷落的感觉。

5. 逗她开心

可以将一些幽默的小故事或有趣的新闻讲给她听，这能有效地增进夫妻间的感情，活跃家庭气氛。

6. 与她共度美好时光

尽量安排一些时间与妻子共度美好时光。特别是妻子过生日那天，更是难得的好机会。你可以安排你想要的或她想要的场面，共同享受生活的美好。

7. 给她自由的空间

要能够允许你的妻子和别的男人正常交往，不要嫉妒她受到其他男人的热情款待，否则就显得你不够大度了。

8. 尽量不与她计较。

当她做错了事时，你一定要保持冷静，耐心说服。切忌一冲动就横加指责。这样，你在妻子心目中的高大形象就会毁于一旦了。

给妻子足够的重视

我们不光要懂得平日如何与妻子沟通，还要明白如何给妻子以足够的重视：

1. 遇事同妻子商量

比如说要邀朋友来家里玩，事先一定要先跟妻子商量。不打招呼不仅会使妻子措手不及，还会使妻子认为，她在你心目中比不上朋友重要。

2. 关心妻子的情况

妻子回家晚了或工作劳累，一定要问清原因，并表示担心和疼爱。

3. 别把负面情绪带给妻子

做丈夫的一旦遇到不称心的事时，切记不要把这种负面情绪带回家，强加给妻子。你没有理由因为自己而连累她的心情。

4. 不要大男子主义

现代社会，夫妻之间讲究的是一种平等的关系，无论丈夫的职务有多高，事业有多飞黄腾达，都不要因此而大男子主义，这样会严重影响到夫妻间的和谐关系。

做好婆媳间的调和人

男人最难处理的事情就是一面是妻子，一面是母亲。一旦双方产生矛盾、发生纠纷，是最让男人头疼的了。女人的婆婆妈妈、鸡毛蒜皮之事且不说，单是双方的亲情关系就让男人不知如何是好。一面是生养自己的母亲，一面是自己的亲密爱人，任何一方都得罪不得。

有些家庭，婆媳要同处一个屋檐之下，低头不见抬头见，难免有时意见不合。夹在母亲与妻子之间的男人，便成了双方诉苦的对象。

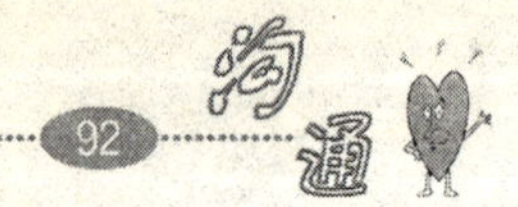

这时，男人该怎么办呢？俗话说：会做丈夫两头圆，不会做丈夫两头盘。既然两方面与自己的关系都非同寻常，那么就要用万全之策了。

首先，不要去听一面之辞，也不要站在某一方的立场是去指责另一方，这样只会加剧矛盾，使双方的关系更糟。要想做好调和人，最好的办法是来个和稀泥，让母亲和妻子都感到，不要指望自己评出个谁是谁非来，清官难断家务事嘛。这样，既不得罪任何一方，又等于告诉她们：她们之间的纠纷是没人感兴趣的。

其次，千万不要把一方的不满过给另一方。自己要多为她们的关系做积极的、正面的努力，少提她们之间的怨恨，多引导她们和睦相处。

要维护好与妻子之间的感情，需要从多方面做努力。婚姻与爱情是需要不断经营的，要用心维护、懂得付出。

别忽略了对方的感受

结婚了，就不再关注对方的感受，不再花费心思去心疼自己的爱人，也不在乎爱人为自己作出的奉献和牺牲，这是婚姻生活中普遍存在的一个问题。

其实，这样是不对的。恋爱时我们关注、心疼对方，婚后的相互体贴该有增无减才是。结婚使两个人的关系有了质的变化，由恋人变为夫妻，这是两人关系的一个重要里程碑。夫妻，意味着要白头偕老，意味着要共同走过漫长的生命之旅，相互体贴和疼爱是绝对必要的，它关系到夫妻双方能否生活得幸福快乐，也决定着婚姻能否美满幸福。

男人该如何体贴妻子

俗话说，“自己家的孩子，别人的老婆”，已婚男人易犯的一个错误就是总觉得自己的妻子不如别的女人好，大概是看长了产生“视觉疲劳”的缘故，看别的女人，觉得个个都比自己的妻子强。

很多男人都不明白，一个女人的成熟、妩媚、神气等是要靠男人去发现、培养和塑造的。比如说，为什么办公室里那仅有的一位小姐就那么有

味道、魅力十足呢？实际上她并非天生丽质，她所有魅力的存在全在于办公室里男人们对她如众星捧月般地塑造：男人们夸赞她，说她年轻漂亮；男人们向她献殷勤，并想方设法逗她开心；她要出了什么差错，大家都争着替她承担……在这样的氛围中，即使是丑小鸭，也会转变为白天鹅的。原本并不出众的小姐也会真的显得楚楚动人起来。由于自信，她的衣着修饰会愈加得体，说话的声音也会愈加动听，走路的姿势也跟着婀娜起来，举手投足间更是百媚皆生，让男人看了顿生爱慕之意。

请清醒一下！别把心思全都放在别的女人身上。别忘了，想当初自己的妻子也受到过这如此的待遇！只不过现在已为人妻，身负家庭、事业的双重负担，没有了那份轻松而已。

是的，婚后妻子说话不再那么温柔动听了，对衣着、面容也很少在意，这可能让你看了失望。可你有没有想到，其实这可能正是你的过失所致。自从结婚后，你不再向妻子献殷勤了，也不再夸奖她，很少表示爱意，更疏于关注她的感受了……面对有加入黄脸婆危险的妻子，你千万不要不假思索地指责她："你瞧你，哪还有点女人味！你再瞧瞧我们公司的某某！和人家简直没法比。"

即使妻子过分疏乎对自己的打理，你也不能直接地说出来，而是用你的爱护去感化她，让她知道，你是在乎她、爱她的。当她能感受到你的爱时，她就会刻意为你而打扮的，别忘了，"女为悦已者容！"

你想试着改变你的妻子，让她重新楚楚动人、充满魅力吗？如果你的回答是肯定的，不妨按照如下方法去做：

1. 夸奖她

就像恋爱时那样去发现、夸奖她的优点。

2. 打扮她

帮助妻子变换新发式，买时髦衣服。

3. 重视她

在妻子面前体现出你的绅士风度，让她知道你仍然重视她。

4. 宽恕她

双方产生了矛盾，尽量从自己身上找原因，而不是指责对方的不是。

5. 宠着她

无论是家务还是其他事情，只要你能代替或帮助她，就不要吝啬付出。

6. 关心她

妻子不再精心梳妆了，说明她心绪不佳。你要耐心地询问她、劝导她。

男人，请关注妻子的感受吧！只要你在意，并积极地去努力，那么，你的妻子就会重新成为一个魅力十足的女人！你的婚姻生活也会柳暗花明！

女人该在哪些方面关注丈夫的感受

婚姻生活中的女人都习惯于事事依赖男人，好像这是天经地义的：男人就该背负所有负担，而女人则靠在男人的肩膀上就可以了。

有这种想法的女人是不对的。我们要知道，男人是从自由状态转化到婚姻状态的。自由状态的男人们无拘无束、无牵无挂，可以说是逍遥自在。一旦结了婚，肩上的负担就重了，不仅有工作、有家庭，还有妻子、双方的老人、孩子……而很多女人又习惯于处处依赖男人，所以说男人的负担实际上是很重的。做妻子的不能一味地依赖对方、要求对方，不然，男人会承受不了的。

女人该从哪些方面关注丈夫的感受呢？

1. 支持他的工作

工作和事业是男人生活中绝对重要的，是他们建立个人形象及价值的关键途径，作妻子的要体谅丈夫花费在工作上的精力，不要抱怨他因工作而冷落了自己。

2. 尊重他的意见

女人要懂得尊重丈夫的意见，特别是有关钱财方面的。因此，对重大的经济活动，大多数丈夫希望妻子能和他商量而不是自作主张，并能尊重他的意见。

3. 不干预他交朋友

人的生活需要丰富而多彩，一个男人不能只与妻子交往，还要有其他一些朋友，这样，他的工作和生活才会完整。其他的朋友能给他的帮助和欢乐，这是做妻子无法给予的。

4. 别阻止他与女人交往

做妻子的通常会设法阻止丈夫与其他女性交往，特别是漂亮的女人，就更是防范有加了。其实，这是我们过于敏感和多疑了。即使丈夫真的是在有意地与漂亮女人交往，也可能只是喜欢欣赏美丽的女人而已，并没有其他的非分之念。对此加以阻止，反而显得自己胸襟狭窄。

5. 孝敬他的父母

每个男性对自己的父母都有一种特殊的感情关系，他们无一例外地会希望自己爱的女人会爱自己的父母，甚至比爱他本人还让他感到高兴。

6. 别啰里啰嗦

男人与女人最大的不同就是不喜欢一些鸡毛蒜皮的事。如果妻子喜欢把一些鸡毛蒜皮的小事常挂在嘴上，啰嗦个没完，一定会使男人非常厌烦的。

7. 别过分约束他

在紧张的工作、繁忙的生活之余，男人们多喜欢参加一些自由活动，如打球、垂钓、下棋等，也许会沉溺其中，不能自拔。这样，做妻子的可能就要管束他了。正确的做法是任其自由，因为这些放松活动对他们来说是一种很好的放松，对缓解压力十分有效。

爱人之间的关爱与付出是相互的，这样才是有效的沟通。我们不能事事让对方迁就自己、为自己付出，也要懂得去正视对方、体谅对方，给对方温暖与爱。

怎样制造温馨时刻

共同把握时机制造温馨时刻

我们常慨叹婚姻生活中的冲突性，而未能感受到那种爱的互动品质，到底问题出在哪里呢?

原因不复杂，是因为我们忽略了一同去制造一些温馨时刻的缘故。如果彼此之间缺少了温馨，由枯燥而产生冲突就不意外了。

其实，好多时候，我们的爱人都在努力制造着双方的“温馨时刻”，

只是我们没加以留意罢了。我们疏乎的结果是使对方失望、热情淡化。

许多人在亲密互动中，常未能把握并珍惜对方瞬间所传递出来的爱意。

比如说，丈夫可能这样说："我很喜欢你今天的气色!"

可是，妻子却没有把丈夫的夸奖放在心上，也不细想对方的用意何在，就"牛头不对马嘴"地回答："是吗？噢，对了，我妈妈打电话来，说明天她要出国旅游……"

这样一来，即使一方已经传递出了爱的信息，可还是被对方辜负了。很好的一次制造"温馨时刻"的时机，就这样被断送了。

一位国际婚姻治疗大师说，夫妻之间，要对对方的爱加以及时的肯定，做坦然的接收。要注意对方所表达的"爱"，抓住此种信息，注视对方的眼睛，让双方都能在"此时此刻"中，感受到那"温馨时刻"。

下次当你的配偶说："我很喜欢你今天的气色!"时，你别忘了面带微笑、大大方方地回答："谢谢你！真高兴你能喜欢!"至于"妈妈要出国旅行的事"，就不必现在掺杂在话题中，这样就太煞风景了！

努力与爱人心心相印

夫妻间是最怕不能心心相印的。如果两个人之间总是相互不能靠近对方的心，那么，沟通就无从谈起，婚姻也就亮起了红灯。

其实，很多人的内心深处，是很期望与爱人有很好的沟通的。这样至少双方在一起生活得会舒服一些。如果能再多一些温馨时刻，那就更不错了。

不要羞于与对方共同建立"温馨时刻"，这是你自己的事情，也是你们夫妻间的事情，没什么不好意思的。可是，事实上有些人心里是这么想的，事实上却常背道而驰。疏忽是一方面，担心不适应也是一方面。在这里，我要提醒你，要想有美好的婚姻生活，就要为此而努力。想想你要的是什么，为此做多少努力也都是值得的。

学习积极地给予对方爱，并坦然接收对方的爱，不要再忸忸怩怩，只要双方做到心心相印，并能共同努力，"温馨时刻"就会越来越多了。

哪些因素决定温馨时刻

先生回家时说："我今天很累！"太太却急切地问着："这个月的薪水是多少？"太太显然没关切先生内心的需求。如果太太的回答是："辛苦你了！"抑或赶紧泡一杯奶茶给先生，并以此来表达关爱，彼此之间便能共同享有那温馨时刻。

当先生说："我很高兴，明天我们可以一起去钓鱼！"太太的回答却是："对了，听说明天股票又要跌了！"这不只转移了原本轻松的主题，而且又创造了另一个严肃的话题。如果太太给予适宜的回应："我也很高兴，真盼望明天能钓到一条大鱼回来。"如此两人便有了有交集的互动，自然也就产生了温馨时刻。

当太太踏到石头，大叫一声时，先生却怒声责骂："每次都是那么不小心，没长眼是吗？"如果先生问太太："有没有受伤？"就又创造了一个温馨时刻。

太太高兴地叫嚷："这朵花好漂亮呀！"先生却冷峻地回应："大惊小怪的，有什么稀奇，没看过花吗？"先生竟然不试着去"感受"太太内心的感动。如果先生能回答："让我看看！嗯，真的很美！"如此，不就与太太产生了喜悦的共鸣吗？

每个片刻间温馨的交融，方能组合成一连串甜蜜的联结关系。但是，许多人却常疏于把握每个片刻间的互动。只注重结婚纪念日的礼物、孩子的生日蛋糕，在特别的日子才刻意去营造爱的气氛，然而在平时的生活对话中，却无法感同身受，甚至相互抨击、讥讽，任由愤怒、敌意形成一座大的隔墙。

"温馨时刻"虽不是特别的节日，可它却能给我们无数个"片刻间美好的感应"。

要想与对方常常拥有"温馨时刻"，就要关注对方的内心需求与感受，给予适当的回馈。切勿轻易抹杀彼此心灵交融的"机缘"。因为那种时刻一闪即过，弥足珍贵。

主动制造温馨时刻

有些时候，“温馨时刻”需要我们刻意地去制造。只要我们用心，做到这一点并不难。

在繁忙的家庭生活中，夫妻之间没有过多的时间面对面交流，可以利用名片式小卡纸或在家中悬挂留言板，以此来表达感情。小卡纸或留言板上可以写上传递彼此之间的感激、爱慕或祝福的话等。

当太太下班回家，看到餐桌上先生所贴的字条：“我开会去了！请微笑着吃一碗——特地给你买的湾仔面线！”原本满脸倦容、疲惫不堪的太太，必然会顿时感受到一阵贴心的温馨。

另外，要制造“温馨时刻”，还可以在对方得意、兴奋时，主动参与，与对方一起愉悦、欢笑；在对方焦灼、颓丧时，适时给予对方支持、鼓舞。

制造“温馨时刻”的方法还有很多，只要你用心，必能得到回报。你们夫妻之间也能拥有越来越多甜蜜美好的“温馨时刻”。

对丈夫切忌言语尖刻

男人最怕女人唠叨

对丈夫言语尖刻，是很多婚姻走向终点的关键原因。对丈夫唠叨不休或恶语相加，只能使双方关系急剧毁灭。

贝丝·亨博格在纽约一家家政法庭工作了11年，审理过好几千个案子。她说男人离弃家庭的一个重要原因，就是因为他们的妻子喜欢言语尖刻，并喜欢唠叨不停。

男人最怕女人唠叨，虽然爱唠叨是女人的天性。如果你不注意这一点，那么，它将会给你的爱情带来意想不到的负面影响，甚至最终产生悲剧。

几十年前，法国的拿破仑三世——拿破仑皇帝的侄子，爱上了全世界

最美貌的女人尤琴·德伯女伯爵，并和她结了婚。他的顾问指出，她不过是一位地位并不显赫的西班牙伯爵之女，但拿破仑三世反驳说：“这又有什么关系?”

她的高雅、青春及迷人的美貌完全征服了他，他甚至在一篇皇家公告中宣称，即使全国人民反对，他也绝不后悔。“我已经爱上了一位我所敬重的女士，”他说，“我从未见过她这样的女士。”

拿破仑三世和他的新婚妻子拥有健康、财富、势力、名声、美丽、爱情和敬仰——所有这一切都完全符合浪漫的情调。婚姻的圣火在人世间从来没有燃烧得如此炽热。然而，这婚姻的“圣火”很快就摇曳不定、奄奄欲息了，而且热度也有所下降，最终只剩下了灰烬。

为什么会这样？因为，尽管拿破仑三世可以让尤琴当上皇后，而且加上他全身心的爱心和全法国的财富，以及他的皇帝的权威，但是这一切都无法阻止这个女人的唠叨和挑剔。

尤琴这样做的结果是什么呢？

据说，从此以后，拿破仑三世经常在三更半夜，在一个亲信的陪伴之下，从一个小侧门悄悄地溜出去，头上戴着个小软帽，遮住双眼，真的去找一位正在等他的美貌女士。或者是去游览巴黎这座古老的城市，呼吸本来应该拥有的自由空气。

这就是尤琴经常发牢骚所得到的结果，最终导致了他们夫妻感情的破裂。

对丈夫切忌言语伤害

我们都知道，托尔斯泰是世界上最著名的小说家之一，他的两部巨著《战争与和平》、《安娜·卡列尼娜》在世界文学中永放光芒。

由于托尔斯泰的名气之大，他的崇拜者整天追随在他的左右，用速记将他所说的每一个字都记下来。哪怕他只是说“我想我要上床睡觉了”这样的日常碎语，也都会被逐字记录下来。现在，俄国政府正计划印出他所写的每一句话，这些东西合计有 100 卷之多。

除了名声之外，托尔斯泰和他的夫人还拥有财产、社会地位及孩子。可以说天底下没有比这更美好的婚姻了。起初，他们的幸福似乎完美至极，也甜蜜至极，他们相信自己一定会白头到老。所以他们甚至一同跪拜

在地，祈祷万能的上帝永远将这种幸福赐予他们。

可是，不久情况就发生了变化。托尔斯泰的情绪发生了巨大的转变，由积极乐观变得消沉颓废，原因就是夫妻关系发生了恶变。

托尔斯泰的一生是个悲剧，其根源正在于他的婚姻。他的夫人喜欢奢华，而他对此却不屑一顾。她渴望名声和社会的赞誉，但对他而言这些虚浮之物则毫无意义。她渴求金钱与财富，而他认为财富及私产是罪恶的东西。多年以来，由于他坚持放弃作品的出版权，不收任何版税地送给别人。所以，两个人的矛盾就不可避免地产生了。因此她一直责骂他，吵闹不休，因为她希望得到这些著作所能赚到的钱。

当托尔斯泰 82 岁时，他再也忍受不了妻子的恶语相加，在 1910 年 10 月的一个大雪之夜，逃离了他的夫人——独自闯进了寒冷的黑夜，不知去向。11 天之后，托尔斯泰因肺炎而在一个火车站死去。他临死的要求，竟然是不让她来到他的身边！

这就是托尔斯泰伯爵夫人喋喋不休，对丈夫进行言语伤害的结果。

托尔斯泰的妻子在临死前向女儿们坦承："你们的父亲是因我而死的。"的确，她正是用那没完没了的埋怨、批评以及唠叨，才使丈夫走向死亡的。她不但害了他，也葬送了自己的婚姻幸福。

该对丈夫说什么

有一点你必须承认，你的丈夫再优秀，与别的男人相比也会有缺点；你的丈夫再差，与别的男人相比也是有优点的。所以，在与丈夫交流的时候，一定要注意"扬对方之长，避对方之短，助对方之弱"。以下几点建议可供参考：

1. 赞扬他的长处

你要拿丈夫的长处同其他男人的短处来相比，丈夫听了一定会非常开心，在你面前就会变得自信，对你们之间的感情也就更珍惜。

2. 帮他出谋划策

男人的负担多重于女人，而男人又多比女人疏忽大意。如果做妻子的能多帮丈夫出谋划策，那么，成为恩爱夫妻就容易多了。

3. 多提醒他注意

男人由于粗心，有时会疏忽一些事情。做妻子的要经常提醒他注意，

这样，既免于耽误了事情，又使丈夫感受到了妻子存在的重要。

4. 减轻他的压力

现代人多生活紧张、节奏快，男人容易产生思想压力。做妻子的要经常说一些减轻丈夫思想压力的话，这样你的丈夫手就会离不开你。

5. 在公众面前给他面子

男人是最爱面子的，特别是在公众面前。做妻子的要懂得在公共场合赞美丈夫。

要想拥有和谐美满的夫妻关系，不仅不能对丈夫言语尖刻，还要尽量说一些能够增进夫妻感情的话。

如何保持夫妻间的良好沟通

你在鲜花和掌声中走进崭新的婚姻生活后，锅碗瓢盆、油盐酱醋的日子就开始了。开始，你可能还觉得蛮新鲜，夫妻之间也懂得恩爱。可是时间一长，就产生了麻木感，对双方的关系也变得不那么在意了，这样是不对的。不要以为结婚了，对夫妻关系就不再需要进行努力了，夫妻关系是需要我们用心经营的。而良好的沟通是必要的前提。搞好了，是爱侣；否则，是冤家。

如何让爱情保鲜

不要错误地认为，结婚了就不需要爱情了。没有爱情的婚姻，是很难维持长久的。只要用心经营，婚姻就不再是爱情的坟墓，而是爱情的根据地。

结了婚的伴侣怎样保持恋爱时的甜蜜情感呢？这可需要用心学习。只要功夫到，与你的伴侣永远相爱，白头到老就不是梦想。

让爱情保鲜，可以从如下几个方面入手：

1. 当对方身体不舒服或患病的时候，你要比平时更温柔、体贴，细心照料，切不可漠不关心或表露出厌恶之情。

2. 当对方告诉你想去散步时，除有特别紧要的事，向她（他）说明

不能奉陪并致歉以外，应放下手中的活或书报，陪她（他）去散散步。

3. 当休息日全家聚在一起时，双方应商议改善一下生活，最好夫妻同下厨房，做几道各自喜欢吃的菜，以增进彼此的爱心。

4. 当一方心情不悦，独自坐在沙发一角发呆时，另一方应主动料理家务，并为他（她）泡一杯茶或咖啡，让他（她）尽情地发泄怨气，并适当地进行劝慰，切不可火上加油。

5. 当对方送你礼物时，不要先问花了多少钱，责怪他（她）乱花钱，你应表现出很兴奋的样子，深表谢意。

6. 当对方告诉你，心中有苦闷的事时，你要真心与他（她）交谈、开导，使对方得到精神上的安慰，感觉夫妻温暖，以减轻心理压力。

7. 当你看到他（她）很疲倦地躺在床上时，应主动承担做饭、洗衣、收拾家务等活儿，并替他（她）做些事情，显示出夫妻相亲相爱的体贴关照。

8. 当他（她）忘记了你生日或结婚纪念日时，你应用委婉的方法暗示他（她），而不应大发脾气，数落对方。

使夫妻关系得以天长地久的法则

通过大量调查取证，美国一些研究婚姻问题的专家找到了使夫妻关系天长地久的缘由。

下文是美国《读者文摘》为此做的摘编：

1. 至诚的友情

喜欢比爱更为重要，是爱侣又是朋友的夫妇会给双方以自尊，在危难时帮助对方走出困境。

2. 亲密无间

这是人类最强烈的心理需求，男人尤甚。它可使男人充满自信，身心疲劳迅速得以恢复。

3. 平等

一是平等的对话。能完满解决分歧的夫妇在争吵中不会忘记使用耳朵，让对方有平等表达的权利。二是平等的贡献。夫妇双方为婚姻作出的努力应是等同的。如果一方感到自已所得超过了他应该得到的，那么他便会不安和内疚；反之，他又会感到生气和愤懑。

4. 容纳

聪明的夫妇懂得，爱侣的某些习惯和品性是无法改变的，你就将就着过吧！“不求完美”的观念使闪光的东西得以发掘，从而成为婚姻的核心，那些负面的东西就变得次要了。

7. 忠实

即使是小小的不忠都会动摇婚姻的根基。只有相信伴侣是忠实的，并且知道对方也相信自己是忠实的，双方才会有平静安祥的心境，才能抵御来自外界的诱惑。

8. 承担义务

来自62个国家50年的离婚资料揭示，在历经了婚姻的最初美好以后，婚后4年会有一次“骚动”，它要求双方为婚姻的持续存在作出努力。情深的伉俪将尽心尽力地承担起婚姻的义务，并且由此迎来孩子的出生和成长，迎来自己事业的顺遂。

认识夫妻关系的十个阶段

1. 结合阶段（结婚的第1—2年）

在蜜月中和蜜月后，“我们”这个概念居中心地位。夫妻双方关心的是满足对方的期望。这一时期被专家们称为是“感情的春天”。

2. 失望阶段（结婚第3—4年）

最初的激情已消失，夫妻双方遇到的日常生活问题越来越多，彼此间对共同营造未来的信心出现裂痕，因为在这时许多夫妇明显地感到，他们的伴侣根本不是初次相爱时想像的那样。

3. 生育阶段（结婚的第2—3年）

这阶段的双方会产生一种非常满意和非常和谐的感觉，这对于双方关系的稳定会有积极的作用，虽然爱情不再那么热烈，却升华出许多内容。

4. 巩固阶段（结婚第7—8年）

这一时期或许是整个婚姻中最积极的时期，夫妻双方克服了最初阶段的艰难险阻。

5. 间歇阶段（结婚第9—11年）

夫妻关系的基础在这一阶段更巩固。结婚初期负担沉重的年代已经过去，手头开始宽裕，离异的风险减少，在这个“婚姻的夏天”里，夫妻双方都主动更多地承担责任，只是在教育孩子的问题上会有些争吵。

6. 总结阶段（结婚的第12—14年）

女人大约到40岁时开始要做初步总结了。夫妻双方重新考虑生活的计划，因为彼此知道没有那么多时间来做根本性的变动。为此，一些夫妇感到他们处在生活的死胡同里，不免失望、心灰意冷和垂头丧气。许多人现在越来越认识到钱和事业上的成就不再能使人感到满足，这时便开始了婚姻的初秋时期。

7. 危机阶段（结婚第15—20年）

亲情在这一时期已变得麻木，夫妻开始慢慢地分开生活。由于联系双方感情的力量，如情感和温情经常被疲倦、紧张和孤独感所消除，由于已找到的生活目标有时甚至是在违反伴侣意愿下取得的，所以在爱情问题上也必然会出现争吵，婚外恋在此时常有发生。专家认为，这一时期离婚案最多。

8. 革新阶段（结婚的第21—25年）

在这"革新之秋"时期，孩子已独立自由，几乎不再需要父母。夫妻间共同的目标变小，也不再那么专注于婚姻。这时，许多男子在职业上可以再次跃跃欲试，尽量扩大其飞黄腾达的可能性。女性在这时也开始解放自己，从事自己的事业。尽管有这种分离，但是双方有机会得到不受任何影响的独立自主感，并能利用这种机会。

9. 暮春阶段（结婚第26—30年）

在孩子离开家时，爱情突然又会获得新的吸引力。爱在这时变得更温柔、更深情、更无私。许多夫妻相互重新发现对方。一项调查显示，48%的夫妇称这个时期为非常幸福的阶段，38%的夫妇说他们这时关系很和谐，只有3%的夫妇认为他们的关系有问题。

10. 老年阶段（从结婚的第31年开始）

这时是婚姻的收获季节，同心协力度过各种危险的夫妇现在可以享受爱情的硕果了。他们欣赏彼此间深厚的感情，不再有误解，共度时光，建设更加灵活更富创造性的生活，占领新的生存空间。婚姻到了"金色的秋天"，这是一年四季色彩最丰富、最光彩夺目的时期，也是夫妻关系的顶峰时期。

保持夫妻间的良好沟通，要从日常生活中的细微处多做努力，给对方

以关心和慰藉，并能够理解、宽容，这样才能使夫妻之间保持良好的沟通。

夫妻间沟通的禁忌有哪些

对爱人期望过高反易适得其反

夫妻间的沟通是否得当，将直接影响到夫妻双方的感情，甚至影响到婚姻。婚姻是生活的一大重点，而沟通方式又是婚姻的一大重点，所以说，我们有必要了解哪些是夫妻沟通的禁忌。这对我们的婚姻是会大有帮助的。

研究夫妻关系的心理学家提出一个值得人们特别注意的问题：夫妻间的不少矛盾和隔阂是由于对对方的期望值过高所致。

心理学上有一个“情绪指数公式”：当情绪指数等于或大于1时，人们所得到的是积极情绪，即满意、快乐、喜悦等；当情绪指数小于1时，人们所得到的是消极情绪，即失望、不满、烦恼、愤怒等。而且，现实值与期望值差异越大，情绪反应则越明显。

人是最不容易感到满足的。有些人把对生活的不满归罪于爱人的不争气，总是想，如果爱人能如何如何，自己就会生活得更好些，在亲朋好友面前也能挺胸抬头了。所以，对爱人施以过高的期望，总想他（她）能升官或发大财。可是，对方不一定能按照你的想法去发展，结果往往给自己带来失望和烦恼。同时，这种失望会表现为对不争气的爱人加以抱怨，从而损害其自尊心，对夫妻感情也起了破坏的作用。

只要我们稍加留意，就不难发现，许多夫妻正是由于超出现实与可能，把对对方的期望值定得过高，于是不得不在失望和相互抱怨中过日子，给婚姻生活埋下了隐患。

与爱人沟通，我们最容易犯哪些错误？

女方易犯的错误：

1. 不把与对方的沟通放在心上——从不抽出时间把自己的感受及想法表达出来。

2. 不给对方足够的重视，也不给对方足够的鼓励，令他感到存在的必要。

3. 不加思考就拒绝他的提议或邀请。

4. 不帮助对方。当他为事业或自己的兴趣而忙碌时，不能给予足够的支持和谅解，使他感觉不到温暖。

5. 期望他对自己投入的感情多于自己对他所投入的。

6. 常常旁敲侧击，不把话直接说出来。

7. 总感到自己为对方付出的多，得到的回报太少。

8. 期望他给自己十全十美的爱情生活。

9. 不把他的感受与想法放在心上。

10. 为了点小事就啰里啰嗦。

男方易犯的错误：

1. 不把与对方的沟通放在心上——从不抽出时间把自己的感受及想法表达出来。

2. 不再追求她。女人是最喜欢男人坚定不移地追求自己的，婚后的男人往往忽略了这一点。

3. 爱人到手后，对这段感情便不在意了。

4. 不了解她对自己感情的深度。

5. 不肯承认自己的弱点。男人喜欢把自己看作“万能士”，认为自己可以满足女人所有的需要，但事实上并非如此。

6. 隐瞒自己的感觉，从不对对方清楚地说出来。

7. 忘记诸如爱人的生日、结婚纪念日之类的重要日子。

8. 不与她一起分享事业上的成就及其他重要事情上的喜与忧。

9. 不明白自己在双方关系中所扮演角色之重要。

10. 不肯听她说话——女人喜欢讲，男人却往往没有耐心听。

夫妻之间的沟通也要掌握分寸

不要以为，对方是自己最亲近的人，沟通起来就可以随心所欲了。不适宜的沟通方式会严重影响夫妻间的关系，导致对方对自己产生厌恶心

理，使双方的感情遭到破坏。

在与爱人沟通时，切记尽量避免如下情况的发生：

1. 挑剔、吹毛求疵

有这类习惯的人一般都很自以为是，总觉得比爱人高明，因而喜欢指手画脚、挑三拣四；或者是对爱人的期望过高，完全脱离了实际。若能把现实看清楚，就不会再对对方百般挑剔了。

2. 猜疑

不切合实际的猜测和没有根据的怀疑会使家庭失去宁静、和谐与幸福。夫妻应该养成经常谈心、交心的好习惯，心里有想不开的事儿，应该先向爱人敞开心扉，两颗心只要靠得紧，猜疑就无处藏身。

3. 揭短

人都有短处，都有不愿别人触及的伤痛。不要以为说几句不好听的话，揭自己爱人的短，不是什么原则问题。人怕揭短，更怕被自己的亲人揭短。因为人都有在爱人心目中保持美好形象的愿望。因此夫妻之间必须互相尊重。有位哲人说过一句值得深思的话：看不起别人就等于看不起自己；伤害别人，同时也伤害了自己。夫妻间更应该注意这一点。

这些性格类型要学会克制、改变自己

1. 固执、多疑型

对爱人疑神疑鬼、个性固执、妒嫉心强，对配偶要求严。

2. 孤僻、冷漠型

这类人对配偶缺乏起码的温和与柔情，对配偶对他（她）的关心与体贴（她）也毫无知觉。

3. 虚荣、挑剔型

这类人爱自吹自擂、爱虚荣、能言善辩、爱挑剔、要求别人的多、自己付出的少。

4. 以我为中心型

凡事都只考虑自己，期待配偶赞赏，要求对方特别关心自己，听不进不同意见。只在意自己的得失，不会理解他人的苦衷。

5. 反复无常型

时而大发雷霆，时而又郁郁寡欢，不久又恢复正常，让对方琢磨不

透。

6. 过于自卑型

这种类型的人容易胆小退缩，想得到别人关心，又怕羞，不敢亲近别人。这种类型多见于性格内向、文化程度低者。

7. 依赖他人型

表现为极度依赖他人，缺乏自信与自立精神，不果断，遇事总希望别人拿主意、指方向。

8. 过分敏感型

这类人有强烈的自制心与自我束缚力，过分注意自己行为、举止的正确性，常常患得患失，因此，呆板机械。

9. 阳奉阴违型

表面上唯唯诺诺，背地里却不合作，把对方的话总是当作耳旁风，结果两个人各行其是，从来无法做共同的努力。

夫妻在日常接触中，确实有很多易犯的错误，这会严重影响夫妻间的感情、破坏夫妻间的关系。掌握夫妻间沟通的禁忌，能有效减少犯错误、避免双方产生矛盾而致使感情遭到破坏。如果自己存在一些认识或行为上的错误，就一定要及时改正。

夫妻关系为什么会出问题

当夫妻关系出现问题的时候，你该这样问自己："我们为什么会出问题?"

在1933年6月份出版的一期《美国》杂志中，刊登了麦特·克鲁齐尔的一篇文章——《为什么婚姻会出问题》。夫妻关系出了问题，往往夫妻双方都是有一定的责任的。

指责往往造成夫妻感情破裂

不要小看发生在夫妻之间的指责，为一些不必要的小事而指责对方，正是造成很多恩爱夫妻感情破裂的导火线。如果你习惯挑剔对方，那么对

方可指责之处一定难以计数。因为，对方与其他的丈夫或妻子相比，一定有很多不足之处。

在这里要提醒你，不要只看到对方的不足，而要多看优点。所有的丈夫和妻子都是各有所长、各有所短的。我们不能只看到对方的短处，而不看对方的长处。否则，你们的夫妻感情就会遭到破坏，你的婚姻就危险了。

不指责对方，对大多数人来说可能是难以做到的。一旦对方做错了什么事，不提出来，心里就会不舒服，也可能会因此留下后患，再发生同样的不愉快。那么，我们就要尽量把指责的话“重话轻说”，让指责听起来不像指责,这样对方就不会难以接受，夫妻间的感情也不会受到破坏了。

轻易不指责对方，对热恋中的情侣或新婚夫妻来说不难，可是对于早就相互熟视无睹的老夫老妻来说，就难做到了。两个人在一起久了，彼此间的诸多缺点都暴露无疑，有些缺点还会直接影响到两个人在一起的生活。这时，指责就难免了。所以说，在许多家庭里，夫妻间相互指责成了“家常便饭”，他们动辄抱怨，相互责备，哪怕仅仅是为了一件微不足道的小事。

既然我们都知道指责给夫妻关系带来的破坏性，那么无论在任何一种情况下，都应尽量避免为好。对方可能有这样那样的缺点，可自己不是也有不足之处嘛！你能容忍对方的缺点，对方才会容忍你的缺点。想要别人怎么对自己，就先怎么对别人吧！如果你糊涂地认识不到这一点，那么你的婚姻就可能要陷入沼泽地，受害的也包括你自己。

要想维系你的夫妻关系，就必须明白，相互谅解和尊重才是夫妻间感情的基础，而指责恰恰是破坏这个基础的腐蚀剂。夫妻间也是需要尊重的，而指责恰恰是最伤对方自尊的，任何人都不会愿意自己的自尊心受到伤害，特别是这种伤害是来自自己最亲近的人，就更难以接受了。

如果你的夫妻关系已经出了问题，那么就要回想一下，是不是指责惹的祸。如果是，就立刻悬崖勒马，把指责转变为对对方的关心与爱护，从而保住你的婚姻。

如果对方的过错不得不说，那么也要和颜悦色地好言相劝，帮助对方找出过错的根源，帮助对方改正。这不仅很容易使对方接受，还不会伤害

夫妻间的感情，做好了还可以增进夫妻间的情意呢。

你们是否忽视了彼此的需要

一般来说，热恋中的爱人是最关注对方需要的，对方需要什么，自己都会尽全力满足，以博得对方一笑。可是，一旦双方结为夫妻，这种敏感就钝化或根本不存在了。到了这种“生米煮成熟饭”的地步，多数人都认为已无需再体察对方的需要。从表现上看来，两个人的关系已经确定，好像是不再需要花费太多的精力了。实际上，这种想法是不对的。正是这种“惰性”思想，使双方的感情褪了色，从而由热恋变为冷漠。你不关注对方，对方也就不关注你，时间久了，两个人之间的感觉就没了，直到完全麻木。到了这种时候，婚姻就危险了。

不关注对方的感受与需要，是双方产生裂痕的开始。有的妻子当着旁人的面，随意地贬低丈夫，让丈夫非常尴尬，她忽略了丈夫的自尊心和虚荣心。有的丈夫在结婚有了孩子后，就不再说什么温存浪漫的话，他不了解女人永远需要爱情的表示。心理学家曾建议，夫妻之间每天至少要向对方说一次“我爱你”，但是绝大部分中国的夫妻是做不到的。

如果夫妻之间的感觉已经迟钝了怎么办呢？首先不要忙于指责对方，要先找一找自己身上的原因，如果你没有注意增加和更新自己的精神内容，老是一副陈旧的面孔，那让对方怎样保持兴趣呢？其次，要从自己先做起，不要被动地等待别人的赐爱。有的人说，我才不爱理他（她）呢，那样多跌份儿！其实，当你理解对方，主动关心对方时，你就会得到意想不到的收获。另外，还要善于表达自己的情感需要，有的人向别人抱怨配偶麻木，却从来不直接对配偶说，认为说了也没用。其实，经常的情感沟通才能保持情感新鲜啊！

夫妻双方该自我检讨哪些方面

做丈夫的和做妻子的应该分别自问如下问题：

丈夫自问这些问题：

1. 你是不是还在“追求”你的妻子？例如，偶尔送她一束鲜花、记住她的生日和结婚纪念日？或出乎她意料的殷勤，以及给她本来没有预料

到的关心和体贴？

2. 你是否注意从来不在别人面前批评她？

3. 除了家庭开支以外，你是否还给她一些钱，让她随意使用？

4. 你是否尽力去了解她各种女性方面的情绪问题，并帮助她度过疲乏、紧张和不安的时期？

5. 你是否至少有一半的休闲时间与你妻子共处？

6. 除非可以显示她的长处，你是否能够巧妙地避免将你妻子的烹饪手艺或理家本领和你的母亲，或者其他人的妻子相比较？

7. 你是否对她的学习生活、她的社交、她所读的书和她对公共问题的看法也有一定的兴趣？

8. 你是否会让她和别的男人跳舞，并接受他们的殷勤照顾，而你却不说嫉妒的话？

9. 你是否经常找机会赞美她，并表示你对她的赞赏？

10. 你是否感激她为你做的各种小事，如钉纽扣、补袜子以及送你的衣服去洗等？

妻子自问这些问题：

1. 你是否让你丈夫完全自由地处理公务，并且绝不批评他的同事、不干涉他选择秘书，或让他有自己的时间？

2. 你是否尽力使你的家庭有吸引力？

3. 你是否总是改变饭菜的花样，使他坐到饭桌前时还不清楚会吃什么？

4. 你是否对丈夫的事业有一定的了解，并能和他进行有益的探讨？

5. 当你经济困难的时候，你是否能不批评你的丈夫，或将他和其他更成功的人做不利于他的比较？

6. 你是否特别努力地和丈夫的母亲或其他亲属和睦相处？

7. 你购买衣服时，是否注意你丈夫对颜色及款式的喜好？

8. 为了家庭和睦，你是否会改变一些自己的意见？

9. 你是否尽量学习丈夫所喜欢的东西，以便和他共度休闲时间？

10. 你是否阅读最新的新闻、新书和新技术，以使自己能在智力、知识等方面配得上你丈夫？

一旦夫妻关系出了问题，双方都有责任检讨自己，找出自己的不足之

处加以改正。要想维系好夫妻关系，需要夫妻双方的共同努力。以上这些，对夫妻关系避免出现问题或者解决问题，都是大有帮助的。

如何化解夫妻间的矛盾

夫妻关系就像唇齿相依，既然朝夕相处，闹点矛盾就是避免不了的。处理得好，争吵虽会给平静的生活激起波澜，但过后双方将会相互更加了解和体谅，甚至感情还会升温。反之，处理不好，婚姻破裂也说不定。化解夫妻矛盾是一门学问和艺术，并非人人都能掌握，这就要好好地学习一番了。

夫妻间产生矛盾的原因

要想解决矛盾，必须知道产生矛盾的原因。下面是常见的使夫妻关系产生矛盾的原因：

1. 说谎

信任是夫妻的粘合剂，特别是婚姻成为现实，双方的吸引力趋于平缓后，夫妻最需要的是对家庭的共同责任，一旦有一方说谎，另一方就会觉得对方不负责任。于是，信任感消失，裂痕出现就是顺理成章的了。

2. 揭短

夫妻相互最了解对方的缺点，揭起短来最顺当、最切中要害，可这也是最伤感情的。欲揭其短，从体格、行为、品格等方面都可以挑出短处，而这些恰恰都是本人最不愿提起的。一旦有一方点燃这导火索，心照不宣的心理默契立刻就毁于一旦了。

3. 任性

恋爱时双方为博得对方的好感，往往伪装自己，迁就对方，所以总是显得相互和谐。婚后，既已大功告成，相互掩饰和协调的心理就自然减退了，往往变得随意而任性。这时，双方发生冲突就不足为怪了。

知道了哪些因素容易使夫妻双方产生矛盾，我们就要尽量克制自己这些方面的缺点。

如何化解夫妻间的矛盾

夫妻生活在一起的机率是最高的，所以，大大小小的矛盾实在是防不胜防。矛盾一旦出现了，该怎样化解呢？

1. 忍一忍风平浪静

夫妻间的矛盾常由小事引起，既然是小事，就不一定非断个青红皂白，就算你战胜了对方，又哪里会赢得真正的开心？如果能忍一时之气，就万事大吉了，多忍让可以避免许多无谓的争吵。

2. 讲道理解开矛盾

不要一争吵起来，就气愤得失去理智，胡搅蛮缠、横加指责。这样，对方不会服你，只会厌恶你。即使自己没有过错，也不可得理不让人。这时你最好是能稳定自己的情绪，与对方心平气和地讲道理。只要双方都能平静下来，一切就都好解决了。

3. 用幽默转危为安

幽默是夫妻间最好的“润滑剂”，幽默有其独特的功效，能够使人忍俊不禁、启齿而笑。无论对方多么生气，只要你能运用幽默来感化对方，对方是最容易转怒为笑的。而用一般说理的办法是很达到这种效果的。

如何缓解夫妻间的紧张气氛

夫妻之间有时会因一件小事而导致关系紧张。出现这种情况，可以采用如下几种方法缓解双方的矛盾：

1. 当面难以说的话，可利用打电话的方式，向对方表示道歉。有些话当面说会感到难以启齿，而在电话里说，就不会存在这一顾虑了。

2. 请朋友做调和人。把关系亲密的朋友请到家里来，叙叙过去一些高兴的时光，这对对方的情绪是一个很好的调节，大妻间的紧张气氛也能借机缓和。

3. 投其所好。买一件对方最喜爱的东西送给对方，可以很有效地感化对方。

4. 餐桌上增加一道双方都爱吃的菜，并且放到对方的面前，以示关照之意。

处理夫妻矛盾的几项原则

两个生活在一起的人产生矛盾和冲突是十分正常的现象，这就需要我们掌握处理夫妻间矛盾的原则。这样，就能促使我们较好地处理夫妻间发生的问题：

1. 不要生闷气

这样易导致暗暗地给对方的错误算总账，也就是薄积厚发。即使是为了维持夫妻关系而保持沉默，也会使怒气越积越多，一旦时机来临，就会大爆发，这是可怕的。因此，你生气了最好是让对方知道。

2. 寻找合适的机会

如果时间和地点不合适，夫妻双方可以约定一个确定的日期来解决问题。

3. 把指责化为诉说

坦白对对方说出自己的感受，这会强于指责对方。你坦白说出自己的感受，对方不会感到是受了攻击，而效果却绝不比指责对方差。

4. 避免恶语伤人

不要辱骂、讥笑、嘲弄对方。这样做对于双方的矛盾不会起到任何缓解作用，而且还会惹火对方，使关系进一步恶化。

5. 不要扩大是非

辩论要围绕发生矛盾的原因进行，这很重要。因为双方可能都在寻找解决它的办法。所以千万不要离题，更不要扩大是非，那样只能增加处理矛盾的难度。

6. 明确讲明自己的希望

不要总是说“不”，要正面说明你对对方的希望。比如，说“我希望你让我自己来决定”要比“你不要对我指手画脚”好得多。

7. 对事不对人

不论双方的矛盾激化到何种地步，都要对事不对人。因为对方是你的爱人、生活伴侣。夫妻吵架最忌讳在盛怒之下伤害自己的伴侣。

对不愉快要学会遗忘

对于夫妻间发生过的不愉快，一定要学会遗忘。如果双方一吵架就“兜老底”、“揭伤疤”、“新账旧账”一起算，那么矛盾势必会激化。

家庭问题专家曾建议，当夫妻间吵架时，只宜就事论事，以理服人，决不能“旁证博引”，更不能搞“秋后算账”。怎样才能做到这一点呢？除了夫妻双方努力提高修养、增强理解和谅解之外，彼此都要学会“遗忘”。

能够对双方发生过的不愉快进行“遗忘”是一种宽容，也是一种自我解脱，还能促使人达到一种心理平衡。

如何去遗忘呢？你可以告诉自己，过去的事就过去了，再提起来没有任何意义。你还可以设法转移注意力。当气从心起时，不妨从“恨的联想”转移到“爱的联想”，想想对方的长处以及往日对自己的恩爱。

夫妻间难免产生矛盾，凡是矛盾，都是由不正当的言行造成的。矛盾产生后，要能够以正确的态度去面对，并懂得如何向对方认错、如何有效化解矛盾。

夫妻间如何保持亲密、友好的关系

与爱人也要以礼相待

在社会生活中，人们都懂得讲究感情的回报，正所谓“来而不往非礼也”。可是，一旦面对自己的爱人，常常就不再讲究“礼不礼”了。

有的人认为，夫妻之间是最亲近的，相互之间讲究什么个“礼不礼”的，反而显得生分。其实不然，古人夫妻之间尚懂得“举案齐眉”，现代文明社会就更应该注重夫妻间的礼貌问题了。

我们可以想像这样的情景：丈夫找不到换洗衣裤时，马上破口大骂；妻子烫着高雅的头发进门时，先生却视而不见……这就是夫妻间缺乏礼貌的最基本表现。你能说这样的夫妻是恩爱夫妻吗?!

你对爱人施之以礼，爱人必会对你还之以礼，如此一来，双方的关系

不就变得和谐了吗？反之，你对爱人说话口无遮拦、动辄横加指责，那么也别指望对方会对你客气。爱是相互的，牢固的夫妻关系只能建立在相互尊重和理解上，不要错误地认为对方是自己的伴侣，怎样做都无所谓。

比如说，妻子跑了大远的路特意为丈夫买了衣服，如果丈夫满口感谢，妻子再辛苦心里也觉得高兴。相反，如果丈夫面无任何表情，甚至对新买的衣服看也不看一眼，那么妻子的热情可能就会顿时烟消云散，再也不会有下次了。

再比如说，丈夫出门在外，特意打电话请示妻子，想要些什么东西。如果妻子硬梆梆地丢一句："什么都不用你买！你什么时候买过好东西！白白浪费钱。"那么，丈夫就永远不会给妻子带礼物回家了。

虽然一些琐碎的家务该由妻子打理，可是，如果丈夫常常感激地对妻子说："辛苦你了！"那么，再脏再累妻子也会心甘情愿的。

把爱人当作最好的朋友相处

夫妻生活在一起的时间是最多的，所以说，除了把对方当作爱人外，还可以把对方当作最好的朋友。这样一来，彼此间的关系就会更完美，相处也会变得更融洽。

把爱人当朋友会有哪些好处呢？

1. 相处更轻松

朋友胜于爱人的特点之一是相互不苛求，对彼此的要求也比较少，另外，不像爱人关系那么敏感，容易受到伤害……总之，朋友关系比爱人关系轻松得多。

2. 要求与依赖少

朋友无需像爱人那样，需要朝夕相处、耳鬓厮磨。一星期不见面也无所谓，一个月通一次电话也正常。

3. 相互更宽容

朋友之间不像爱人那样，因一点小事就怪罪对方。朋友之间的包容量大，不计较、不苛求，这些都是爱人之间最需要却又最缺少的。

如果你的夫妻关系相处得不理想，那么，不妨试着将对方当作最好的朋友相处，很可能两人的关系会就此发生转机，对夫妻关系起到积极的作用。

多关注对方

真切地关注对方，才是爱对方，也才能明白该如何去爱对方。心理学家认为，对爱人了解得越深，越能赢得对方的欢心，夫妻关系也会越牢固。那么，该从哪些方面去了解和关注对方呢？

1. 爱人的出生地、出生年月日。
2. 爱人最惧怕什么、最喜欢什么。
3. 什么事最值得他（她）骄傲。
4. 他（她）最喜爱的家庭成员是谁。
5. 爱人习惯穿什么颜色、款式的服装，梳何种发型。
6. 爱人花钱大手大脚还是精于算计。
7. 爱人最喜欢做什么事情。
8. 爱人最喜欢一年中的什么日子。
9. 爱人最欣赏你哪一点。
10. 爱人最想得到什么礼物。

每天与爱人交谈五分钟

为了使夫妻间有必要的沟通，要每天与爱人交谈五分钟。正确的交谈方式是解决生活矛盾、缓解紧张夫妻关系的最好方式。美国学者诺尔曼·赖特在其所著的《两性间的交流》一书中为那些经常发生意见不一致的夫妻设计了一份“交流契约”，内容如下：

1. 我们将以友爱的、特殊的，而且是积极的态度来表达生气和烦恼，而不是抑制或消极否定它们。

2. 在不同意各自观点时，我们不夸张事实，也不进行人身攻击。

3. 我们将尽力控制情感的爆发和激烈的争吵，不叫喊、不发泄气愤、不说伤自尊心的话。

4. 我们将永远不要让太阳落在生气的脸上，或在一场争论中永远不要互相躲避。

5. 我们每个人都要保证做到：在对方正在说话时，尽量不要打断对方，也没有必要总是提醒对方的责任，尤其在讨论中。

6. 当对方正在说话时，我将仔细、用心地听，而不是用这段时间来考虑如何对付对方。

7. 在争论过程中，不要以一个人过去的失败来衡量、刺激对方。

夫妻关系，是人际关系中最亲密的一种，也是所有人际关系中最复杂、最需要努力才能处理好的一种关系。

很多男女都以为相爱便是一切。在婚姻生活中真的只要有爱就能够幸福美满吗？事实上，光靠爱是绝对不够的，更何况一般人所谓的爱，不过是一种连自己都不十分清楚的亲密的需要，加上很多幻想的浪漫和爱情的迷信，结果自然会大失所望，使信心消失。

不过，夫妻间如果能够试着以礼相待、把对方当作最好的朋友、多关注对方、多与对方做亲密的交流，那么双方定能保持亲密、友好的关系。

不要以为彼此熟悉就可以淡漠交流，时时的推心置腹才能保持心有灵犀的默契。在婚姻中，沟通比任何爱的虚荣形式都更加重要。

第五章

与父母或子女如何沟通

与父母怎样沟通

重视与父母的沟通

中国有句老话叫“不听老人言，吃亏在眼前”，意思是说老人的话有着深刻的人生道理，老年人对一些事物的深刻认识是年轻人所不能达到的。所以说，多与父母交谈，能增长见识、开启心智、获得人生经验。

可是，在现实生活中，多数年轻人仗着自己的文化水平较高，对时代的适应性较强，因而认为父母已经思想老化、落后于时代，不具备教导自己的能力了，也就疏于同父母做交流。

千万不要因为父母说话较啰嗦、话题较陈旧、思想较落伍，就认为父母的身上没有可贵的人生经验可以吸取，这是不对的，有些人生经验是与时代没有太大关联的，特别是做人的道理，从古至今都不变。而父母经历了几十年的风雨，见多了世态变迁，对于该怎么做人是有着深刻认识的。因此，不妨多与父母谈谈，多增长些见识、多获得些人生经验、多懂些做人的道理，这是有益无害的。

怎样主动与父母沟通

社会发展，变化迅速，对于相差二、三十年的人来说，思想上的差距是非常大的，能够谈得来的话题也十分有限，因为双方的生活方式、兴趣爱好、教育程度各有不同，思想观念更是难以相融，所以要想创造沟通的话题，只能从特殊领域入手。

同父母谈什么呢？老年人多喜欢追忆往事，特别是有特殊意义的往事，是最不能忘记，也是最希望对别人诉说的了。如果主动谈论父母的经历，那么父母是很乐于诉说的，并会在诉说中告诉你一些生活经验、做人的道理；也可以同父母谈一些社会新闻、动态，这些都是大家共同关心的问题，彼此可以对此进行交流，发表各自的意见，这也是很好的交流方式。

怎样与婆婆相处

婆媳相处一直就是个问题，女人往往心细、度量小，所以婆媳之间是最容易产生矛盾的。

那么，怎么去努力与婆婆相处好呢？一般来说，婆婆希望在媳妇面前能被重视，上了年纪的女人大多喜欢指导年轻人。如果媳妇能在家务方面多多地请教她，她就会很开心，认为自己受到了重视，所以说在某些事情上，你就是懂也可以装不懂，去请教她，她会为此非常开心的。

婆媳之间产生矛盾的根源大多是互不相让，所以说最怕两个女人都要强，双方都想在对方面前说一不二，这就麻烦了。按理说，媳妇该让着婆婆，尊老爱幼是中华民族的美德嘛。一个尊敬婆婆的人，是会受人称颂的，相反则受人鄙视。

与婆婆相处时，有必要保持低调，切忌不要锋芒毕露、抢尽风头，这正是矛盾产生的根源。

怎样与岳父母沟通

与岳父母沟通相比婆媳相处要容易得多，毕竟大家不用生活在一起，这就减少了产生磨擦的机会。不过，与岳父母沟通是要注意礼节的。

到岳父母家中，一定要注意服饰仪表，做好交谈方面的准备。准备工作主要应从三个方面进行：一是稳定情绪。要确立自信心，相信自己不会丢丑，从而使紧张情绪平静下来。二是对其家庭成员心中有数。了解岳父母家中成员的大概情况：职业、文化、兴趣、经历、性格等，这样才能准备充足，交谈时也能有的放矢。三是做好交流的思想准备。想一想对方会提些什么问题，自己事先做好应答准备。

由于与岳父母的接触并不会太多，所以说一定要注意礼节，进门后应先热情诚挚地问候，让对方知道你在关心着他们。对方为自己递水的时候，一定要双手接过来，以此表示你的尊重。另外，要多询问对方的生活情况、身体情况，问明是否需要什么帮助，即使知道对方并不需要帮助，这种礼节也是必不可少的。

另外，与岳父母沟通一定要有分寸，毕竟对方不是自己的父母，千万不可在岳父母面前卖弄自己，不懂装懂、自吹自擂，老人是最忌讳有这种特点的年轻人。所以说，要想得到岳父母好感，一忌油嘴滑舌，说话必须朴实、诚恳，否则必招岳父母厌恶。二忌自我吹嘘，也就是说，自己是怎样就怎样，切勿为了获得岳父母的好感而自吹自擂，那样必定会适得其反。

离别岳父母家时，应彬彬有礼地说“再见!”“多谢款待”等客气话，并许下承诺“过些时候再来看望二老”等。

沟通方式影响着子女的成长

错误的沟通方式会害了子女

正确的沟通方式是联系父母与子女情感的纽带，它能促使父母与了女关系融洽，使子女幸福快乐、健康成长。反之，父母可能会焦虑不安，子女可能会烦恼痛苦，成长不顺利，甚至误入歧途。

勒格太太总以为自己和15岁儿子肯尼斯的沟通是好的。当她儿子第三次因犯盗窃罪出庭受审时，勒格太太简直不敢相信。她泪流满面地告诉法官说：“我们给了儿子他所需要的一切同情和理解。我常告诉儿子：如

果有什么事不顺心就好好跟我谈，我能理解他，我会帮助他的。”

事实上，勒格太太与儿子之间的沟通方式是非常错误的。下面举例证实：

一天下午肯尼斯放学回家晚了，看上去情绪低落、疲倦不堪。

勒格太太：“你今天又在学校遇到了什么麻烦？你怎么总是干坏事？”

肯尼斯：“我没遇到麻烦，我没干坏事。”

勒格太太：“那你就别显出那副狼狈相。”

肯尼斯：“我想我不舒服是因为学校那么多孩子都比我穿得好，我为自己的衣着感到难为情。我多么希望我能穿得好一点，那样我可能会有更多的朋友，老师也可能会更喜欢我一些。”

勒格太太：“别傻了，生活的意义不在于穿漂亮衣服。”

肯尼斯：“你傻，你才傻！”

勒格太太：“你竟敢以这种方式跟我说话！你再这样无礼，我就告诉你爸爸！”

肯尼斯：“不管怎么说，你为什么不为我上学买些新衣服？”

勒格太太：“你满脑子想的就是衣着、外表。你应该想些生活中更重要的事情，不要太自私了。如果你略为聪明一点，你就会认识到：一个人的外貌并不重要，真正重要的是他的思想、他的心灵。”

肯尼斯：“只有你什么都懂。你怎么对任何事情都懂得这么多？”

勒格太太：“我们给你买的衣服的确不少，你要好好珍惜。你应该感激爸爸、妈妈给你买了这么多衣服。再说，即使我们给你买了许多衣服，同学们也未必更喜欢你。谁会喜欢像你这种朽木不可雕的人呢？”

肯尼斯：“你说够了没有?!”

勒格太太：“白痴！为你这种无知的抱怨磨嘴皮子真是浪费我的宝贵时间。如果你不尊重父母，我就告诉你爸爸。”

明眼人都看得出来，勒格太太根本就不是在和儿子进行真正的沟通，而是在和他唇枪舌战。母亲竟然用激烈的言辞去伤害儿子，这样的“沟通”怎么会有好的结果呢？这又怎么能称之为沟通呢？结果只能是儿子希望与母亲之间的距离越来越远，从而免受她的伤害，这样母亲就越不能控制他，问题也就越积越多了。

勒格太太的错误在于既不懂得用体贴的方式与孩子谈话，又不能理智

地倾听孩子的心声。所以，她根本无法与儿子进行真正心灵上的沟通，儿子也无法与她交流感情。没有真正的思想交流就无法称之为真正的沟通。

可以这样说，正是勒格太太的错误沟通方式使儿子最终走上了犯罪道路，她与儿子的沟通方式是绝对不可取的。可以说，她根本就不知道该采用怎样的方式与儿子沟通。

良好的沟通方式有助于孩子健康成长

良好的沟通是不用责骂、不用说教、不用进攻性的语言，更不滥用家长权威的。这样的沟通才能促使子女健康成长。

同样是关系到子女形象与自尊的衣着问题，下面这则故事中的母亲就与儿子沟通得非常成功。

丹尼斯·摩尔的父亲已经失业很久，所以说父母的确无钱为他买同学们穿的那种流行款式的服装，这无法不令他情绪低落。

一天，丹尼斯从学校回到家里，情绪低落、灰心丧气，这一切都被母亲看到了眼里。

摩尔太太：“你看上去不怎么高兴。”

丹尼斯：“是不怎么高兴。”

摩尔太太：“今天有事使你不愉快，对不对?”

丹尼斯：“嗯。”

摩尔太太：“愿意对我谈谈吗?”

丹尼斯：“请不要以为我太自私，但是我没有朋友们穿得好，这使我很苦恼。他们穿的衣服比我的这些破衣旧衫不知高级多少倍。”

摩尔太太：“漂亮的衣服穿起来的确使人风光。”

丹尼斯：“嗯，我想我不能总显得这么寒酸。我必须想办法改变这种状况。”

摩尔太太：“听得出来，你好像对衣服问题有些主意。”

丹尼斯：“嗯，我听说现在有些地方可以打工。也许我能找一份工作，例如：给人家送东西。我可以用打工的钱买衣服。”

摩尔太太：“愿意跟我详细谈谈你的计划吗?”

丹尼斯：“我先看看本地报纸的招聘广告，或者去附近商店仔细探听一下看有什么活我可以干。”

摩尔太太："你想干就干吧！有什么进展告诉我好了。我们还可以一起好好商量。"

丹尼斯："你支持我的想法，我真是太高兴了。好的，我将随时告诉你我找工作的进展情况。"

与母亲成功地沟通后，丹尼斯就去打工了。结果，他用挣来的钱买了漂亮的衣服，这让母亲与他都感到很愉快。

真正的沟通应该是以理解为前提的，而丹尼斯的母亲正是在理解中与丹尼斯沟通的。摩尔太太先是认可了孩子的牢骚，认为孩子的情绪反应是正常的。她没有去扼制孩子喜、怒、哀、乐的权利，而是顺应了孩子的性格并尊重孩子的感情，在这种情况下，孩子还有什么顾虑不能向母亲敞开心扉呢！

要想与子女进行良好的沟通，对其的健康成长起到促进作用，那么在与其沟通的时候，就要考虑如何取得子女的信任，如何体谅孩子，该用怎样的话去安慰他、鼓励他，与他一同分享快乐、解决问题。这样的沟通才是真正的沟通。

在理解与尊重的前提下沟通

强制性沟通导致无法沟通

对处在青少年时期的子女，你绝不能采取惩罚、说教等方式强迫他接受你的想法。如果你用这类不高明的方式与子女谈话，子女就会疏远你，甚至拒绝与你交流，并且做些与你意愿相反的事来"回报"你。只有当子女认可你的沟通方式时，他才会自觉自愿地接受你的想法。

巴尔先生是一位很不高明的父亲，具体表现在不能正确地与儿子沟通上。他的沟通方式使父子间的感情非常糟糕。请看巴尔先生与儿子尼昂纳德的交谈内容：

巴尔先生："我听说你们学校75％的学生都酗酒、吸毒。"

尼昂纳德："你简直不知道自己在说什么？"

巴尔先生："不要以为我是在信口开河。我从报上看到、从广播里听

到75%的中学生都酗酒、吸毒。”

尼昂纳德：“哪家报纸？哪家电台？怎么说的？我可从来没有听说过此事，你在胡编乱造。”

巴尔先生：“不要顶嘴，要尊重长辈。我是你父亲，为了你好我才告诉你这件事。你最好别成为其中一员。”

尼昂纳德：“哦，你拿不出证据，你只不过是想编这套谎言来吓唬我，简直是荒唐。你还常常叫我要‘诚实’呢。”

巴尔先生：“我的年龄是你的几倍，我知道自己在说什么。我听说50%的中学生因为酗酒、吸毒被送进医院，所以你得小心点。”

尼昂纳德：“我还从来没听过这样的怪事。你应该去当喜剧演员到电视台去演戏。天哪，你真逗人。”

巴尔先生：“听着，年轻人！不要与我争论是非，我说的是事实。你是我的儿子，我为什么要骗你呢！”

尼昂纳德：“别再找我的麻烦了，不要唠叨了，烦死了！”

尼昂纳德再也无法继续与父亲对话，而是尽可能地回避父亲。

与儿子的沟通失败，完全是由巴尔先生的沟通不当所致。作为一个父亲，在与子女沟通的时候，切忌不能失去一个父亲该有的分寸。在以上这个故事中，巴尔先生为了教导儿子，甚至不惜编造、猜测一些事情来强加到儿子身上，这样儿子怎么能够服从他呢？只有当子女觉得父母可以信赖、说话有分寸的时候，子女才会心甘情愿地服从。反之，就会对父母产生厌烦、排斥的心理。

成功沟通的前提是什么

有的父母与子女之间关系融洽、沟通良好，有的父母却与子女关系紧张，无法沟通。而这两种父母都是尽力去与子女沟通的，但为什结果却恰恰相反呢？其中的原因可能就在于沟通是否以理解与尊重为前提，是则沟通容易成功；反之，沟通就容易出现障碍。

不要以为子女只是我们的附属品，他们也是有独立思维与感情的，他们与大人一样，也需要理解与尊重。对于理解他们、尊重他们的人，他们同样会非常重视，愿意与对方做交流。反之，他们就有意疏远，拒绝与对方做交流。

如果你在与子女沟通时，并不充分理解子女的心理活动，也不顾及子女的尊严，采用强制性的手段强迫、威胁对方按照你的要求去做，那么子女是绝对不会从心理上服从你的管教的。相反，你越是如此，对方就越是独行其是，蔑视你的权威。

波斯太太是一位不擅长与子女沟通的家长。她有一个16岁的女儿叫玛丽。波斯太太抱怨玛丽举止粗野无礼，不服从父母管教。其实，玛丽是个十分聪明的孩子，学习成绩相当不错。但偶尔玛丽的成绩也会下降一点，遇到这种情况，波斯太太就失去理智、乱了章法，结果把并不严重的问题加以扩大了：她怀疑这是女儿与男朋友约会太多所致，于是她用这样的方式与女儿交谈：

波斯太太："你这个野丫头，不许你再和那个无用的男朋友一起游荡。你总得做点家庭作业吧。你看看这次的成绩单吧，简直是丢人!"

玛丽："我不是野丫头！雷蒙德（她的男朋友）也是一个好青年。他出身在一个教养良好的家庭。再说，你永远也不会对我的学习成绩感到满意，不管我的成绩多么好，你都如此。"

波斯太太："你应该为自己感到羞愧。你才16岁，竟让那小子毁了你的学业。你们俩在一起究竟干些什么？你最好别和他干出什么不体面的事来。否则，我会报告警察的。"

玛丽："我和男朋友干什么不关你的事。你管好你自己的事就行了。你真是爱管闲事、多嘴多舌。"

波斯太太："你无权生我的气。我说这些话都是为了你好。"

玛丽："我希望你别再找我的麻烦，我会管好自己的。你从来不信任我，我受够了!"

波斯太太："我再也不许你去看雷蒙德，你每天晚上必须待在家里做作业。"

从此，玛丽不愿再与母亲做交流，反而在感情上更加依赖男朋友，并尽可能挤时间去看他，学习成绩则真的不断下降了。

沟通之所以失败并起到相反的作用，是因为波斯太太的沟通方式完全不正确。她根本没有站在女儿的立场上考虑问题，更谈不上理解，言语还不可避免地伤害了女儿的自尊，使女儿感到屈辱。沟通应该是以理解与尊重为前提的，而波斯太太则是与此背道而驰。她试图以母亲的身份采用高

压手段去制服女儿，结果就只能事与愿违了。

这种不正确的沟通方式导致母亲的权威在女儿心目中大大地降低。女儿再也不愿同母亲说心里话、做交流了。因为，女儿感到自己的母亲根本就不能理解自己，更缺少必要的尊重，只是胡搅蛮缠地强制自己的行为自由。如此一来，女儿就不再愿意听从母亲的话，沟通的障碍也就此产生了。

由此可见，没有理解与尊重，沟通就难以畅通。要想使沟通成功并能够解决问题，必须理解子女的感情、尊重子女的人格，相信他们解决问题的能力。

理解与尊重成功沟通的保证

同样是女儿的学习与恋爱问题，下面这位母亲却处理得恰到好处，通过有效沟通与女儿协商好了解决问题的办法，使沟通富有成效。

莱伦太太是个懂得与子女沟通的人，因此和女儿安妮的关系一直十分融洽。安妮是个好孩子，学习成绩一直很好。有段时间，莱伦太太发现女儿过多地和她的男朋友约会，导致学习成绩下降。她明白必须通过有效的沟通才能帮女儿解决这个问题。以下是莱伦太太与女儿的对话：

莱伦太太："有个问题一直令我苦恼，要是你能帮我解决，我会非常高兴的。"

安妮："如果可能的话，我一定试一试。"

莱伦太太："我有点为你的学习担忧。近来你的成绩比平时差了一些。"

安妮："我自己也知道差了一些。"

莱伦太太："你想过是什么原因造成的吗？"

安妮："可能是因为我花在学习上的时间不够。"

莱伦太太："看来你也在为自己的学习成绩担忧，愿意跟我好好谈一谈吗？"

安妮："去年我学习比现在刻苦，成绩也比现在好。今年，情况有了些变化。"

莱伦太太："我有一种感觉，你是想告诉我学业很重要，你愿意做些努力。我说对了吗？"

安妮："你说对了。我以后应多花些时间在学习上。"

莱伦太太："看来你好像愿意在社交生活方面少花点时间。这可能是你要说的意思，对吗?"

安妮："是的。我知道学习很重要。我想要提高学习成绩，只得放学以后少与克里斯托弗（男朋友）见面。他会理解的。"

莱伦太太："你的计划听起来不错。你跟我讲了心里话，我真高兴，我也不再担心了。"

安妮："你给我指出了这个问题，我也很高兴。请别再为我担忧了，我会加倍努力的!"

没有指责，没有批评，更没有强制性的手段，莱伦太太的目的就轻易达到了，只因为保证了理解与尊重。在正确的沟通方式下，子女才能体会到父母的真切关怀，这将会有效促使子女通过自己的努力来安慰父母。

不能不说，理解与尊重是与子女成功沟通的前提和重要保证。

怎样做子女的知心父母

正面了解子女的情绪

要想和子女保持良好的沟通，就必须努力去做子女的知心父母。子女有自己的感受，却不能够很好地控制自己的情绪。而子女的情绪又直接影响他们的行为。有良好的情绪才能有良好的行为。所以说，父母必须去了解子女的情绪，才能及时地给予正确的引导。

要想帮助子女解决问题，必须先解决子女的情绪困扰。子女在情绪沮丧时，一切说教都无济于事，惟一有效的办法就是从情绪上入手去改变子女。所以说，了解子女的情绪，是与子女沟通的第一步。

不能正确掌握沟通方式的父母在设法了解子女的时候，是以一种探察的心态去了解的，他们是想通过了解而后对子女进行说服教育，从而达到自己的目的。这种方式是错误的，因为当孩子内心有困扰时，父母的探询、训诲、教导或安慰都难对其有帮助。不仅没有帮助，反而极有可能对他解决问题造成障碍。

这里所说的正面了解，不是以一种探察的心态去了解，而是能够真正地站在子女的立场上，设身处地地去感受他们的感受。

所以，当孩子向你诉说内心的困扰时，最合适的反应就是要让孩子觉得你理解了他的感受，并已经站到了他的立场上，然后再进一步沟通，这种沟通方式是最有效的。

包容子女的情绪变化

子女愿意对自己倾诉心声，是每位父母的期望。其实，这也正是子女们的愿望。特别是在遇到问题或情绪上的困扰时，子女最需要能了解自己、关怀和包容自己的父母。既然是两厢情愿的事，为什么实际上却很少有子女愿意对父母诉说心里话呢？

问题可能出在父母身上。有些父母虽然特别关注子女的情绪变化，却从不能正确对待，与自己的想法稍有偏差，就对子女大加训斥，好像子女永远是错的，父母永远是对的。这样一来，子女有心里话自然就再也不愿意同父母说了。

大部分的父母都认为，如果你接受孩子所有的情绪变化，他就会保持原样；要让孩子变得更好，就必须告诉他现在的他有哪些不可接受的地方。所以，许多父母在与子女交流时最爱使用说教性语言，以为这是帮助孩子成长的最好方式，实际上恰恰相反，这只能造成子女疏远父母。

你不一定同意子女的想法，但是你仍然可以表达你接受他的感受。即使在制止子女的不当行为时，也要接受子女的情绪。按子女的本来面目接受子女，才是对子女的真爱付出，这样子女才能真正感受到父母对他们的爱。这种接受可以促进子女身体和心灵的成长，也是医治子女身体和心灵创伤的最灵药方。

要想子女愿意对自己倾诉心声，父母一定要能够包容子女的所有情绪变化，包括不当的、错误的，并能正确对待、引导，如果能做到这一点，子女又怎么能不愿意向父母倾诉心声呢！

如何使子女敞开心扉

为人父母者大多有类似的经历：子女在情绪出现问题时，却不想与自

己沟通，不想对自己诉说心声。

这种时候，子女可能是受到了伤害或感到痛苦。如果子女不想对自己诉说，父母也不要强迫。子女有保留隐私的权利，即使是父母，也要尊重子女独立的思想与人格。如果你非常想给子女提供帮助，那么就采用合理的方式使子女乐于对你敞开心扉，你可以尝试下面这些话：

“想和我谈谈这件事吗?”

“我有兴趣听一听你现在的想法。”

“看来你似乎有不一般的感受吧!”

“你愿不愿意和我谈谈?”

“能告诉我整个事情的经过吗?”

父母真诚的邀请可能会使子女受到鼓舞，进而敞开心扉，将他们的感觉和盘托出。这时候，一定要让孩子自由谈说问题的任何一面，千万不要去打断他，也不要发表任何使子女不愉快的意见，而是把对方当成大人一样来接受，尊重他们的想法，让他们知道:“你有权利表示你自己的意见。”“我尊敬你的意见和感觉。”“你的意见值得听取。”当子女觉得自己被承认、被尊重后，就愿意再次与父母倾诉心声了。

积极倾听子女的心声

子女们都希望父母能积极地倾听他们的感受，大部分子女都不能从父母那里得到正面的了解，原因可能就是父母从不知道积极倾听孩子诉说的重要性：积极倾听可以帮助父母们越过理解的鸿沟，顺利地与子女沟通。

积极倾听一般有以下几种促进作用：

1. 帮助孩子解决情绪上的问题

积极聆听能鼓励孩子发现自己的真实感觉并表达出来，然后这些感觉就会消失。随着这些感觉的消失，问题可能已经得到解决。坦率的倾诉更能消除难受的情感。积极聆听所表现的接纳，能帮助孩子减少对负面感觉的担心。父母接受了孩子的感觉，从而也帮助孩子接受他自己的感觉。

2. 帮助子女解决行为上的问题

积极聆听能够探究真正的问题。孩子多半开始谈一些“表层问题”，父母们常常还没有搞清问题所在，就插手帮助他们，贸然发出“绊脚石”，使孩子停留于表层问题，妨碍孩子触及深层问题。而聆听则能使孩子深入

下去。积极聆听帮助孩子展开了思想，有利于其发现解决问题的途径。父母起到了“回声板”的作用。

3. 增进了与子女的亲密关系

积极聆听加深了彼此的理解，让子女感觉到父母更深的关爱；进入了子女的内心，父母也会发现新的可欣赏和尊重之处，从而加强了亲子关系。积极聆听使子女增强了聆听父母想法、主意的意愿。聆听和关爱是相互的。积极聆听通过对孩子的深入了解，使父母建立起对子女的信心，对自身也产生了新的认识。

4. 培养孩子的自我负责和自立精神

积极聆听就是“把球保持在孩子手中”，鼓励子女独立思考，自己发现问题所在，找出解决之道。积极聆听所传达的信任，能帮助孩子自我指导，因为子女成长得通常比我们想像得快。

要与子女倾心交谈

所谓倾心交谈，就有别于平常的泛泛之谈了。且倾心交谈，也有着泛泛之谈无法达到的境界，解决泛泛之谈不能解决的问题。

对于子女出现的问题，泛泛之谈大多是这样的：

海伦：“妈，我们明天要考数学，真怕会考不及格。”

妈妈：“怎么这样想呢？你过去考过好几次数学了，你都及格了，对不对？”

海伦：“不错。”

妈妈：“事实上，最低的分数是B，对不对？”

海伦：“对，不过……”

妈妈：“别难过了，我知道你是怎么回事。我在你这年龄也会这样，隔一阵子情绪就会陷入低潮，老是往坏处想。对付的办法就是积极思想，对自己说：我知道这次考试我不会考坏，因为我从未不及格过。往好处想，想得美一点，同时好好用功，相信你一定会考得很好。”

海伦：“好吧。既然你这样说，我试试看就是了。”

这就是明显的泛泛之谈，母亲与女儿之间并没有进行真正意义上的沟通，女儿的心事并没有从根本上得到解决。作为母亲，她只是泛泛地提出一些劝告和保证，这对女儿实在是起不到什么积极的作用，女儿会这样

想："这次考试跟过去都不一样，妈妈根本就不了解。"

现在，再换为倾心交谈，情况就不一样了：

海伦："妈，我们明天要考数学，真怕会考不及格。"

妈妈："你能不能告诉我为什么这么怕考不及格?"

海伦："我知道我过去的数学成绩还不错，不过这次不同，是新数学，我们要用新方式来做分数，我从来没有学过新方法啊，我怕死了。"

妈妈："这次考试使你害怕，是因为考试的内容跟过去不同，是新数学，而你必须要用完全不同的方式来演算分数，这令人害怕，对不对?"

海伦："正是这样！我已经温习过三、四遍了，可还是不懂。"

妈妈："看了好几遍还是不懂，的确令人害怕。"

海伦："正是这样！你能不能帮我一下？如果我弄懂了原则，就没问题了。"

妈妈："令你伤脑筋的是弄不懂原则，对不对?"

海伦："对。"

妈妈："好的，我很乐意帮忙。我没学过新数学，不过我们俩共同研究，一定会弄清楚的!"

海伦："哦，妈妈，谢谢!"

结果真是不一样，母亲不仅弄懂了女儿的心事，还能积极地参与进来，希望通过自己的帮助，女儿的问题能得以解决。如果身为父母，对于子女的每一件事情都能够采用倾心交谈的方式，那么就没有什么沟通不了的事情、解决不了的问题，父母与子女之间的沟通也就畅通无阻了。

怎样做子女的引导者

父母是子女的向导

你知道吗，子女是可以有好的表现的，只要你能给他正确的引导。

你的子女在你眼中可能笨手笨脚、反应迟钝，很少有好的表现。你也许从没想到过，孩子的这种状况正是因为你通过自己说话的语气引导他那

样的，孩子只不过是在按照你指引的路前进。

有一个人抱怨他养的小狗不够听话。其实，问题并不出在狗身上，而是他的训练方式欠妥。有一天，他的小狗跑到街上交通要道上去了。于是他气急败坏，大喊大叫要他的狗回来。当狗回到他身边后，他不仅斥责小狗，而且还给了小狗头上一巴掌。结果，那条小狗呜咽着慢慢走开了。

他的训狗方式完全弄反了。他的行为只能使小狗知道受罚是因为听了主人的话，一叫不就回来了嘛。如此下去，他的狗永远也不会真正听他话的。

这就如同教育孩子的方法，父母一定要有一个清晰的概念，有个正确的教导方法，不要费了老大的劲反而让孩子感到困惑，不知正确的做法是什么、正确的方向在哪里。

一位8岁女孩的母亲——靳肯斯太太这样诉说她教育女儿卡罗琳的情况："这孩子是我见到过最笨、反应最迟钝的孩子。她好像从来没听见我说的是什么。我教她做点事，一天得跟她说一百遍。"

专家对她说卡罗琳的心理测试证明，她的智商比普通儿童要高，她的器官也能完全正常，而问题可能出在靳肯斯太太本人身上。

事实正是如此，靳肯斯太太总是期望卡罗琳听到命令就立即服从，要求卡罗琳每做一件事第一次就做好。有些父母要求自己的孩子十全十美，靳肯斯太太就属这一类。但是，往往事与愿违，这类父母得到的不是十全十美，而是恰恰相反。对孩子无原则地苛求只能给双方造成紧张的气氛。

比如说，靳肯斯太太习惯在每天早晨卡罗琳擦皮鞋的时候进行指责，批评她擦得不够干净。结果，靳肯斯太太越是批评卡罗琳，卡罗琳就越是不好好地擦。

其实，难怪孩子不服从她，为了皮鞋没擦干净这点小事就大惊小怪、大加指责，孩子怎能不产生逆反情绪呢！特别是在孩子还没有把事情做完的时候，如果你断言她会干不好，那么结果就真的不会好。因为你的语言已经让孩子产生了逆反心理，既然你认为她绝对做不好，那么她为什么还要努力去做好呢?

在与子女沟通时，决不要将"失败"、"做不好"这类语言加到孩子身上。否则，她就会真的产生消极心理，认为自己什么都做不了，结果也就真的做不好了。这就是对孩子负面引导的结果。

即使孩子不服从你，你也不可以对她吼叫或进行吓唬，这种消极的做法绝对弊大于利。孩子是无知者，他们需要的不是指责或吼叫，而是正确、积极的引导。怎样才能指引孩子向好的方向发展呢？要在孩子做对事情的时候给予及时的鼓励，让她知道，什么是对的，值得表扬，从而使她会乐于去做值得表扬的事情。当孩子有良好表现时，可以这样赞扬、鼓励孩子："你真有本事！"

恰到好处的肯定与赞扬要比尖厉的指责、批评好得多。孩子该受表扬时，一定要郑重地表扬她，而且要坚定、礼貌地对孩子讲话，这就是最好的引导。

巧用赞赏引导孩子

7岁的亨利很聪明，但无论在家里还是在学校里都表现得很差，最明显的就是不听大人的话。他爸爸对亨利毫无办法，只有将他全部交给妻子海斯太太管教。海斯太太去请教专家，专家认为亨利的调皮仅仅是因为他没有得到他所希望的赞赏与认同。

海斯太太说。"我经常给他买玩具，每星期还给他零花钱，难道这还不够吗？"

专家说："很多孩子都可以得到那些东西。除了这些，孩子还需要其他更重要的东西，比如说赞赏。当孩子能得到父母的赞赏时，他就会表现好；相反，如果他的良好行为得不到父母的承认，他的积极心态就会受挫，从而整个人倾向于消极的一面。"

无论大人还是孩子，都愿意得到别人的认同，受到别人的赞赏。孩子的这一倾向比大人还要重。不要以为孩子表现好理所当然，给一个取得成绩的孩子及时、适当的赞赏，这个孩子就会因此而充满自信与力量，从而精神百倍地去努力做好下一件事。赞赏是给一个孩子最好的鼓励，也是一个孩子最好的精神奖赏。

对于孩子来说，赞赏的效果绝对胜过空洞的说教。要想引导一个孩子，就用适当的赞赏代替严厉的说教吧！

赞赏孩子的时候，一定要郑重其事，认真的程度绝对不能比你训斥一个孩子的时候差。当你赞赏孩子做了某件令你高兴的事时，你要看着孩子的眼睛、要面带微笑，同时不要做一些其他无关的事，那样会显得漫不经

心、缺乏诚意，这是不能令孩子感动的。因为孩子希望得到的是庄重的、诚心诚意的称赞。

父母务必要把握赞扬的时机。对孩子的赞扬，一定要适时并且发自内心，因为孩子对此是很敏感的。只有当孩子做了值得赞扬的事情，你才可以赞扬他。不适时的赞扬不能起到好的作用，虚假的赞扬孩子是很容易识破的。

在赞扬孩子的时候，不能使用一些常见的、惯用的如“好”、“不错”等词语来含糊应付，因为这些词语往往并不能告诉孩子他到底为什么而受到赞赏。要想使赞赏起到积极的作用，你的赞赏必须具体。例如：“你真是个好孩子，帮妈妈洗了碗。”

作为家长，应该知道如何去发现孩子的长处，并经常观察孩子做了哪些你喜欢的事情。一旦发现，立即表扬，不及时就会影响到表扬的效果，而及时的表扬能迅速地使孩子把他的行为和你的表扬联系起来。

父母是孩子最直接的引导者，如果你认为你的孩子比较聪明，一定会比别的孩子更成功，结果可能就真的如此，你的心态就是对孩子一个最直接、最有力的引导。反之，你总觉得你的孩子呆、傻、笨，永远不如别人的孩子，可能你的孩子就会永远落在同龄人的后面，因为你的心态影响到了孩子的自信，随之产生消极心理，结果就会真的很差。这就是父母影响力的作用。

要想你的孩子发展得好，就要多给孩子一些温暖和关爱，正确地引导孩子，积极地去鼓励孩子，及时地去赞赏孩子，这样孩子就会在你的正确引导下茁壮成长，并向着你所期望的方向不断前进。

教育孩子不能乱了章法

教育为什么会失败

虽然你为教育子女付出了很多心血，可结果却非常糟糕：孩子并不听话，并且常常与父母进行对抗。一旦出现这种情况，很可能是你的教育方式有问题。

有的父母对自己教育子女的能力缺乏信心，所以不能制订出合理的教育子女的方案，由于担心自己不能把孩子培养成才，所以不断地尝试新的教子方法，甚至一天一个花样，这就是不懂得教育子女的表现。结果是为教育孩子制定了不少章法，但没有几条能始终如一地得到执行。如此没有章法，怎么能不出问题呢。

比如说你昨天不让孩子在地毯上玩耍，第二天却又带着他在地毯上嬉戏。没有章法只能导致子女无所适从，也就无法听从你的教导。

另外，章法对子女的限制也要适可而止，不能贪多，一旦超过一定的界限，章法就成了束缚子女的“枷锁”，教导不成，反受其害。章法越多，孩子需要的努力就越多，这样就越难达到，结果就很容易产生逆反心理。实际上，教导一个孩子，根本不需要太多的章法，只要制定几条切实可行的规矩并坚持地去执行，始终如一，那么孩子很容易掌握其中的规律，达到你的目的。

给孩子一个明确的方向

“当苏珊把水彩颜料泼到厨房的锅里时，她的确使我很生气，我免不了责骂她一顿。可事后一想，我又觉得那样做不对，给她买了好多玩具作为补偿。”某位母亲这样说。

一位教育专家说：“教导子女要就事论事，批评不要扩大化。每个孩子都会有失误，包括我们小时候。发生了类似情况，最恰当的做法不是批评、指责他，而是给他正面的教导，给孩子一个明确的方向，这样最能避免此类事故再次发生。相反，经常挨骂的孩子一旦发生这类小事故，他就显得格外惴惴不安。他越紧张、越局促，就越有可能再出错。”

父母的态度对孩子的影响是至关重要的。教导子女向正确的方向发展，父母要本着耐心与宽容的原则，孩子与我们相比，毕竟是无知的。即使孩子有时违背了你的教导，你也不要严加追究，因为年龄有限，理解力与记忆力也都有限。

比如说，你的孩子故意将牛奶泼到地板上了，在这种时候发火、训斥都是不理智的，正确的做法是心平气和地告诉他这样做是不对的，并且立刻要求他拿拖把将地拖干净。孩子会因没有受到惩罚而感激你，并且会乐于改正这个坏习惯。如果这种方式不奏效，也可以采取适当的惩罚措施。

不过，惩罚要在加强教导的情况下进行，并且要把握好分寸、适可而止。

孩子做了让父母满意的事情时，你要让他知道你在为之高兴。这样，在你的正确教导下，子女才会有一个明确的方向。你如果想让孩子做好某件事情，不妨坦白地告诉孩子：只有她表现好你才喜欢他，并会给他一定的奖励，这样孩子就知道该做什么努力了。

在孩子行为正确的时候，一定要让他意识到这样才是对的，这比等到他犯了错时再批评他要好得多。只要我们留意，孩子就有好多时候是正确的，这些时候我们都可以有效利用。

例如：有一天孩子没有把地毯弄脏，或者家里来了客人时，孩子表现得很有礼貌，并且非常讨人喜欢。这时，你就要及时告诉孩子，他的某些表现非常好，非常让父母欣慰，并鼓励他再接再厉。及时的肯定与表扬会给孩子增添信心，并且使他为得到你再次的表扬而积极地去做令你满意的事情。

教导子女要黑白分明

要教育好孩子，首先要黑白分明地引导孩子。如果父母在教育子女时不能黑白分明，那么又怎么能有效地引导孩子向好的一面发展呢?

卫尔肯太太说她6岁的儿子是如此地调皮：“他是一个被娇惯坏了的孩子，脾气很坏，动不动就哭、喊。我尽量和他讲道理，让他听我的话，但他总是和我对着干。我要他做这，他偏要做那，气得我就失去理智。他太伤我的心了!”

在现实中，像卫尔肯太太这样教育孩子失败的母亲并不少见，她们把教育的失败往往归罪于孩子的顽皮、不听话。其实，孩子是无知、被动的，是可以引导的，而父母才是引导孩子的关键。如果孩子不听话，甚至与父母作对，那么就证明父母的育子方式有问题。比如说上面提到的卫尔肯太太，教育孩子之所以遭到失败，就是因为她在教导孩子时不能做到黑白分明，具体情况如下：

在孩子表现安静、驯服的时候，卫尔肯太太从不主动去关注孩子，这样孩子就感到了冷落与寂寞；可是，当孩子调皮的时候，卫尔肯太太却又对孩子倾注了太多的关注，软硬兼施、哄骗、威吓等等。如此一来，孩子在想得到母亲关注的时候，就一定会哭闹，从而取得母亲的关注。长此以往，哭闹、调皮已经成为孩子引起母亲关注的最有力法宝，并且乐此不疲，甚至以此为乐。因为他在安静、驯服的时候，根本就得不到母亲的关注。

所以说，孩子的不听话，是卫尔肯太太的错。

针对这种情况，最好的办法就是将对待孩子的习惯加以调整：当孩子安静、听话时，给予必要的关注与爱护；相反，在孩子调皮、哭闹时，不予理睬，让其受冷落。如此一来，孩子必会改掉这种坏习惯，从而走上正轨。

当孩子无理取闹时，不管他闹得多么凶，你都不要理他。只要你对他稍加关注，他就会越闹越起劲。直到孩子安静下来的时候，你再去关注、安慰他，让他知道，他什么时候是讨人喜欢的。

你也可以明确地告诉孩子："在你大吵大闹时，别想我理你。要我理你，只有乖乖地。"执行这种教导一定要持之以恒，不要间断，不要在执行过程中一会儿松，一会儿紧。

教育孩子，最忌没有分寸、乱了章法，父母都不能做得好，又靠什么来教育、引导孩子呢。教育失败的原因往往是教导孩子的方式不对；给孩子一个明确的方向，孩子才能有一个努力的目标；黑白分明地教导孩子，才能收到好的效果。

对子女要赏罚分明

给子女适当的肯定与称赞

当子女表现出符合父母所期望的良好行为时，父母千万别忘了给予及时的肯定与称赞。子女对父母给予的称赞与责怪是非常敏感、重视的，他们的行为往往与父母的教导密切相关。

一个家庭关怀组织做了一项研究，把 60 名学童分成三组，每天连续加以算术测验。第一组不断受到对前次成绩的表扬；第二组总被挑毛病；第三组总是被忽视。那些受表扬的孩子进步神速；那些被批评的孩子也有进步，但进步不大；惟有那些被忽视的孩子几乎完全没有进步。

这就说明，子女的良好行为需要得到肯定，否则热情就会打消。从上面这项研究中可以看出，适时的称赞对于子女来说是多么的重要！

教育子女失败的父母大多很少对子女给予赞赏，当孩子的行为符合大人要求时，切不要以为子女有良好表现是应该的、正常的。如果总是把子女良好的表现视为理所当然，什么表示也没有，不给予及时的鼓励与赞赏，就会打消子女继续努力的积极性。

所以说，凡是子女符合要求的行为就应该得到父母的肯定或赞赏，这样才能显示出不符合要求行为的不受欢迎。而子女的某种行为得到过肯定或赞赏，他必定还会积极努力地去创造下一次，如此就形成了良性循环。

肯定与赞赏的积极作用

及时的肯定与赞赏除了能够引导子女向着正确的方向发展、进步外，还能增进父母与子女之间的沟通，加深彼此的感情，拉近彼此间的距离：

1. 帮助子女建立自信心

子女最反感父母不能信任自己：监视自己的动向，追问去了哪里、什么时候去、什么时候回来，这是对子女不信任的一种体现。而肯定与赞赏则完全相反，这能帮助子女有效建立起自信心，明白自己在父母眼中并非一无是处，并非完全让人不放心。

2. 建立子女的自重感

子女最不愿意父母总拿自己同别人相比较，不如别人聪明、不如别人身体强壮、不如别人学习用功……如果一直比下去，自己则样样不如人，越听越泄气。父母本来是想通过比较使子女发奋、进步，事实却相反，这种比较只会减低孩子努力的意愿，影响他的自尊。而肯定与鼓励却能建立子女的自重感。

3. 使子女积极努力

子女的每一次进步都是用努力与汗水换来的，能得到肯定与鼓励子女就会明白自己的努力没有白费，为了使父母再次得到欣慰，子女一定会自觉地积极努力去获取下一次的进步。如此，即使流再多的汗水，他们也是心甘情愿、虽苦犹甜的。

4. 使子女能够正视自己

每个人都有自己的长处与短处，而短处令我们容易发生过错，受到别

人的批评或嘲笑，让我们的自我感觉就会变差，认为自己真是没用，什么也做不好。得到父母的肯定与赞赏后，感觉立刻就不一样了，即使知道自己存在着这样那样的不足，也不会对自己完全失去信心，因为自己只要积极努力，是能够得到肯定与赞赏的，这就证明自己是有希望的。

正确、及时地给予子女肯定与赞赏，对帮助子女健康成长、积极进取是大有裨益的，同时也使得父母与子女之间的感情更融洽、沟通更畅通。

正确对待子女的不良行为

面对子女的不良行为，大多数父母就会自然而然想到“惩罚”。惩罚的本意是为了杜绝子女不良行为的再次出现。可是，事实证明，不适宜的惩罚根本无法终止子女的不良行为，只不过是让那些行为“地下化”了，子女的不良行为只不过是尽量不在父母面前出现了而已。因为不合理的惩罚采用的是强制子女服从的手段，容易引起反感、抗拒。另外，过于严重的惩罚还会让孩子产生怨恨和愤怒，产生逆反心理或逆反行为。这就是更让父母头疼的了。

其实，对待子女的不良行为，无需大动干戈，只需引导子女认识到他所犯下的错误，并且去承担事情的后果，就完全能达到说服、教育的目的了。这种教育方法要比严厉的惩罚有效得多。

一位怒气冲冲的邻居打电话告诉张太太一件事情，说她那10岁的女儿苹苹对她不礼貌。听得出来，这位邻居生气极了，简直是怒火中烧。

等这位邻居倾诉完她的怒气后，张太太说：“实在不好意思，我女儿惹你生气了！我可以向你保证：第一，我相信你说的；第二，我同意苹苹的所作所为的确十分不妥，不可原谅；第三，我很感谢你告诉我这些，也很感谢你这么实在地把你的感觉说出来；第四，我一定会想办法让苹苹改正她所犯的错误。以后，如果这孩子再犯了错，希望你能随时打电话给我。”

挂了电话后，张太太把苹苹叫来，将邻居说的事情提出来问她。“苹苹，这件事让我很不高兴，你怎么能对大人不礼貌呢？以后绝对不准再出现这种情况，在任何情况下都不可以。”

苹苹哭了起来。

张太太并没有因为孩子的哭泣而就此罢休："我决定了，你得去向邻居道歉。"

苹苹立刻就要逃走："不！妈妈！我求求你了，不要叫我去道歉。我害怕再见到她！"

"你一定要去抱歉，这不能改变。"

"我可不可以打电话给她?"

"不行！要当面说。"

"你陪我去，好吗?"

"不行，苹苹，错误是你犯下的，要自己承担后果、自己解决。任何人都帮不了你。别再耽误时间，快去吧。"

苹苹不得不承担自己造成的后果，去向邻居道了歉。她回到家的时候，看起来一下子就长大了许多。从那以后，她见了任何长辈都十分有礼貌，再也没犯过类似的错误。

当子女犯了错误时，仅仅告诉他做错了，通常是不够的，要用更有冲击力的言辞，使孩子感到内疚和不安，同时要让他设法弥补所犯的错误。弥补过失的过程，也是孩子对自己行为的责任加深认识的过程。这种教育方式比羞辱、责骂和体罚都更有效。

与子女共同解决问题

有效解决问题的最佳方案

当父母与子女之间的沟通出现问题时，怎样的解决方式是最佳的呢?实际证明：父母与子女共同解决问题，结果是最好的。一部分父母已经意识到，滥用父母权力对孩子实行严厉管教是十分危险的，它会使孩子与父母疏远，并损害亲子关系。

有没有方法可以避免损害亲子关系又能解决问题呢？有！这就是父母与子女共同解决问题。

"与子女共同解决问题"这一方案并不是能被所有的父母所认同的，大多数的父母认为：我们是大人，有父母的权威，我们自然有权力要求子女如何如何！

其实，这种沟通方式是落后的、不高明的。因为父母在帮助子女解决问题时所提出的建议子女不一定会接受，从而对父母的强制性命令会不加理会，或者阳奉阴违，总之是不会有好结果的。

而与子女共同解决问题就不同了，在解决问题的过程中，子女很有权威地参与进来发表意见，与父母共同探讨解决问题的有效方式，对于最后的结论，双方都能基本满意，接下来就会很配合地去解决问题了。

共同解决的问题最容易解决

当父母与子女发生争执时，共同解决问题胜过对子女严厉、激烈的管教，能够有效避免孩子反叛、报复或离家出走。强制执行命令或是对子女进行“逼迫”、“恐吓”，即使能奏一时之效，却不能使子女心甘情愿，一旦有机会反抗或者报复，子女很有可能做出更出格的事情来。

请看下面这则故事，就是个很好的证明：

中学生比尔把头发留得长长的，因为同伴都喜欢这样。虽然还没有长到披肩发的程度，但已远远超过他父母认可的长度了，父子之间经常为此争论不休。

父亲：“比尔，我知道你并不同意，不过，你该理发了。我是说你该把头发理得看起来像个规规矩矩的孩子，而不是像条长毛狗！”

比尔：“爸，你总是为我的头发找我的麻烦，我有没有抱怨过你的大肚皮？为什么你不能让我随自己的意思留头发？”

父亲：“我的大肚皮跟这件事扯不上关系。你这副样子就像个傻瓜嬉皮！难道你对自己的仪表毫不在乎吗？”

比亦：“可是，爸，很多人都留长头发呀，我为什么不能？”

父亲：“我不管有多少年轻人留长头发，我就是不容许我的儿子像个马戏团怪物。现在就去理发！”

比尔：“如果我不去呢？”

父亲：“告诉你吧，小伙子，你不是喜欢玩音响吗？那可是用我的血汗钱买的，如果不去理发，你就别碰它！”

比尔：“好好好，我去理就是！”

虽然比尔最终屈服了，可是不久他就报复性地吸上了烟，这比留长发

要可怕多了。做父亲的在上一次争论中虽然获得了胜利，却不久就收获了更大的麻烦。看来，用父母的权威去强制子女，的确是不明智的方式。

下面，我们举个父母与子女共同解决问题的成功例子：

儿子提姆总是把他的家庭作业留到最后几分钟才拼命去做。父母总是提醒他早点开始写，但他老是有各种各样的理由，总之，就是不想先写作业。于是，母亲开始想办法与提姆共同解决问题：

母亲："要你静下心来开始写功课真是不容易。已经上了一天的课，一定想休息休息了。"

提姆："对啊！我要和朋友打球、看电视、组合模型飞机。"

母亲："所以你想先玩，晚一点再做功课，家里比较安静。"

提姆："正是这样。"

母亲："每天晚上你都要熬夜，这让我觉得很心疼。我们能不能想出让双方都满意的办法?"

于是母子二人先写下所有的意见：

1. 不要再催我。(提姆)

2. 回家先把功课做好。(母亲)

3. 妹妹早点睡，让我做功课。(提姆)

4. 把功课分散，回家先做简单的，晚一点再做困难的部分。(母亲)

5. 我做功课时把妹妹带开。(提姆)

6. 排出功课表，安排做功课、玩和睡觉的时间。(母亲)

双方的意见都写了下来，下面展开讨论：

母亲："先看第一条。如果你自己做好，我不会催你。"

提姆："你可不可以带妹妹离开?"

母亲："没问题！我可以先把她带开，只要不影响你就好。"

提姆："好！但是第二条不行，我回家不想先做功课"

母亲："按照第四条呢？先做一半可以吗?"

提姆："好吧!"

母亲："还有，你能不能排出功课表，这样有利于安排好时间。"

提姆："好吧！听妈妈的应该没错!"

就这样，提姆的作业问题很完美地就解决了。因为方案是母亲与提姆共同商量的，所以每一方都基本满意，实施起来双方就能相互配合，使事

情没有阻碍。

一般来说，子女与父母的沟通出现问题，开始只是“表层问题”，而非解决不了的问题。对于问题的解决，父母处于主导地位，子女处于被引导地位，所以说问题是否能够得到很好的解决，关键在于父母的解决方式。能够采用与子女共同解决问题的方式，问题往往就能从根本上得到解决。

共同解决问题的优势

共同解决问题可以说是一种双赢解决问题的方式，在解决问题的同时还可以增进父母与子女之间的感情，使沟通更融洽：

1. 将子女与父母的关系拉近

父母与子女一起解决问题，对于子女来说是一件值得荣耀的事情，等于父母在向他表示：我相信你可以明智且灵活地思考；我重视你的观点；我们的关系不是“全能的大人”对“无知的子女”施加权威，而是大人和子女平等。

2. 问题能真正有效地得到解决

子女会同父母积极地配合去实施解决问题的方案，因为他曾经参与订立，并不是父母强加的。于是，“对立”的想法减退了，对抗的心态就消失了。“胜或败”的动机被体谅父母需求的真情所取代。

3. 增强子女的思考能力

父母与子女共同商议解决问题办法的过程，可以增进孩子思考问题的能力。

与子女发生沟通问题时，不要再采用粗暴、不高明的强制方式，试着与子女共同去解决问题吧，说出你的想法，也让子女说出想法，大家共同商量出双方都能认同的解决方法，问题不就迎刃而解了！

如何从心灵上接近子女

每个家庭的子女都是一个家庭的未来，所以怎样与孩子们进行沟通，是每一个父母都应该掌握的。与子女进行正确、良好的沟通能促使子女有出息、与父母关系融洽。

如果身为父母却不懂得如何正确地与子女沟通，那么孩子就从小到大都不能与父母有良好的沟通。孩子在父母的眼中会不听话、不够乖顺、学习成绩不够理想、有话不与父母讲，甚至不愿意同父母讲话……

发生这些情况，我们不能把过错都推到孩子身上，作为父母也应找找自身的原因。我们不能因为他们是你的孩子，就把其当作自己的附属品，认为对方应该毫无条件地服从自己。我们应该明白，他们也是有思想、有灵魂的，要想让他们与我们进行有效的交流、沟通，并听取我们的意见，首先必须得了解、接近子女们的心灵，知道他们想的是什么、需要的是什么，才能在子女的不同年龄段与其进行最有效的沟通。

与孩子交流要迁就他们的心理

与小的孩子交谈，就不要用大人的语言，而是尽量把自己也“变”成小孩子，用小孩子的口吻、语言方式来与他们交谈，并对他们的幼稚想法、语言加以肯定，这样对方才能把你当作“朋友”，才能与你的心灵贴近。

当他说出荒唐可笑的话，你不要立刻严肃地进行更正，而是顺着他说或是进行耐心的诱导。严肃的更正不可能让小孩子领悟，还会使他与你的距离增加，代沟就这样产生了。

我们应该想到，孩子们都是充满着好奇心的。与他们心灵贴近的最佳方式是——满足他们的求知欲，无论他们问什么，你都要耐心、细致地回答。孩子们的兴趣是随着年龄的变化而变化的。7 岁以下的孩子一般喜欢听各种各样动物的故事，7—12 岁的孩子开始喜欢听神仙的故事，12 岁以上的孩子多数喜欢听一些大人们亲身经历过的故事。

所以说，对于12岁以下的孩子来说，能够讲故事的父母是最受他们欢迎的。对于12岁以上的孩子来说，那些肯把自己的亲身经历讲给孩子们听的父母，是最能赢得孩子信赖的。

了解了以上这些，你就知道自己该如何去做了：试着和他们做朋友、给他们讲他们爱听的各种故事、给他们讲自己的一些经历，并对他们的各种问题给予耐心细致的回答……从而让他们了解到一些你的经验和做事情的方法，这就是最好的诱导方式。因为孩子们善于理解具体的事情，不能理解抽象的、干巴巴的道理。

用亲切的方式教导子女

多数孩子都对看电视比写作业更有兴趣。因为电视节目往往比枯燥伤神的作业有趣多了。当你的孩子在做作业的时候，总是忍不住分神而停下手中的笔去看电视节目时，你不必为此大为恼怒。因为，这是孩子的天性使然。我们在那种年龄段不也是如此吗！

如果你此时怒气冲天地拍着桌子训斥孩子，命令他不要再看电视了，这才是导致他学习成绩下降的原因。你是一片好心，却只能起到相反的作用。孩子对你的这种教导方式很难接受，必定产生逆反心理，即使硬着头皮去写作业了，内心里也会对你大有想法，认为你不是合格的父母，不可以信赖。

同样是教导孩子，如果你微笑着拍拍孩子的肩膀，和颜悦色地告诉他：该好好写作业才是，不然怎么可能上升至班里的前三名呢！

再顽皮的孩子，也是懂得好坏的。你的亲切表示可以让孩子明白：你是真的关心他、为他好。为此，他不仅会听话地去专心做作业，还会从内心里对你有一种感激之情，知道他的父母是真的很重视自己、关心自己。

当孩子的考试成绩不理想时，你对其大加指责，绝对不如耐心的诱导来得有效。你指责他成绩不如别人好，学习不如别人用功，结果只能导致孩子对学习更加厌烦，对你的教训也只当过耳之风，绝不会把它放在心里或是起到任何积极的作用。如果你像一个朋友那样，心平气和地与孩子交谈，了解他的成绩为什么会不理想，是老师的教授方式让他不习惯还是别的什么原因，之后再想办法解决影响孩子学习的障碍，并积极地鼓励他努力向前冲，多数会起到好的效果。

与子女共享快乐时光

人在快乐的时候，心灵是最容易让别人接近的。两个陌生的人，经过一次快乐的相聚后，彼此就会变得亲近起来。

与子女的沟通也是这样，在快乐的时候进行沟通是最容易的，效果也是最好的。很多家长都习惯面容威严地训斥子女，而不曾想与子女共享快乐时光，在快乐中交流。这是一种很错误的做法。人是感情动物，威严的训斥只能让人反感，而在快乐中交流才是最容易让人接受的。试想，一个巴掌与一块糖，任何人都愿意接受一块糖而拒绝一个巴掌。

比如说，最近一段时间，你的子女与你疏远了，甚至不愿与你说话，这种时候我们不能一味地责怪孩子不懂父母心，而是应该制造一些与子女相聚在一起的快乐时光。在子女开开心心的时候，你与他们进行谈心、交流，他们就会愿意对你说出心里的话，并拉近与你心灵之间的距离。

沟通，宛若亲情间游弋翩飞的天使，唤醒心灵圣钟上夕阳的笑靥，带来嘈杂尘世间最纯净的天籁。

不要在欢聚的时刻教训孩子

我们教育子女最失败之处就是认为“教训胜于诱导”。

有一个虚拟的故事是这样的：一位父亲带着儿子去游泳，这本来是一件令孩子开心的好事，可是由于父亲的一句话，孩子竟然丧了命。

在父子俩尽情地游泳时，父亲突然想起了孩子的学习成绩不够理想，就立刻以命令的口气对孩子说：“回去后你给我好好学习，要是再考不到前十名，我就再也不带你游泳了。”

正奋力向前游的孩子听了父亲的话，一下子就失去了前进的动力，沉入了水中，再也没有游上来。

故事是虚拟的，所体现出来的意义却是实在的。一些不逢时的教训常常将孩子的兴致消灭，同时也降低了父母在孩子心目中的地位，毁坏了父母在孩子心目中的形象，给双方的沟通造成了障碍，起到适得其反的作用。

在现实中，很多父母常常在欢聚的时刻教训孩子，目的是以防孩子开心得忘乎所以。比如在亲朋聚会的时候、在郊外野游的时候、在生日宴会的时候……只有不懂得掌握时机的父母才会在孩子兴致高涨的时候浇冷水。其实，这种方式是最要不得的。

第六章

企业内部如何沟通

企业内部沟通是建立高效团队的基础

有沟通才有理解，有理解才有更好的合作，有好的合作才有可能建立高效的团队，有高效的团队才可能有强大的企业。所以，能否搞好企业内部的沟通，对于一个企业来说是非常重要的。

史密斯被调到了一个新的部门负责领导工作。在去之前，他就已经听说那里有个叫汉斯的职员，业务精通，很有能力，就是有点我行我素，自己喜欢干的工作就好好干，不喜欢的就不愿意干。前几任负责人一直没有治好汉斯的这个缺点。其他的员工在看到这种情况之后，也慢慢地开始出现怠工现象，整个部门的工作气氛变得越来越不好。于是，史密斯决定用自己的方式和汉斯沟通一下，使问题得到解决。

史密斯上任第二天就把汉斯找来，把部门里一个很琐碎的工作交给他处理。汉斯当然很不情愿，举了一堆理由要求调换，可史密斯一口咬定非汉斯不可。任务是接下了，可汉斯心里非常不乐意，他故意去做别的事情，就是拖着这件事不办。

史密斯看在眼里，记在心上，却也不说话。一周之后，他把汉斯叫到了办公室说："汉斯，我交待任务的时候可是说了紧迫性，不过这一周下

来你的工作没有什么进展。我从下周开始只让你做这项工作，其余工作一律不用你做，要求你月底必须干完，如果你有困难就及早提出来，我会尽量满足你的要求，一周后我再检查一次你的工作情况。我相信你的能力。”

可是，汉斯照例把史密斯的话当成耳旁风，一点也不放在心上，依旧我行我素。一周之后史密斯终于亮出了底牌：“汉斯，由于你的一再拖延，导致工作毫无进展。看来你是不能胜任这个工作了，那我也只好把你分配到其他部门工作了。”

这下汉斯才意识到问题的严重性，他再也坐不住了，也终于明白了自己的错误。于是，他连忙向史密斯检讨自己的错误，然后老老实实地按时完成了工作任务，以后再也没有任意妄为过。

前几任负责人认为汉斯是个不可多得的人才，所以对他一直采取姑息态度，最多也就是找他谈谈心，不痛不痒地劝诫几句，希望可以慢慢地感化他。但是，这种沟通方法却助长了汉斯的嚣张，使他变得更加目中无人。史密斯在了解了这些情况之后，对汉斯采取了一种胁迫式的沟通，使汉斯产生了一种危机感，从而使问题得到了顺利的解决。

这件事之后，史密斯又召集部门的所有工作人员开会，重申了公司的各项规章制度，并就工作中出现的问题和大家统一地沟通了一回。通过史密斯的努力，员工们心中原来存在的疑虑得到了消除，懒散的习惯得到了改正，工作的积极性也重新被调动了起来。

沟通也是一门技巧性的东西，需要软硬兼施、恩威并重，只有好好地把握了这个工具，才能在企业的管理中达到事半功倍的效果。下面例子中的王厂长就是一个深谙此道的人。

王厂长是一家服装加工中心的负责人。一次，他们服装厂接到一个大订单。这本是一件好事，可是问题在于这个订单要得非常着急，偏偏当时工厂的活都已经安排满了，而订单上要求的完成时间，短得使厂里不太可能按照规定的时间完成。

王厂长拿到订单之后确实有些犯难，这确实是一笔大生意，丢掉送上门的“肥肉”，真有点舍不得，因为机会太难得了。经过反复思考之后，他决定接下这个单子。

王厂长知道关于这个订单的最大问题在于职工。只要职工不抱怨、不反对，还是可以完成的。于是他开始使用他所擅长的沟通手段，与自己的

职工进行交流。

王厂长没有直接下达命令要工人们加班加点地干活，他只是召集厂全体员工，对他们解释了具体的情况，并且向他们说明，假若能准时赶出这张订单，对他们这家小型缝纫机厂将有多么大的意义。在会议上，他接连问了员工几个问题："有没有别的办法来调整我们的工作时间和工作分配，帮助整个工厂？""有没有人有别的办法来处理它，使我们能接这张订单？""大家有什么办法来完成这张订单？""我们是不是应该放弃这个订单？"

当王厂长的问题说完之后，下面的职工们立刻七嘴八舌地议论起来，并纷纷提出了自己的意见，虽然方法不一样，但所有人都坚持接下这张订单。他们用一种"我们可以办到"的态度来得到这张订单，并且如期出货。

王厂长并没有使用自己领导的权威直接给职工下命令，而是采用问话的方式让职工自己去思考，看到问题的所在，这是一种很巧妙的沟通，远远比死命令更能调动职工们的工作积极性，使他们站在自己的角度上去思考问题，从而更好地促进工作。

在工作过程中，身为领导者，对部属下达任务、发号施令，这是很自然的事情。然而，怎样下达命令才能使你的计划得以彻底实施呢？才能使你的部下乐于积极、主动、出色、创造性地去完成工作呢。这里面就要融入合适的沟通手段了，只有合理适当的沟通手段才能帮助你建立一个高效的工作团队，才能使企业更好地向前发展。

如何实现企业内部的沟通

信任是相互沟通的前提

给下属以高度的信任，是鞭策其全力工作的有效手段。每一个下属都有获得领导信任的要求，这样下属才会没有顾虑，放开手脚工作，表现出高度的工作热情和创造才能。一旦用了这个人，就不要怀疑他的能力、人品，而应给他充分发挥潜力的空间。

帕特·佛伦经营着一家广告社，他的广告社在短短3年内就取得了令人难以置信的好业绩，这与他充分信任下属的用人策略是分不开的。

佛伦手下是一群精神脆弱但有创造力的人。他明白，在他的企业中，人们所追求的不仅仅是金钱，更多的还有认同、信任、赏识和创造自由。于是佛伦从不要求职员统一着装，他把个人的自由扩大到前所未闻的程度。他让职员感到自由发挥的工作气氛，满足了他们的各种需要，给予他们高度信任，而职员们也回报了他的所需——广告中最优秀的产品。

因此，不管你所从事的是什么样的行业，想要成功，你必须创造一种能使下属感到最有效的工作环境。如果你在工作中损害了他们的自由，而让他们只关心细节，那是不够的，你必须彻底地理解他们，给予他们需要的东西，才能使他们做出更大的贡献。

观察一下那些离开了你的公司并在他自己的企业里获得成功的人们，很可能他们的离开并不只是为了金钱，他们还需要有发扬自己风格的机会，他们需要认同、信任、尊重和赞赏。你如果这样做了，职员的离职率定会大大降低。

沟通应注意把握的几个要点

作为企业的领导者和负责人，一定要在员工中间有良好的人际关系。如果能在自己的工作上和与人的关系上均能重视付出，便可以拥有这种人际关系。而要达到这种效果，则需从以下几个方面入手：

1. 自身素质和能力的提高

自身素质和能力的提高是关乎个人威信的一个问题，否则很难服众，也会给沟通带来障碍。这种能力的提高大部分以是否重视贡献为基础。

2. 注意培养员工的能力

在自身发展同时，还要启发自己的部属，促使其寻求其自我发展。这样的领导设定的标准，必定不是他个人认定的标准，而是以任务需求为基础的标准。

3. 意见沟通

意见沟通是很重要的一项管理课题，无论公司、企业还是其他任何性质的机构，此一课题都受到极大的关注。但遗憾的是，结果却非常令人失

望。现代企业公司内部需要沟通，也仍旧缺乏沟通。意见沟通并不只是上对下的事，而是双向的意见沟通。

4. 团队合作

企业作为一个人员的集合体，主要有赖于知识不同和技术不同的专家所组成的团队力量，工作方能有效。各路英雄的合作，只有自动自发，才能依循发展态势的逻辑和任务的需要，而非仅依赖正式的公司结构。

在企业中，如果所有员工都已将重视贡献养成了一种近乎天性的习惯，则其团队作业一定会所向披靡。反之，若是没有这种精神，则纵然有最完善的制度，有各式各样的汇报、通告、命令等等，其结果必然不可能有这样的双向沟通，必然不能形成有力量的团体。

在企业内部创造一个良好的交流氛围

在现代企业管理中，越来越多的人开始意识到交流的重要性，可是在实际中，这种交流渠道是否经常畅通呢？在很多情况下，答案是否定的。组织的管理层也许会经常向员工们发布信息，但是员工却很少向上级反馈。丹佛大学的斯逖芬·爱伯斯克勒所做的一项研究表明，他所研究的几十家公司之所以面对互联网带来的商业机会行动迟缓，最主要的两个原因就是交流的贫乏和行政上的混乱。

既然交流的匮乏已经成为现代企业在今天不断发展的市场环境过程中的一个瓶颈，那么究竟该怎样做才能解决这个问题呢，怎样能让员工愿意同你交谈？怎样把你的公司变成一架精干、平衡和适应性强的赚钱工具呢？这里给大家两个建议：

1. 使员工有充分的被信任感

在关于信任氛围的建立上，美国的优尼希斯公司的行政总裁劳里做的就非常出色。他在担任这家公司行政总裁的第二天，就通过电视向全体员工发表讲话，告诉所有员工可以写信给他，他会一一回答，因为他想知道所有人都在想些什么。

而在实际中，劳里也是这么做的。在他亲自阅读，并坦承回复每一封收到的电子邮件的消息传开后，他继续收到的反馈信息数量呈指数级增长，几个月内就收到数万封电子邮件。而这里面有很多意见对公司的发展是非常有益的，劳里把那些优秀的意见挑选出来，在会议上和公司的股东

们一起讨论，使问题得到解决，使好的建设性意见一一实施。而且，他还通过电子邮件提升了好几个非常有才干的员工。这些都使公司得到了很好的发展。

信任是交流的重要条件，没有信任就不存在充分的沟通。没有信任，员工就很可能不愿意同他人分享自己的想法和意见。在如今精简、重组、合并和收购成为主流的时代，员工们常常害怕说出他们的想法。所以，在这种条件下，组织对于员工意见的处理方式，也直接影响到今后能够收到什么类型的反馈信息。

一旦所有的员工都清楚地知道，即使最尖刻的评论也能得到上面积极、诚实的回应，也不会有任何记恨和报复，在员工的心中就会产生信任感。但如果出现相反的情况：他们的反馈被忽视，或组织的对策只是做做表面文章，要么员工因为说出了自己的看法遭到报复，他们就不再敢于诚实地反馈信息，而这种情况对于企业来说无疑是非常糟糕的。

建立信任的氛围是促使员工或者鼓励员工反馈的最佳途径。通过这种途径人们才知道自己可以自由地发表意见，而不必担心组织的报复。建立信任需要较长的时间。因此，劳里从上任第一天开始就为交流活动设立了清晰的框架，也为公司的发展打开了良好的前景。

2. 让交流在企业内部受到优待和重视

如何才能有效鼓励双向交流？最简单的方法就是向他们表明你重视他们的意见。你需要向员工传递的最重要信息就是，对任何问题的解决办法，决不会是单向的信息交流，而一直都是交互式的，让所有人都参与讨论。换句话说，你必须确保员工知道你想倾听他们的意见，这种倾听是主动的，而不是被动的。

让交流在企业内部受到优待和重视的外在表现就是鼓励员工同上级的交流，要清楚地表达出你希望这种交流、鼓励。在这种交流出现时，你要重视它，并给予回报。

几种沟通方式的选择

与员工的沟通交流渠道的多样化

有效的渠道是有效交流的前提。所以，为了有效激励员工参与交流活动，企业需要完善和员工交流沟通的渠道，需要各种不同的正式和非正式交流渠道。正式渠道可能包括提出建议的流程、企业内部网上的论坛或者反馈表格等，非正式渠道可能包括部分职员的开会和其他类型的面对面交谈。这两种类型的交流渠道都是非常必要的。即使在最为开放的企业文化中，也总有些员工有了好主意，却由于某种原因难以公开表达出来。当员工不愿意直接说出他们想法的时候，这些员工就可以考虑使用允许他们保持匿名的意见反馈系统，这种时候非正式的交流渠道就显得很有必要了。

在与员工沟通的问题上，爱克森石油公司的做法堪称典范。爱克森石油公司一直把管理人员与员工的和谐关系当作非常重要的事情。为此，他们还出版发行了名为《纵横谈》的月刊，职工人手一册，它是沟通职工心灵的有力工具。通过这本刊物，公司的管理者要达到的目的是：建立职工关心公司所面临的问题与事件的意识，让所有职工知道，公司的成功就是他们的成功，公司的荣耀就是他们的荣耀。让职工感觉到，在公司管理上是人人平等的。此外，通过这种形式，还可以帮助职工了解公司的经济现状。

爱克森公司还有一个非常有名的“草根计划”，这个计划是用以处理和解决特殊事件的职工交流工具。在这里，“草根”就是比喻员工的基础力量。这个计划要求员工提供他们个人所认识的国会议员名单，当公司出现重大问题时，请这些员工和这些国会议员取得联系，为公司反映情况，寻求解决手段。这一计划完全遵循自愿原则。

在爱克森公司，诸如此类的交流方式还有许多，如放映电影、公司最高管理部门给员工写信等，以解决一些特殊的、现实的乃至兴趣性问题。

虽然如此，公司员工仍然要求了解更多的与公司和员工密切相关的情况。这一呼声是通过定期召开的以交换意见为目的的员工会议反映到公司

一级的。为了满足员工的愿望，爱克森公司又创办了《问题回顾》期刊，刊登了一些人们关注的重大问题，如国家能源法、新闻机构对解除汽油价格控制的立场等，除了信息性的报道外，还配有专门性的评论文章。文章简述了价格控制如何限制了国内的石油生产，并就此类问题询问员工们的意见。

爱克森石油公司的种种做法，很好地实现了管理阶层和员工之间的交流，使双方有了共同的责任感和命运感，并在潜移默化中培养了员工对公司的忠诚感，增加了团体凝聚力。

真诚赞赏是最好的沟通方式

玫林凯·艾施是一个富有传奇色彩的妇女，她用杰出管理技能造就了一个年收入达百万的化妆品公司。“我们认为人们需要得到成就的认可，因此我们总是尽可能地给予认可。”她说。

她确实这样做了。玫林凯·艾施把粉红色的卡迪拉克、昂贵的皮衣、珠宝首饰和其他有价值的东西都作为奖品发给了别人。而且她做的还不止这些，她颁发漂亮的丝带，让人们到台上领奖，写表扬信、出版杂志来宣传成绩，并在任何可能的时候表扬和鼓励他人。

玫林凯·艾施认为最有力的认可根本不花费什么东西，它只是简单的赞赏。她认为赞赏可以帮助人取得成功，并把这个理论叫作“表扬人去达到成功”。为此，只要她看到别人取得了成绩，哪怕很少，也总是给予很多奖励。

当员工取得成果时，他们往往渴望别人的尊重与承认。赞赏就是认可他人身上有价值的特点，而正是这些特点使人们得以达到管理者的要求并做得更多。

身为企业的管理者，首先应该做到的是能够留意下属出色的工作，并加以赞许。你可以通过制定目标，让你的员工们明确地知道你对他们的期望是什么，他们怎样做才能获得赞赏，以此来促进他们的工作欲望，激发他们的工作热情。

真诚赞赏的优势体现在：它体现了你对员工的信任与沟通。人们往往不相信自己，尤其在充满敌意的企业和难以取悦管理者的压迫下，认为自己没有什么价值。优秀的管理者会真正地重视他们的员工并将这种重视体

现在真诚的赞赏中。他们对员工的能力有一种固有的信任与忠诚，这种信任与忠诚不仅仅针对某一名员工，还适用于整个群体。

管理者应该在任何可能的时候赞赏你的下属，这会使你显得比较容易接近，自然也就便于沟通。

经常到员工中间去

想沟通就要有交流，要有交流就必须到员工中间去，否则一切都是空谈。这种经常深入员工中间的做法也叫巡回管理，意思是管理者到基层去巡视，并在巡视中发现问题、解决问题，这是一些成功企业常采用的管理手段之一。

企业界人士都十分重视这种管理手段。现在，坐在办公室听汇报、打电话、发布文件的企业领导人越来越少。他们把“走出办公室”作为自己的信条，不仅以身作则，常年在外巡视，而且严格要求手下的中层领导也要这么做。在这方面，美国联合公司董事长埃德·卡尔赫就是一个典型的例子。

埃德·卡尔赫就任美国联合公司董事长时，正逢联合公司萎靡不振之际。在上任第一天，卡尔赫就直奔工作现场，向工作人员直率地提出许多问题，并请他们详细回答。他把调查中发现的问题记在纸片上，塞进口袋里。

卡尔赫从不命令第一线人员怎样去做，除非是事关安全的问题，他也不当场纠正他认为不好的事情。他要依靠正常的管理程序来解决问题。从现场回到总部之后，他就立即采取行动，让所有人都很快知道他发现了问题，并且要立即解决。然后，他就同那些在巡视中和他谈过话的一线工作人员通信联系，告诉他们，公司已经在采取行动解决问题了。

关于这一点，阿尔卡特公司的鲍勃·安德森也是一个很好的例子。他不仅自己身体力行，还经常到员工中间去，检查属下是否也在这样做。当他去到某地，向某一个部门打电话时，如果部门的头头接了电话，他会变得很生气，对这位不下去体察情况的属下感到失望。

和阿尔卡特公司一样，普罗克特—甘布尔公司也十分推崇巡回式管理。这家公司一个制造厂的负责人曾这样回忆说：“我受到的一次最严厉训斥，是我早期做管理工作的时候。有一天上午，总部的一位上司来到我

的办公室，发现我正在那里整理文件，当时就毫不留情地给了我一顿斥责。”

惠普公司鼓励各级管理者深入基层，直接和员工交流。为达到这一效果，惠普公司的办公室布局不采用敞开式，即全体人员都在一间敞厅中办公。除少量会议室、会客室外，无论哪级领导都不设单独的办公室。各部门之间只用矮屏分隔，同时不称职衔，即使对董事长也直呼其名。这样有利于上下左右通气，创造无拘无束的合作气氛。

巡回式管理有助于高层管理人员切实了解公司的实情，也有助于发现各种问题和意见，切实采取有效措施，并更加密切上下级关系，增加团体的力量和能力。

定期召开员工例会

员工例会是与员工交流和沟通的一条重要渠道，管理者可以从中知道他们的想法和对企业的一些有益建议，而这些对于公司的发展是非常有利的，所以定期召开员工立会对企业来说是很重要的一个举措。

如果你所在部门的员工会议不是那么富有成效、没有激发性的话，那么或许可以尝试一下以下方法和建议：

1. 和员工一起讨论今后企业发展可能遇到的问题

今后有可能影响到公司发展的问题，都应该在员工例会上进行讨论、研究甚至一再提及。“我们可以采取什么不同的做法?”这一想法与开始的问题是自然相对应的，因为它反映出特定时期整个部门的工作将如何进展。它也同样令大家有机会进行案例分析，从而使类似的情形在以后得到更有效的解决，并朝前发展。

作为管理者，你如果不问，就永远不会知道每个下属的需要。事实上，每个人都很忙，以至于到了下班时也未必能做完当天的工作。还有，只有保持开明的领导作风和对员工的充分信任，才能建立起同事间的友谊以及最大程度地减少人员流动。

2. 例会应该让下属们分享信息

这种例会不是从上向下传达指示，而是从下向上反馈情况、收集信息，并让大家彼此尊重各自在工作中所做出的贡献。

3. 例会可以让所有的员工了解其他人在做什么

很多时候，职员们都是埋头各干各的，这样很容易想当然地认为自己在做所有的工作，并滋生一些矛盾。

4. 征求员工们的意见和建议

针对公司现有的状况，我们需要采取什么不同的做法，来彻底改造所在部门的工作流程？当你提出类似这样问题的时候，你会发现最好的想法往往来自那些平时不事声张的人。

总之，例会的目的是帮助员工们去关注在现有资源下能做些什么。管理者应该将建议的所有权赋予提出建议的人，从而真正地鼓励员工着眼于现有的做事方法，并重新审视那些造成低效率、延迟或整体故障的关键点，这样才有利于企业的兴盛。

在沟通中构建企业的团队精神

团队精神是需要耐心培养和沟通的

没有一个团队是可以不通过培养和耐心的沟通就可以达到团结和谐的。所谓培养其最终目的就是为了消除他们各自身上的不协调之处，实现彼此间的沟通，赋予他们新的团队精神。所以，当管理者进行团体培养和沟通的时候，一定要给每个人留下这样的印象：这个团体需要他，他也属于这个团体。

一个人最强的就是他内在的心理驱动力，也就是他属于某一个团体并被确认为是那个团体中成员的愿望。当你给了他那种他所需要的确认，你就可以使他忠实于你。当一个人知道他被需要的时候，他的工作就会被承认。当他知道努力是对取得一个价值的目标所做的贡献时，就会因此而感到骄傲，就会为他的团体而感到骄傲，就会有一种忠实于团体的强烈愿望。

当你鼓励人们要有强烈的合作精神时，他们就会有一种骄傲和忠实的感觉。当你能在你的团体里鼓励每个人要有强烈的骄傲感和强烈的忠实感时，你作为领导者的工作就会轻松多了。在紧急关头，当你需要你的手下人为你出力气的时候，他们就会作为一个训练有素的、忠实于团体的成员而响应你的召唤并支持你的工作。

培养人们合作的精神，首先要使他们之间达到良好的沟通。这对于管理者达到个人目的和完成自己的使命是大有好处的。在一个大的组织中，合作是成功地完成一个使命的关键。不仅要在各个部门的内部展开合作，还要在各个部门之间展开合作，要在上下左右各个方面同时展开合作，而要实现这些，没有良好的团队沟通显然是不可能的。

合理协调团体的内部关系

培养团队精神必须要考虑到人员之间的相互组合与搭配。做到这一点，才能既发挥个人的聪明才智，又能增强团队的办事能力。一般所说的"因才适用"，就是把一个人适当地安排在他最合适的位置上，使他能完全发挥自己的才能。同时，每个人都有自己的长处和短处，这就要求在用人时，有针对性地予以搭配和协调，为以后工作取得团结一致和同心协力打下良好的基础。

那么，怎样才能达到这一效果呢？

1. 不能每个职位都要选择精明能干的人来担任，那样的话，每个人都有他自己的主意，谁也不让步，那么十个人会有十个想法，根本无法沟通，工作自然难以完成。

2. 管理者在组建团队时不能有偏见。一个团队必须要根据需要选择人员，要因事选人，不要因人设事。在团队中，领导者不一定要把所有类型的人全部找齐，根据各自特点应用就可以了。一般团队中都有男女同事，这是领导者要注意的，现在一般都选用年轻人才。青春的年轻男子最需要异性朋友，只要与异性一起做事或在同一办公室工作，彼此做事就显得很轻松，像这种男女混合编制不但提高工作效率，也可成为人际关系的润滑剂，产生缓和冲突的弹性作用。因为有时候同性之间不容易说的事，异性之间反倒比较容易沟通。

3. 若不能男女混合编制，应经常举办男女交谊团体活动，增加男女交往的机会。现代的年轻人，多半认为男女交往是一件正常的事，对自己的行为也大多能负责，无须过分担心。另外，为了活跃团队气氛，最好也要让团队员工们互相熟悉，成为朋友。

4. 员工们总认为"不论任何事，最好要有二、三位好朋友彼此商量

较好”、“最好有知心朋友一起工作”、“没有好朋友一道工作实在不好”，因为有了好朋友，彼此能够互相帮助鼓励，做起事来也有劲儿。所以在适当的条件下，可以适当地满足他们这些员工，以利于他们之间的沟通。

为员工创造一种企业的主人翁感

著名企业家山姆托伊曾经说过，如果能够和员工进行良好的沟通，使员工有归属之心，这种精神力量将胜于一切。只有靠整体作业人员的彻底向心力，以企业的盛衰为己任，才能使企业臻于成功之境。这段话中的精神力量就是主人翁意识。

从管理者或企业组织的角度来说，一个有着主人翁意识的员工，一定是深爱着公司，对组织有着巨大献身精神的人。从员工本身的角度来看，主人翁感意味着他们有权对自己的工作以及与之有关的其他事情做主。主人翁精神就是一种创造性的精神，它要求人们运用自己的判断力去解决组织所面临的困难与问题，用自己的自豪感、自信心所发出的巨大热情去创造奇迹。

在 IBM 公司内部就没有规定公司的工作程序。管理者们总是表现出敬重的、谦虚的态度，他们总是告诉自己的员工：“虽然我不是专家，但是有你们的帮助，我肯定能够成功。”他们用平淡的赞扬，亲切耐心的态度去和员工沟通，拉进彼此的距离，使得自己的属下往往为其所“感动”，从而公司团结一心，拧成一股绳，使企业更加繁荣。

怎样实现企业的上下沟通

能够接受员工的批评和建议

作为一个领导，无论你地位有多高，或者你拥有多么巨大的成就，都不可避免地会犯这样或那样的错误。虚心听取下属与自己相反的意见，能使你的领导地位更加稳固，能使你受到更多的拥护。

日本著名的本田车系的创始人本田宗一郎为日本汽车和摩托车业的发

展做出了巨大的贡献，在日本乃至整个世界的汽车制造业里，都是一个很有影响的重量级传奇人物。然而就是这样一个人物，在对待员工的意见时却是非常虚心的。

1965年，在本田技术研究所内部，人们为汽车内燃机是采用“水冷”还是“气冷”的问题发生了激烈争论。本田是“气冷”的支持者，因为他是领导者，所以新开发出来的N360小轿车采用的都是“气冷”式内燃机。可是这种内燃机是有缺陷的。1968年在法国举行的一级方程式冠军赛上，一名车手驾驶本田汽车公司的“气冷”式赛车参加比赛。由于速度过快导致赛车失去控制，并引起油箱爆炸，车手也被烧死。这件事使得本田“气冷”式N360汽车的销量大减。因此，本田技术研究所的技术人员要求研究“水冷”式内燃机，但仍被本田宗一郎拒绝。一气之下，几名主要的技术人员决定辞职。

这个时候，副社长藤泽感到了事情的严重性，就打电话给本田宗一郎：“您觉得您在公司是当社长重要呢，还是当一名技术人员重要呢?”本田宗一郎在惊讶之余回答道：“当然是当社长重要啦!”藤泽毫不留情地说：“那你就同意他们去搞‘水冷’引擎研究吧!”本田宗一郎这才恍然大悟，当即答应了下来。

技术人员留了下来，开始进行“水冷”式内燃机的研究，不久便开发出适应市场的产品，公司的汽车销售量也大大增加。这几个技术人员也都被本田宗一郎委以重任。

本田宗一郎从此成了能够虚心听取下属意见的领导人，赢得了下属们的敬佩。可能就是这个原因吧，本田公司至今仍屹立不倒，本田宗一郎本人在日本甚至整个世界的汽车制造业里，都享有很高的声誉。

帕克的第一份工作在纽约。有一天因为一件事情，他与上司发生了争执，虽然帕克是正确的，但是上司动用权威压制了他的意见。帕克当时住在一栋青年宿舍里，每周房租7美元，而帕克的上司则住在一栋别墅里。

第二天一大早，帕克接到了上司的电话。上司在电话里说：“我想了一下昨天的事。我要告诉你，你是正确的。我承认我错了，并且为昨天对你的不公平评判向你道歉。”帕克的上司年收人40万元，而他竟然向一个年薪不到2000美金的年轻人承认错误，这让帕克感慨万分，认为上司是全纽约最伟大的人。

有些主管认为领导者承认自己的错误并进行自我批评似乎脸上无光，会降低自己的威信和领导形象。其实，这是一种误解。主动承认错误、承担罪责所表现出来的大度、正直、责任心以及爱护部下的行为，正是一个好领导者所必备的素质。它在某种意义上会使已缺失的威信得到恢复，乃至强化，以后批评员工的错误时也更理直气壮。如果领导者将过失推脱给他人，文过饰非，表面上他在维护自己的领导尊严，实际上却失去了人心。以后员工犯同样的错误后，领导批评他时，员工就会想：领导犯了这样的错误都没自我批评，为什么我犯就不行呢？这样的领导还有何威信可言？而且，他的做法会使手下人对领导失去信任，与领导离心离德，意志消沉，最后只能是国败业败。

下层管理人员主要是看上司的行为示范，若上司身不正、行不直，语言标榜得再好也没有人信他那一套；若上司作恶，下属就会跟着为非作歹。上梁不正是激励的负作用，是激励的消极面，必然无法管理下级，统御人心。而领导者如果有错就自我批评，去感召部下，就会激发部下的进取心，调动下属人员的创造性与积极性，促进他们去精心创业。

要想成为有效的管理者就必须和大家沟通，如果要管理和指导好员工，就一定要能得到他们的反面意见。明确表示你愿意随时接受他们的批评，不能因为自己大权在握就忘乎所以，当领导接受员工批评时，要注意以下几点：

具体做法有以下几点建议供大家参考：

1. 关于自己的缺点和不足，与员工坦诚相见。要让对方告诉你，你做的哪件事让别人对你有什么样的看法。这样问就表明你知道自己做的某些事情使大家产生了看法，但你不知道是哪些事，而对方知道，对方可以告诉你。

2. 征求员工的意见，询问他们对某件事的处理办法。不要问只用“是”或“不是”就能回答的问题。如果问这样的问题，为了避免可能出现的不快，别人很可能随声附和你，但他们对你的看法却不会有所变化。

3. 不要暗指批评你的人别有用心，或有成见，是存心同你过不去，这等于拒绝别人的批评。即使别人真的有什么“用心”，也可以等以后再说，不要当面反唇相讥，这是一个人有涵养的表现。

4. 不要歪曲员工的批评。事实上，这只会恶化彼此的关系。

5. 在员工的话讲完之前不要转变话题，否则，无非表示你不想把批评听完。

6. 不要开玩笑。用嘻嘻哈哈的办法来对待员工的批评与劝告，会使人感到你没有领导者的风范。

7. 对刚刚批评过你的人，无论如何不能反过来批评他，否则有可能被视为不接受批评，甚至报复，尽管你的初衷未必如此。尤其是领导者千万不能这样。

8. 眼睛望着对你说话的人。这能表示你对他的话十分重视，而且在认真听取。

9. 员工批评你，你要平心静气，而且明白表示你在认真倾听。至于你是否同意对方的批评，可以等他说完以后再说。

10. 对别人提出的意见要有合理的交代。让员工打开心扉，告诉你他们对你作为领导是怎么看的。不要和他们争论或者试图纠正他们的看法，你应该感谢他们，并从他们的角度来理解这些意见，作为正确的意见接受下来。你要下决心聆听和考虑他们的意见，创造一种多听他人意见的气氛，这样才能对自己的行为做出明智决定。通过征求并接受反面意见，可以了解下属对你有什么期望。

领导者勇于自我批评和接受批评，表现了领导者虚怀若谷的胸襟，也为员工树立了良好的榜样，而且拉近了与员工的心理距离，还能及时发现潜在的问题，可谓是一举数得、好处多多。

换位思考，能够为员工着想

在平时，下属通常有他自己的行事计划，当上司突然下达指示时，他不得不将原来的计划加以调整，或删去一部分，或追加一部分。假如这只是偶尔的现象，倒也无所谓；若是经常发生，下属难免会心存不满。因此，当你下命令给下属时，不妨多加几句话：

“我知道你现在很忙，很不好意思！可是……”

“我想你可能头一次做这样的工作，可是……”

说这些话对你来说，是轻而易举的事，但却能让下属感到你是站在他的立场着想，而心甘情愿地让步。体己的话语，更能让部属为你效力。

在红军进行两万五千里长征的时候，由于条件极端艰苦，途中有很多

人被饿死，红军大量减员，特别是部队里的普通士兵，有不少人情绪低落、发牢骚、思想老开小差。

周恩来等人很快就注意到了战士们存在的这种情绪，为防止斗志丧失，他们决定召开连以上指挥员会议。

在会上，有些指挥员埋怨战士们丧失了斗志，甚至不听从领导。听了指挥员诉说的各种苦衷之后，周恩来说："同志们，现在正值中国革命的困难时期，前有堵截，后有追兵，一不小心就会被国民党军队包围，所以我们一定要想办法调动战士们的积极性。如果不能调动他们的积极性，我们的队伍就很危险，在这种情况下，我们指挥员应该以理说服他们，而不能只靠命令指挥他们。我们设身处地地想一下，如果我们是士兵，指挥员们对我们大声斥责、痛骂，而我们的前途又看不到光明，我们会是什么样的感受呢？因此，我们不能只是斥责他们，还要理解他们，对他们多进行思想上的教育疏导，这样才能增加队伍的凝聚力。"

周恩来的一席话正是要求指挥员们学会换位思考，想想士兵们的苦衷，而不能只顾自己，不顾及他人。果然，经过这一次会议之后，指挥员们的思想发生了变化，战士们的斗志也被重新鼓舞了起来。

从业员工总有许多苦衷，希望能对其上司谈。但一般说来大多数是憋在心中，有时忍久了也会忘掉这些不愉快，但有时也会因愈积愈多而可能爆发出来。有些员工会不满地说："薪水太低了，工作太累了。"这实际上仅是表面的借口而已，其实心中已潜伏了许多不满。不满与苦衷如果在心中憋得太久，而且愈来愈多，就会变成激烈的反抗，从而爆发出来。

在这样的情况下，企业的领导者为了消除下属的不满，就应让他们自由发言，使他们发泄怒气。这一点很重要。此时如果领导不诚心诚意地听他们诉说，他们会觉得说出来反而是多余的，更会觉得心中不满。一个人在诉苦之时可能边说边反省，或许由此觉得自己过于任性。倾听者在倾听时绝不可过于沉默，不妨偶尔插几句"是的"、"以后"、"如果"……会令对方觉得和你交谈有意义，会觉得你是一个有修养、有同情心的上司，会更加信赖你。

换位思考，将心比心，如果管理者在生活中能多一点这样的感悟，多设身处地想一想员工们的难处，就会对他们多一点尊重、宽容和理解。会使彼此之间多一些谅解，少一些计较和猜疑，从而给各自的工作都带来

方便。

建议好于命令

美国传记作家伊达塔贝尔曾经这样描述著名企业家欧文·杨洛：他从来不直接以命令的口气来指挥别人。每次，他总是先将自己的想法讲给对方听，然后问道："你觉得这样做合适吗？"他在口授一封信之后，经常说："你认为这封信如何？"他如果觉得助手起草的文件中需要改动时，便会用一种征询、商量的口气说："也许我们把这句话改成这样，会比较好一点。"他总是给人自己动手的机会，他从不告诉他助手如何做事，而让他们自己去做，让他们在自己的错误中去学习、提高。

可以想像，在这样的管理者身边供职，一定会让人感到轻松而愉快。因为没有人会喜欢命令的口气和高高在上的架势！即使是你的员工也不例外。

虽然从职务上看，你是管理者，但是在人格上你们是平等的，所不同的只不过是你们的分工不同、职务不同，而不是在你和他个人之间存在着什么高低贵贱的区别。就算是管理者比普通职员具有更多的权力，那也是由管理者这个职务带来的，而不是你自身与生俱来的！所以，管理者若想让别人用什么样的态度去完成工作，就应用什么样的口气和方式去下达任务。

多用建议而不是命令，不但可以使对方维持自己的人格尊严，而且能使人积极主动、创造性地完成工作。即便是你指出了别人工作中的不足，对方也会乐于接受和改正，与你合作。

让员工去主动地接受命令，而不是被动地把你"要他做的事情"变成"他要做的事情"。每个人都有自尊心，尊重他人就是尊重自己。所以，如果你要向部下下达命令，让他做你想要他做的事或是要他改正错误，那就避免使用"命令"的口吻，不妨试试"建议"的方法。

保留别人的尊严

不论在什么地方，面子问题都是很重要的，在企业管理中尤其如此。一句或两句体谅的话，既可以减少对员工的伤害，又可以保住他们的面

子。同样，多用建议，少下命令，不但能避免伤害别人的自尊，而且能使其乐于改正错误。

在杰克·韦尔奇任美国通用电气公司总裁期间，曾经有一次，通用电气公司正面临着一项需要慎重处理的工作，即免除查尔斯·斯坦恩梅兹担任某一部门主管的职务。斯坦恩梅兹在电器方面有超人的才能，但担任计算部门主管却很不称职。不过，公司却不能得罪他，因为在当时来说，他这样的电器人才是公司非常急需的。

反复考虑之后，杰克·韦尔奇决定亲自解决这个问题。他把斯坦恩梅兹叫到他的办公室，对他说现在有一个通用电气公司顾问工程师的职务，可是暂时还找不到合适的人来担任这项职务，公司希望他能够来担任这项工作。

斯坦恩梅兹听完之后没有任何反对意见，很高兴地就接受了。于是，杰克·韦尔奇就给了斯坦恩梅兹一个新的头衔，让他担任"通用电气公司顾问工程师"这一职务。其实工作还是和以前一样，只是换了一个新头衔，而让其他人担任部门主管。对这一调动，不知情的斯坦恩梅兹十分高兴。如果他知道换职务的原因是公司认为他担任部门主管不称职，那么他在今后的工作中肯定会出许多问题的。

这一巧妙的调动既达到了公司的目的，又保住了员工的面子，没有引起他的抱怨或反感，策略非常高明。

让员工保持自己的尊严，是非常重要的事，而我们却很少有人想到这一点！我们曾残酷地抹杀他人的感觉，又自以为是。我们在其他人面前批评下属，发出威胁，甚至不去考虑是否伤害到他们的自尊。然而，一两分钟的思考，一句两句体谅的话，对他人的态度宽容一些，都可以减少对别人的伤害。而且，通过这种方法，使人们很容易改正他们的错误，更维持了下属们的自尊，使他们认为自己很重要，并自觉地顺从团体的利益。

企业内部沟通的良好时机

抓住难得的沟通机会

同样的话、同样的沟通，在不同的地点、不同的时间和氛围下其效果很可能会有非常大的差别。所谓把握良机进行沟通，就是选择最佳地点、时间、气氛，巧妙地利用外部环境作为辅助，以达到与人沟通交流的目的。

凯撒大帝曾带兵攻打埃尔维提伊人，而当时他的兵力却不如对方。决战尚未开始，士兵们大多像病人般疲惫衰弱，一方面由于没有充足的粮食供给，另一方面就是因为长时间远征在外，一些士兵已经开始思念家乡。

军资匮乏，许多士兵衣不蔽体，并且纪律松懈、自由散漫，酗酒打架之事时有发生。相反，对手埃尔维提伊人则是有备无患，占尽天时地利。他们已经占据了有利地形，而且后方配给充盈。在当时看来，凯撒的军团注定失败。

但是，凯撒清楚地认识到真正的困难并非来自于内部，而是埃尔维提伊人极强的民族观念，以及由此而产生的凝聚力和向心力。即使如此，凯撒依旧相信自己可以取胜。他确信，饥饿、贫困的罗马士兵对金银财宝是充满着欲望的，只要能把他们的欲望化为动力，那么将会战无不胜。他需要的是一个可以刺激他们这些欲望的时机。

一天，这个机会终于被他捕捉到了。一位下级军官带着他的士兵，来向凯撒申冤。原来，这位军官手下的几十名士兵在毫无防备时，被另一部分士兵抢去了东西，而且还遭受了殴打。这位军官及时制止了手下士兵的报复行为，来向统帅讨公道。

凯撒听完那个军官的汇报，联想到士兵们平时的游匪习惯，又看到所有士兵愤怒的神色，知道自己等待的机会来了。他下令马上查清抢劫活动中的士兵名单，按军法论处，并且不论出身贵族还是平民，一律不准讲情、一视同仁、严惩不贷。随后，他又命令对那些士兵的上级提出警告，而对来报告的这位军官给予奖励、提升。

这场风波过后，士兵的军风军纪立刻有了很大改观，凯撒随即开始深入士兵内部，视察、演讲，以调动士兵的获得欲望和民族优越感，号召他们坚持到底，打败埃尔维提伊人。他在一次讲演中讲道："士兵们！你们忍饥挨饿，远离家乡，元老院并没有给你们什么好处。在这里，你们经历了严寒的考验，元老院也没有给你们什么奖励！""现在，我将你们带到富饶美丽的高卢，如果你们能彻底击败埃尔维提伊人，你们将会有闪光的珠宝、有丰盛的晚宴。你们将获得你们所需要的荣誉与财富，你们的决心与意志是无比坚强的，你们的进攻更是无人可比的！""是！"无数士兵被凯撒那极具挑战的话所吸引、所打动，一时间，欢呼声响彻云霄，士气空前高涨。

在这里，凯撒选中这个机会来整顿军纪，选择这个机会来提高已疲惫不堪的士兵的欲望，提高军队的士气。同时，也选择这个机会，来离间元老院与士兵的关系，为自己与元老院的对抗储备实力。凯撒成功地把握了这次沟通良机，可以说是非常准确和及时的。

自己创造适当的机会

军队整顿军纪要抓住时机，企业整顿纪律同样需要适当的时机。

松下幸之助在他最初建立公司的时候，厂里的员工对岗位工作不太积极，经常擅离职守。于是，松下幸之助决定开会整顿一下。

开会那天，当全体员工都到齐后，松下幸之助走上讲台，向大家宣布："我有一件事情要告诉各位。"可是，说完这句话之后，他却好像突然想起什么事似地走下了讲台，径直朝会场外面走去。台下的所有员工一下子都不知所措了，他们先是小声议论，紧接着大声喧哗起来。

大概过了5分钟，松下幸之助才从外面慢慢地走上讲台，面对着被激怒的全厂员工，他充满激情地说："如果我在开会时离开会场是不能容忍的话，那么在上班工作的时候纪律松弛，擅自离开自己的工作岗位，甚至早退，难道这些不应该被谴责吗？请大家考虑一下吧！"说完，松下幸之助就离开了会场。从此以后，他的电器王国内再也没有人擅自离开过工作岗位。

松下幸之助正是通过巧妙地构造一种氛围，与员工们沟通，让他们亲身体会一下"擅离生产岗位"所引起的后果来激发员工们的反思，这是一

种很有效的亲身体验的沟通方式，具有很强的说服力，在企业管理中非常实用。这种方式能够有效地避免争论和抱怨，并能让对方自觉地改正自己的缺点。

批评中包含沟通技巧

批评的技巧

在企业管理中，领导者风格的不同往往会带来不同的管理方法，有像松下一样暴雨疾风式的批评，也有所谓和风细雨式的委婉批评。但如果你更倾向于使用“松下式”的批评方法，最好不要不加思索地脱口而出，否则会让人感觉你没有真正的内涵。在日常工作中，掌握一些基本的批评技巧，肯定会得到事半功倍的效果。

在企业的日常交流中，领导批评犯错误的或工作失误的下属是正常的工作需要，但身为管理者决不能因此认为随便批评下属和员工是天经地义的事情，丝毫也不讲原则。其实，批评与奖励下属一样，都是一种沟通手段，都是很讲求技巧的。

被誉为经营之神的松下幸之助从来都是当面的、直接的，甚至毫不留情面地教训员工。他这么做也的确是出于一种设法纠正别人错误的诚意与热忱。但员工们从来不记恨他，因为松下自有他的叱责高招。

曾经在松下公司任职，后任三洋机电副社长的后藤清一，专门写了一本《叱责经验谈》，记述了自己被松下叱责的事情。有一次是在后藤担任一家新工头目的时候，松下吩咐当日留下五、六个人加班，但实际上只有后藤一个人留了下来。松下来视察询问工作是否完成时，才发现工作还没有做完，于是就毫不客气地叱责了后藤，说他：“实在太不应该，怎么连你也做这种事情。”后藤听后无言以对，再三点头道歉。

令人不可思议的是，后藤听到这样的训斥之后，不但不气反而十分高兴。为什么呢？他在书中这样解释到，松下的那句“连你也做”令他十分意外。这句话分明隐含了松下对后藤的格外赏识之意，比起其他人来，松下对于后藤寄予的希望更高，这令后藤十分的欣喜。这就是叱责的技巧。

在叱责一个人的时候，使对方觉得自己的存在比别人更重要，因而产生惭愧自责的心理，这种叱责是十分有效的。

1. 不要无理取闹进行批评

不要把批评当作一种发泄手段，批评时要公事公办，不要混杂私人的不快感情，而是进行冷静的叱责。要想真正打动下属的心，达到批评的效果，绝不能自己完美无缺，高高在上地批评对方。这样只是使批评的一方获得自我满足，却毫无半点成效。而应该将对方的缺点和错误看成是自己的，抱着希望对方能发现自己的过失和错误，并自己予以纠正的心情。

2. 批评要尽量简短

把批评做成长篇大套、絮絮不休、无止境的指责，或者利用刚刚发生和最近发生的错误，回溯过去这样那样的过失和错误，全部摊出来，相提并论等等都是非常错误的。这样将会毫无效果，应排除“多说几句为好”的想法。根据问题，按照反省的程度，说一句“最好今后多注意些”，反而能收到较好的效果。

3. 根据对方的性格选择批评方法

人各有各的特点，必须看清了对方再考虑批评的适当方法。例如对男员工不妨有话直说，而对女员工，批评应当委婉些。

4. 不要当众批评下属

批评时若有他人在场，被批评者会感到屈辱，因此产生反抗，只会找理由辩解而难以自省，也就无法产生效果。因此，不到不得已，不要当众批评部下，除非是与自己有信赖关系的部下。另外，对下属的错误，要抱着自己有责任的态度。应采取亲自和下属对过失进行共同分析、探讨和努力解决的态度。

5. 冷静而文雅地进行处理，不要过于偏激

人在激动时，会禁不住放大声量，表现得过分冲动。如果员工的某些错误、失误让你无法控制自己的情感时，可将问题放置一段时间，等自己恢复到冷静的状态，再进行冷静的处理。

而且，应该注意不要因为批评而把下属搞得夜里失眠，造成终日闷闷不乐、空度时日的状态，而招致对工作丧失意志的结果。批评的目的是教育。为了有效地用人，应该照顾到怎样使他自觉地谋求自己的进步，自觉地配合自我启发。特别要注意不要对下属说出不经考虑的任性话来。

6. 批评要就事论事，不要人身攻击

批评只应针对下属在工作中所犯的错误或工作失误，而不应该针对他本人，否则会引起员工极大的反感。

7. 不要连带伤人

直接向事情的责任人提出批评，决不对其他任何员工发牢骚，否则会让被批评的员工感到你对他缺乏尊重。

8. 不要拿一个人的行为和别人的行为相互比较

谁也不愿被人说自己不如别人，你一比长较短，即使说的话合情合理，对方也不会高兴再听下去。

9. 批评要有度

批评太多，会打击对方的情绪，重要的话反而没听清楚。批评的时候，使用带有“绝对”含义的词语会给员工一种被一棒子打死、全盘否定的感觉，会令其产生逆反心理。这样的批评得不偿失。

10. 有理有据才可以批评

在批评前，一定要先把事情问清楚，确定是否真正属于应该批评的事情，确定无误后再进行批评。

11. 以关爱的态度进行叱责

松下认为：每一个人都需要更多机会被叱责，只有这样，才能使自己充实、进步。这里面虽然渗透了很深的日本文化的影响，但对当前社会来说还是有很多可取之处的。管理者对员工的叱责，不应只是因为员工工作的失误令公司遭受了损失，更是因为管理有义务帮助员工认识到并改正他们自己身上的错误，甚至是因为有着一种父亲的关爱在里面。所以你在叱责中最好能够让员工感受到这种心态，让他为你的呵斥所感动，让他深刻地理解你的语重心长。

12. 不要毫无道理地叱责

任意的叱责不可能是严格要求的表现，只可能成为劳资矛盾的导火索，你日常和蔼的形象会令人感觉虚伪而让人唾弃。平常一些紧急的情况突然出现，会令你和员工都措手不及，或者是一些意外的事故和人为错误的产生，容易使人在瞬间失去理智。你很可能就一下子把怒火全都发泄在员工们身上。对于管理者来说，这种行为无异于自我毁灭。请记住，无论发生任何情况，都要保持冷静的头脑。对于既成的事实，不需要再马上追

查责任，而是应该立即研究对策，等到最危急的时刻过去，再进一步弄清事实，调查事故的真正起因。

13. 叱责之后立即了解对方的情况，以此判断此人是否反省

看对方此后抱着什么态度工作，是否对叱责有所误会。如果对方的确误会了，则设法消释。如果怀恨在心，那么此人与你便无共事的缘份。如果接受了，反省了，抱着积极的态度投入工作，叱责的效果就达到了。

14. 叱责要注意频率和方式

不要让员工们感觉："管理者以前对我那么好，最近为什么又和我过不去。"同时多多改变叱责方式，时缓时疾，轻重得当。

15. 不能揭短、伤人

叱责归叱责，前面已经讲过这实际上也是一种关爱，而不是低级辱骂，即使是叱责，也要注意尊重对方的人格。

要做好批评之后的善后工作

美国著名企业家玛丽·凯曾经说过："决不可只批评不表扬，这是我严格遵循的一个原则。你无论批评什么或者批评哪个下属，也得找点值得表扬的事情留在批评后。这叫作'先批评，再表扬'。"当然，这种方式并不是绝对的，表扬、批评的方式和尺度是可以灵活掌握的。总之，有批评也要有表扬或安慰，这样才能缓和气氛，保证下属的积极情绪，而且下属对领导者的批评也就更加容易接受了。

无论是哪一家公司，当员工犯下不可原谅的错误时，身为上司的必然要对其加以叱责。然而，一旦呵斥的次数过多，往往起不了任何作用，极易使部属认为他们的上司性情乖戾、动辄发怒，进而对上司产生反感。因此，身为上司者只有在真正必要时方可采取痛斥部属的手段。

三洋机电公司前副董事长后藤清一先生年轻的时候，曾在松下公司任职。某一次，因为一个小的错误，他惹恼了松下。当他进入松下的办公室时，松下气急败坏地拿起一只火钳死命往桌子上拍击，然后对后藤大发雷霆。后藤被骂得狗血淋头，正欲悻悻离去，忽然听见松下说道："等等，刚才因为我太生气了，不小心将这火钳弄弯了，所以麻烦你费点力，帮我弄直好吗？"后藤无奈，只好拿起火钳使劲敲打，而他的心情也随着这敲打声逐渐归于平稳。当他把敲直的火钳交给松下时，松下看了看说道：

"嗯，比原来的还好，你真不错！"然后高兴地笑了。

责骂之后，反以题外话来安慰对方，这是松下的高明之处。后藤走后，松下悄悄地给后藤的妻子拨通了电话，对她说："今天你先生回家，脸色一定很难看，请你好好地照顾他！"

本来后藤在挨了松下的一顿臭骂之后，决定辞职不干，但松下的做法反而使后藤佩服得五体投地，决心继续效忠于他，而且要干得更好。

值得注意的是，真正善于领导的统率者，在痛斥部属之后，必不能忘立即补上一句安慰或鼓励的话语。因为任何人在遭受上司的叱责之后，必然垂头丧气，对自己的信心丧失殆尽。心中难免会想：我在这家公司别想再往上爬了！如此所造成的结果必然是他更加自暴自弃，甚至会产生挂冠而去的念头。

然而，此时上司若能适时地利用一两句温馨的话语来鼓励他，或在事后私下对其他部属表示：我是看他有前途，所以才舍得骂他。如此，当受斥责的部属听了这话后，必可深深体会"爱之深，责之切"的道理，而更加发奋图强。

有一次，周恩来在审阅关于第一个五年计划的一个重要材料时，发现林业部门的一个重要材料的数据核对不实。他当即就打电话批评了负责这项工作的领导同志，使这位同志感到很惭愧，思想上也承受了很大的压力。在一次公众活动中，周总理遇到了他，主动与他打了招呼，询问了他的工作与生活情况后说："我虽然批评了你，也是为了人民的利益，以后要细心一点嘛，不要把这些重要问题搞错。希望你以后再接再厉，发扬优点和长处，把工作做得更好。"这一下就缓和了气氛，解除了那个同志的心理负担。

一个领导者在工作中必然少不了要批评下属，而批评势必要影响到下属的工作情绪。批评完下属之后，一定要及时安抚下属，做好后续工作，这样才不至于让下属有被冷落和遗弃的感受，才能心甘情愿地接受批评。

领导者对下属既要关心备至，又要严格要求。当下属出现明显的失误或过错时，就要给予严厉的批评。但是，领导者在批评时也不要忘记照顾下属的情绪，注意情绪管理的艺术，灵活而巧妙地缓和紧张气氛，使接受批评的下属既接受批评、深受触动，又放下精神包袱，轻装上阵。

婉转的批评更有效

通常来讲，当众批评是不明智的。因为当众批评会刺伤被批评者的自尊心，可能引发强烈的抵触情绪，也可能使被批评者为了维护“面子”而当众反驳。不管发生哪种情况，批评的实际效果是十分差的，特别是引发被批评者的当众反驳。这种行为既影响领导的威信，又可能由于被批评者不断的辩护而强化了自认为“正确”的心态。

世界著名化妆品公司玫琳凯的总经理玛丽·凯主持召开一个由一批美容顾问参加的销售会议。有一个人的化妆品箱子很脏，但是这位女士自尊心极强，当众批评会使她难堪。在销售会议上，玛丽·凯说：“如果你出席一个化妆品展销会，发现盛有化妆品的箱子很脏，你会怎么样想?”接着，玛丽·凯又讲：“我们的职业是美容，因此无论在何时何地都要给人留下干净整洁的印象。”虽然这番话完全是针对这位女士讲的，可是玛丽·凯在讲话时从不朝这女士看一眼，结果收到了良好的效果。如果玛丽·凯不采用这种方式，而是在销售会议上当众批评这位女士，那后果肯定会是很糟糕的。

玛丽·凯善于从其他公司的管理中吸取教训，发现当众批评或指责人是一种用人管理上的愚蠢行为。她亲眼看到有的经理在大庭广众之中，挑出一个人当活靶子批评，也看到有的经理当着众人的面惩罚员工。玛丽·凯认为这是一种不可原谅的错误行为。

当众批评一个人等于是在显示自己的无能，而且会使受批评的人意志消沉，产生自卑感。有一个经理在现场检查产品质量时，对一名管理者大声叱责：“喂，你竟给生产劣质产品开绿灯！要知道，公司是不接受这种劣质产品的。你在这里表现得不好，你必须赶快把质量搞上去！否则，我会重新物色人选。”结果，员工的抵触情绪变得更加严重了。

像上面例子中那个管理者，当众训斥人不但会使被叱责者十分气愤，而且还会使在场的每一个人都感到十分尴尬，感到自己有朝一日也会有同样的下场，于是人人自危。同时，这样做还有可能导致员工怀疑其上级的能力。这样，他作为一名管理者所能发挥的作用就小了，其自尊心也会受挫伤，致使他从此疑虑重重。

管理者通过这种方式处理问题，只能使问题更加严重。所以，最好不

要当众批评下级人员，而应私下同他研究质量问题，这样既能使产品质量问题得到正当的解决，又能保护下属员工旺盛的士气，对各方面都有好处。人都是要面子的，尤其是在大庭广众之下。有一些领导总喜欢不分场合地对手下的部门负责人指手划脚，当众喝斥，动辄发脾气，把下属人员置于难堪的境地。他以为这样做会激发员工发挥更大的能动性，还以为只有这样才能体现自己的威严。这样做虽然一时会奏效，但却不能长久下去，因为它会造成人为的心理紧张，对人的自尊心是一种极大的伤害。即使下属人员当时被迫接受了领导的责备，但内心深处却留下了一个阴影。不断地被叱责，阴影会越来越大，终究有一天会爆发出来，使领导与下属人员矛盾激化。

聪明的管理者知道这种批评的弊端，于是就尽量多地采用婉转的方式。称赞固然能够鼓励士气，但当下属的确犯了错误，该责备的仍要责备。如果责备有方，犹如快马加鞭，下属会将此作为鞭策、作为动力，从而干劲十足。倘若下属在工作中出现失误，上司要叱责、批评他时，一定不要当着众人的面。因为如果当众叱责他，会使他觉得脸面无光、无地自容，会使他觉得上司太不赏识他、不尊重他，从而滋生他的逆反心理。

一个成功的领导，当他的下属犯了错误时，他会选择适当的方式，如私下里面对面对下属提出批评。这样，下属会感激万分，因为他清楚，领导不仅给了他面子，而且还给了他机会，知恩必报，以心换心，下属会更加努力，做出好成绩来报答上司的。

处理问题要保持公平公正的原则

在工作过程中，上级需要下级对本职工作尽职尽责，圆满地、创造性地完成任务。而下级则希望上级对自己在工作上加以重用，在成就上给予肯定，在待遇上合理分配，在生活上给予关心。可以说，领导和下属之间是一种相互依赖、相互制约的关系，如果这种关系处于良好的状态，上下级的需要就会得到满足。

有些企业的管理者，对下属的一些不合理，甚至无理要求也一味迁就，把同下属建立亲密无间的感情与迁就错误等同起来，这就走进了一个误区。尤其是在面对下属之间的纷争时，更应该公平一点，千万不要偏向某一方。若有失公正，就会在下属之间引起恶劣的反响，对以后的工作造成种种困难。因此，在处理内部问题时，一定要保持公平公正的原则。

美国著名的石油资本家洛克菲勒在即将退任时，当时有望成为继任者的有两位副总裁，其中一位是洛克菲勒的弟弟。但是在培养继任者的过程中，洛克菲勒从未因为其中一位是他弟弟而对他有一些特殊照顾，给他一些特权。

在洛克菲勒亲自安排的竞选之中，他采用了公平竞争的原则，两位副总裁受到了平等的待遇。其结果是，洛克菲勒的弟弟落选了。

洛克菲勒这种不徇亲情，平等对待下属的做法深受下属的尊敬。对下属伤害最大的往往是：当下属工作取得成绩时受表扬的是领导。当领导工作发生失误时，挨批评的是下属。这就是造成下属心理失衡的重要诱因，必将影响到日后的工作。所以，领导要善于发现和研究哪些是下级关注的问题，并抓住这些问题最大限度地满足下级最迫切的需要，从而调动下属的积极性，使他们主动地为企业创造更多的利益。

有的管理者在实际工作中，难免愿意接触与自己爱好相似、脾气相近的下属，无形中就冷落了另一部分下属。所以，在处理领导与下属的关系时，要一视同仁、同等对待、不分亲疏。不能因外界或个人情绪的影响而表现出时冷时热，不能出现厚此薄彼之意。而且，领导要适当地调整情绪，增加与自己性格爱好不同的下属的交往，尤其对那些曾反对过自己并且反对错了的人，为了防止造成不必要的误会和隔阂，更需要经常交流感情。

评价工作对事不对人

当对员工工作反馈的信息加以批评时，你应遵循的一条原则就是要针对工作进行批评，不要对人的品质进行评论。假设你属下的一位员工在前几次部门会议上对别人过于吹毛求疵，你可以针对他的做法进行批评："在前几次会议上，我注意到你对其他人提出的建议措辞激烈，这样下去他们会缄口不言的。如果那样的话，会议就不会收到什么效果了。"你的这种说法会使他把你的批评意见看作是工作方法问题，只要改进就可以了。

然而，同样是这件事，你若把重点放在人的品质上，你就会说："恐怕你的态度有些问题。在前几次部门会议上，你总是过于苛刻。无论对我还是对其他人，你的这种态度非常令人讨厌。"这个问题如果这样处理，这位员工不仅不会反省自己的工作问题，反而会产生抵触情绪。你的意见可能是正确的，但是这种抵触情绪会阻碍他对自己工作的改进。

作为一名领导，你的任务之一就是设法使工作向积极的一面改进。为此，你应该强调的是如何改进你下属工作的质量。具体的方式有：

找出工作中需要改变的具体行为，例如：不精确的数据、不够详细的具体措施、错误的构思等。

顺畅、怡情的企业内部沟通，完全可以造就一个坚不可摧的高效团队。

"事实胜于雄辩"，与其说"我觉得你并没有把工作做好"，还不如摆

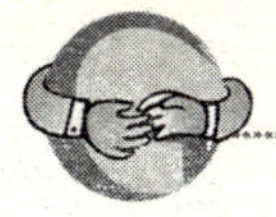

出事实，“我注意到你已经连续几个星期没有按时交报告了”，这样的效果一定比纯主观的说话要好。

你和下属不要从对错误行为的讨论上跑题。员工可能会把问题引向“你对我有成见”这一类的话题上。你可以与他讨论这些话题，但必须确保对错误行为已经进行有效处理。

同样，正面地评价员工时也应对事不对人。所以，一位业绩优秀的员工应该被告知在过去某段时间里他的业绩比预期的高出20%，这要比你对员工说“你的工作态度非常端正”更可取。

员工的工作表现有四大要素：员工的动机、员工的客观行为、部门对该种行为的支持以及行为的结果。而这几种要素没有一项与员工的个性有关。

个性是员工自己的事，你所关注的应该是他的工作表现，以及改善工作表现的方法。所以说，你需要评价的是他的工作而不是他的个性。

第七章

与同事如何沟通

适当的赞美有利于同事间的沟通

赞美式的语言最有助于沟通

很明显，在生活和工作当中，赞美式的语言总是很容易博得他人的好感。所以，用这种方式来和同事进行沟通，同样是很有效的。在人和人的交往中，适当地赞美对方，常常能够创造出一种热情友好、积极肯定的交往气氛。

文森特是一家进出口贸易公司的调度员，在新季度的工作当中，他发现自己新来的女同事非常漂亮，也很喜欢打扮，但是却经常在工作上出问题。于是，他想给她一些忠告，可这些忠告最好又不要使她感到难堪。一天早晨，这位女同事到他的办公室给他送资料。文森特抬头微笑着看了她一会儿，然后说："小姐，您真的非常美丽，而且您每天选择的衣服和装饰品也都好像定做的一样适合。它们和您相配的时候使您显得更加年轻高贵。"

这位女同事对这个突然的赞赏有些不知所措，但是内心的高兴却无法

掩饰，显然这样的话语让她非常受用。随后，埃文森又接着说道：“但是，我希望您不要因为这样而骄傲起来，也希望这不会让你疏忽了其他的事情。如果您的工作能像你的美貌一样出众，那您就真的非常完美了。”

果然，从那以后，这位女同事的工作做得越来越出色，在工作中很少再出现差错，和文森特的搭档也越来越默契。

谁都不会愿意接受批评，所以不如换位思考，先用赞美的语言来沟通一下，让对方在赞美中发现自己的缺点，并悄悄改正。用这样的方式既可以融洽同事间的关系，又可以给工作的顺利进行带来便利。

为什么同事之间需要赞美

有人说，赞美是人与人之间进行交际最好的润滑剂，这句话非常有道理，那么为什么会这样呢。

首先，赢得别人的赞许是人类的一种本能。人们可以在别人的赞美声中获得非常重要的社会满足感和强烈的成就感。在社会心理学上，这就称为“社会赞许动机”。人们都希望他人能看到和肯定自己的优点和长处，从而肯定自己的价值。所以，诚恳的赞美之声总是能够赢得对方的愉悦，并放松敌对和戒备心理。

其次，赞美的语言可以辅助被赞美的人形成健康的心理态度，有利于相互的交往向积极的方向发展。在人和人的交往中，适当的赞美能束缚对方的缺点。比如，某人有优柔寡断的毛病，可是如果你称赞他很果断，那么他下意识地就会使自己真的果断起来，并尽力让自己名副其实，朝着被赞许的方向去努力，因为他的自尊心受到了你赞扬之声的激励。丘吉尔曾经说过：“你想要人家有怎么样的优点，那你就怎么样去赞美他吧。”

第三，所谓善有善报，对别人适当的赞美能够很自然地赢得对方同样友好的回报。人和人之间的交往，就好像是一个照镜子的过程，别人对待你的方式，大部分取决于你对他们的态度。有些人总是抱怨别人态度不够友好。其实，这种时候应该先反省一下自己。就好像大山的回声一样，如果你是亲切地和大山打招呼，总是可以换得同样友好的回答的。

几种赞美方式的选择

虽然赞美是一种很有效的沟通方式，但是在使用的时候也要注意方法

的选择，因为只有恰如其分的赞许才会真正驳得对方的好感。下面是供大家参考的几种选择：

1. 直接表示赞美

当着对方的面，以明确、具体的语言，提及对方的名字（或尊称、昵称），微笑地赞许对方的行为、能力、外表或他拥有的物品。

有一位非常精明强干的老板，很多曾经与他共事的人一提起来就非常地敬佩。因为这位老板从来也没有忘记每天晚上打印出十几张致谢便条，寄给那些在生意上和生活中为其提供方便的同行和下属。比如："芬妮，你的主意真棒！就这样干吧！""汤姆，谢谢你能及时履行合同，希望今后仍像这次一样合作愉快"等等。有时，他还自己掏钱请手下人吃饭。人非草木，积极正面的鼓励对人的影响非常深远，所有和他一起工作的人都非常愉快。

除去工作上的赞美以外，生活中的赞美也是非常重要的。比如你的同事剪了个新发型，你可以说："你的发型不错。"或者说："嗨，知道吗，这个新发型让你看起来更年轻了。"这样能够强调你表示赞赏的证据及针对性，直接而有效，不会让人误解。

2. 间接含蓄的赞美

即运用语言、动作、行为等向对方表示自己的赞赏之意。比如，聚精会神地听对方谈话，并不时微笑着点点头；在公众场合请某人签名留念；恭敬的向他人请教问题，都是一种潜在的赞美，很容易让对方接受。

3. 认可式的赞许

认可别人在某件事上所取得的成就也是一种很好地赞美，这是对对方能力和优点的直接表示，是对他人的贡献的一种称许。所以，如果有同事谈论自己的工作业绩的时候，你不妨顺水推舟，赞美一下。

赞美的尺度

在同事之间，恰如其分的赞美是建立在尊重对方、鼓励对方，以及创造友好交往气氛之上的，应该真心实意、诚恳坦白、措辞适当，而且要注意选择时机。所以在赞美的时候，应该注意以下几点：

1. 如果不是开玩笑，那么赞美的话语不要太夸张，言过其实的恭维话就成了"拍马屁"，只会被人耻笑。

2. 对别人的赞许也不必过于频繁，过于频繁就失去了鼓励的意义，并显得滑头、俗气，反遭轻视。

3. 不要在有求于人的时候去向对方表示赞美，这样会让人觉得你动机不良，进而感觉不愉快。所以当你不需求对方什么的时候，表示赞许才显出诚意和可信。

4. 面对不同的对象、不同的关系、不同的场合，选择不同的赞美语言。比如对同辈人，可赞许他的精力、才干、业绩和风度；对年长者，可赞美他的健康、经验、知识、地位或成就；对女性，可赞美其的外表和服饰；在公众场合，赞许对方那些可引起众人同感的品德、行为等。

5. 赞美要实事求是、态度诚恳，不要涉及对方的忌讳和隐私，比如对方身材矮小或相貌不雅等等，就不要提起这方面的话题。

在与同事沟通的时候，要能够恰当地利用赞美增进双方的感情，这样能使你有一个好的工作环境，并有利于事业的发展。

通过沟通创造和睦的工作气氛

通过沟通化解矛盾

家人、亲友之间都难免磕磕绊绊，身为同事，在同在一个单位中自然也免不了会有不愉快的事情发生，会引起纠纷、冲突。对此我们要学会沟通，使一切纠纷和矛盾都在交流中化解。如果不能做到这一点，就可能会影响到事业的发展。

在工作中，我们经常会遇到一些同事说对不起自己的话，或做了对不起自己的事，这时我们应该适时地与同事进行沟通，千万不要针锋相对、以怨报怨。

如果是比较难以化解的矛盾，要主动找对方沟通，并确认是不是你在无意中得罪了他。当然，这些都要以你真诚地希望与对方和好为前提。不要像有些人那样，表面上为了讲和，而实际上却在更强硬地陈述自己的观点，以便把责任推给对方。

正确对待同事的忌妒行为

有人的地方就少不了嫉妒。歌德说：“在人类一切情欲中，嫉妒之情恐怕要算作最顽强、最持久的了……嫉妒心是不知道休息的。”嫉妒存在的广泛性远远超过了我们熟知的范围。嫉妒的对象也因人而异：男人嫉妒他人能力、女人嫉妒他人美貌；官场嫉妒他人升迁、商场忌妒他人发财。

从本质上说，嫉妒是见到他人强于自己而产生的一种心理失衡。嫉妒的产生也是有它的规律性的，掌握嫉妒的特点和规律，能更好地预防、利用和化解嫉妒。为了努力避开嫉妒的暗箭，我们可以采取以下几点策略：

1. 泰然处之

对于嫉妒心太大的人，不管你怎么宽容友好，都是无济于事的。所以在这种情况下，最好的办法是不加理睬。如果站出来辩解，对这种人只会起火上浇油的作用。所谓“无言是最大的蔑视”，对无法消除的嫉妒，就由它去吧。

2. 隐藏锋芒，避免招摇

才华出众或者容颜美貌，难免会遭人忌妒，如果再锋芒毕露、刻意招摇，嫉妒的人则肯定会增加，更容易使自己成为被攻击的对象。所以，不如对自己来些调侃、揶揄或自我嘲讽，或者在一些轻松的场合故意显露自己的不足之处。都可以或多或少地减少被人忌妒的情况。

3. 宽宏大度，以德报怨

对心有嫉妒的同事，不必针锋相对。他之所以嫉妒你，无非是因为你比他强。所以，你完全可以宽容大度，与之友好相处，并给予他尽可能的关心和帮助，在一定程度上可以化解一部分嫉妒心理。

学会与同事进行友好的合作

有一个关于天堂和地狱的故事，讲的是一个人请求上帝带他参观一下这两个地方，希望在比较之后能聪明地选择他将来的归宿。

上帝满足了他的要求，先带他去看了魔鬼掌管的地狱。进去之后，他看到的第一眼令人十分吃惊，因为在那里，所有的人都坐在酒桌旁，面前摆满了美味佳肴，包括水果、蔬菜和各种肉食。只是当他仔细看那些人

时，却发现他们都是愁眉苦脸的，一个个坐在桌子旁边，无精打采，而且都是一副营养不良的样子。原来这里每个人的左臂都捆着一把叉，右臂捆着一把刀，刀和叉都有 4 尺长的把手，根本就不能送到自己嘴边，所以每个人都在挨饿。

随后，这个人又跟随上帝来到了天堂。那里的景象和地狱几乎一模一样。同样的食物、刀、叉与那些很长的把手。可是，天堂里的人们却都笑容满面。

这位参观者开始的时候感到很困惑，但随后就发现了其中的原因。原来天堂的每一个人都是喂对面的人，而且也被对面的人所喂，因为互相帮助，所以非常快乐。而地狱里每一个人都试图喂自己，可是一刀一叉以及 4 尺长的把手使他们根本吃不到任何东西。

这个故事告诉我们，如果你想得到别人的帮助，首先要帮助其他人，而且你帮助的人越多，你得到的也越多。只有彼此间的相互协作才能使大家都幸福快乐。

善于与他人团结协作的人，大都会取得自己事业上的成功。所以，合作是许多成功人士的共同特性。而且，合作本身就是一件快乐的事情，有些事情人们只有互相合作才能做成，不合作彼此都得不到好处。

那么如何学会与同事合作呢。首先要掌握下面几个要领：

1. 能够帮助他人

不要错误地认为帮助别人自己就要有所牺牲，别人得到了自己就一定会失去。实际上，帮助别人就是强大自己，帮助别人也就是帮助自己，别人得到的不会是你自己失去的。因为付出总会得到回报的。

2. 主动参与集体活动

在团队中，每个成员都应该具有奉献意识，并有责任做出自己应有的贡献。你也可以贡献你的聪明才智。如果你不敢抛头露面，大胆地表述自己的观点，或觉得你的观点不如他人的有价值，那么，你需要首先排除这种消极认识。因为做一个旁观者的结果只能是你无法培养自己的社交能力，也无法赢得团队中其他成员对你的认识和尊重，更无法对团队的决定施加影响。

4. 在会议或讨论中表述自己的观点

清楚地表达你的观点，并提供支持的理由。认真地聆听他人的意见，

努力了解他人的观点及理由。直接地对他人提出的观点做出回答，而不要简单地只是阐述你自己的观点。这一做法可以提高自己的参与性。

5. 要尊重他人

即使你确信自己比其他同事更有知识、更有能力，也不要太张扬，要尊重其他人的意见。重要的是，你要让他人充分地表达自己的观点，而不要随意打断或表现出不耐烦，做到这一点对于团队正常地发挥功能是很有必要的。

6. 倾听他人的意见，不要过于武断

除了提出你自己的观点外，你还应该注意倾听其他同事的观点，当他人提出自己的观点时，要做出积极的和建设性的反应。要客观地评价别人的观点，不要意气用事。即使不同意也不要冷冷地反驳，要平和地表达自己的意见。

在每个单位，都会有一些老资格的同事，人品好的他们会帮助你、引导你，使你能尽快掌握工作技能；而一些道德教养低劣的人，对于新同事，他会压制，甚至欺负，在领导面前说坏话、打小报告，所以尽量不要去招惹这些人。

老资格的同事总是有一定关系的，如果你在单位得罪了这样的一个人，就可能引起大批同事与你闹别扭，使你产生孤立无援的感觉。为了避免这些，我们在工作中一定要注意与老同事的交往。千万要把握好与资格老、阅历老同事沟通和交流的尺度。

与同事沟通、交流的禁忌

与同事沟通时需注意的言行

作家阿诺德·本奈说过：“我们在日常生活中发生的冲突纠纷，大都起因于那些令人讨厌的声音、语调以及不良的谈吐习惯。”

在我们的生活中，经常出现这样一种现象，有的人处处受欢迎，而有的人却处处得罪人。同事间在进行言语沟通时，首先应该懂得该说什么、忌说什么，对此是应该把握一定的技巧和分寸的。

许多人主观上很想通过与人的交往使生活丰富多彩，因此他们希望借助交谈的形式达到这个目的。但是有些时候弄得事与愿违，总觉得他人不喜欢自己。遇到这种情况要先从自己身上找原因，应检查一下自己是否有以下不良或不雅言行：

1. 说话婉转一些，不要伤害同事的自尊心

每个人都有自尊心。虽然人有地位高低之分，但人的人格是平等的。谈话时动不动就怪罪他人，是最伤自尊心的事。也有人爱用责问的口气纠正别人的错误，其用心也许是善意的，但结果却让人难以接受。

有些人天生是直性子，说话总是直来直去。在某些时候，这是一种优点。但在生活中的某些时候，直言不讳却往往让人无法接受。尤其在办公室时交往的都是些同行，说话都十分讲究，直来直去很容易得罪人。所以与同事交谈时应当分场合。比如批评别人虽然你是好心好意，也不要使对方下不了台，否则难免要伤害彼此的感情。

美国总统林登·贝恩斯·约翰逊，在 26 岁时被任命为全国青年总署得克萨斯州分署署长。在最初的任职时间里，他的直言不讳给自己的工作带来了许多麻烦。

比如，有一次约翰逊经过一个同事的座位时，发现桌子上堆满了文件，就故意提高嗓门用严肃的语气说："我希望你的思想不要像这张桌子这样乱七八槽的。"当时同办公室的人都听得一清二楚。这让这位同事非常难堪，并从此之后开始有了抵触情绪。

后来，在秘书等人的提醒和帮助下，约翰逊才意识到自己的错误，并开始努力改正，他首先向这位同事道歉，并获得了他的谅解，进而又用同样的行动获得了其他人的支持，并很快提高了自己的威望。

2. 说话唠唠叨叨，令人厌烦

这种情况中尤其以喜欢诉苦的人为甚。一见到别人，话没三句，就开始诉说自己的生活如何苦闷，自己身体状况如何不好，命运如何不公，抱怨家人、上司或其他。没有人会愿意和这样一个喜欢抱怨的人在一起。

3. 说话不着边际，不懂装懂

在与同事谈话中，要敢于承认对某些事的无知，不要对什么事情都充内行，更不要扮演心理分析学家的角色，对别人的言行进行胡乱猜测，好像自己知识非常渊博，经验无比丰富。其实一个人是不可能事事精

通的，能在某个领域干得出色已很不简单了。事事充内行只会令人觉得反感。

4. 以自我为中心，自高自大

有些人对什么事情都看不顺，喜欢以标新立异来显示自己的性格，这是要不得的。处事时不与他人合作，将自己封闭起来，甚至认为这才是不随波逐流。其实这种人把自己看得太好，认识上十分狭窄，不会主动用真挚的感情去赢得他人的理解，反而会怪罪别人不理解自己。另外心理学家认为，一个人想得到而没有办法得到，又怕人看不起，就只好打肿脸充胖子，故意装作很清高，很与众不同，这都是令人讨厌的。

5. 随便打断别人的谈话

某些人具有强烈的表达欲望，他们总是不分场合和时间，也不管对方是否愿意听，只要自己有想法了，就立刻发表一番自己的观点。尤其当别人谈兴正浓时，还没有把意思表达清楚就贸然打断话题，这种人自然会遭到排斥。

6. 刨根问底

有的人好奇心很强，对同事的事情尤其是隐私方面似乎总是有着过于浓厚的兴趣，别人的一切都追问个没完。同事与这样的人交谈心里总免不了紧张和不安。所以与同事相处，最好是对方想说你就听着，对方不想说就不要去随便追问，尊重对方的隐私才会得到对方的接受。

我们要特别注意对同事的说话尺度，避免无意之中伤害了对方，给彼此的交流造成障碍。把握好说话的尺度，也有利于工作的顺利进行，给办公室营造一个良好的氛围。

不要在背后谈论同事的是非

诺迪是一家办公用品销售公司的业务员，平时非常喜欢在背后说别人的闲话。有一次，公司新来了一位业务员，和他一起出去办事。在回来的路上，诺迪就开始和这个新人大谈公司的其他同事怎样怎样，连公司的一些领导在内，都没有放过。

第二天，诺迪刚到公司就被叫到了主管办公室里狠批了一顿。原来，他昨天议论同事和领导的话都传到了主管的耳朵里。而那个新业务员止是主管的亲戚。结果，诺迪差点丢掉了饭碗。

喜欢说闲话、爱论人短长是嫉妒心强的表现。当你在某同事面前讲其他同事的坏话并揭露他的一些隐私时，这个人虽然嘴上不说，但心里一定会想："他在我面前议论他人，谁敢保证不会在别人面前议论我呢？看来，对他要提防点。""来说是非者，必是是非人"，所以拨弄是非的人是十分令人讨厌的。

因此千万记住不要在背地里议论同事，即使他有缺点，也应该当面说出，而不要背后乱说，这种做法是同事之间最大的忌讳，也是一种不好的行为习惯，不仅伤害人，也可能会给自己惹来一身麻烦。

别为自己的错误找借口

当你在工作中犯错误的时候，你可以说出许多理由为自己解释。尽管这些理由全是真的，尽管人们在听解释时会不住地点头，尽管你为自己解释花去了大量的精力，但最后换来的又会是什么呢？是人们的同情？还是人们真正的理解？恐怕都很难。

与其像上面说的那样，还不如默默地去查找失败的原因、探索解决的对策，重新开始，用最短的时间获得成功。这样无需你解释半句，人们都会从内心里改变对你的看法，因而佩服你。

同样，如果你在与同事交流的时候无意间说了伤害对方的话，也不要很刻意地去解释，直接道歉就好了。不要为自己的给别人的伤害找好多借口。那样的话，你的朋友或许会不以为然，或许会当时就和你发生争执，或许甩给你一个背影，愤愤而去。

人非圣贤，孰能无过。重要的是对待错误的态度，只要诚心诚意，自然会得到同事的谅解和接受。

同事们与自己同在一个工作环境中，与同事关系的好与坏可能关系到工作的正常进行以及事业的发展。所以说，为了不使自己的工作和事业发展受到影响，一定要注意与同事沟通的禁忌。

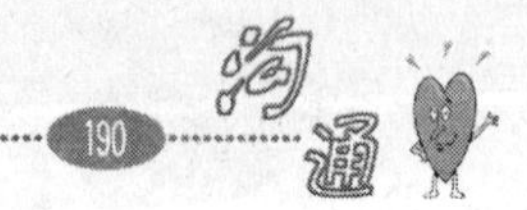

与不同类型的同事进行有效沟通

首先摆正自己的心态

你的同事可能什么性格类型都有，有平易近人的、有自私自利的、有不讲理的，还有难以沟通的……你为了工作不得不与他们打交道，即使是你所讨厌的类型，你也不能避开。这就要求你要锻炼自己的适应能力，学会去与各种类型的同事沟通、打交道，与他们更好地相处，这样对我们的工作是非常有帮助的。

那么，我们应该怎样与不同性格的同事沟通呢？首先，要摆正自己的心态：

1. 要承认人与人之间的差别

世界上没有完全相同的两片树叶，世界上的事物本来就千差万别。我们应该看到，既然别人与自己性格不同，那么在待人接物方面，肯定会有许多地方跟自己不一样。当我们看到了别人与自己的不同之处后，不要觉得不顺眼，更不要起讨厌和嫌弃之心。我们要承认差别。我们认识到了这一点，再看到不同性格的人，就不会强求别人处处和自己一样，就更能容忍相互间性格上的差别。

2. 求同存异

性格脾气不相同的人，往往都有各自处理问题的不同方法。所以在交流的时候，我们要学会在不同之中，发现其中的共同之处。如果你不是直性子的人，你给某人提意见，可能言辞就不会太激烈，语气也比较委婉。但是，如果你身旁有一个性格刚直而倔强的同事，他给同一个人提意见，就可能单刀直人、语言尖锐，甚至可能转而批评你。

这种情况下，如果你只看到这个同事开展批评的态度和方式跟你不一样，觉得他太不讲情面，可能就会感到跟他合不来。但是若你看到他和你也一样，也是出于一片好心，想帮助别人。那么，你可能就不会觉得他粗鲁无情了，同时也不会计较他对你的批评。这样，在相处起来就容易

多了。

3. 注意全面了解你的同事

一个人性格的形成，总是和他生活的家庭、时代的环境以及所受的教育和经历、遭遇有关。人们在相互交往中，大概都有这样的体验：你若是对一个人不了解，你和他在感情上就必然有距离。所以我们在考察一个人的性格时，最好也要了解他性格形成的原因。这样你可能就会理解他、体谅他、帮助他，慢慢地你们相互间就会增进了解，在工作上就能够相互帮助。

4. 多发现同事的优点和长处

无论在什么情况下，去发现一个人的优点总是比发现他的缺点更让人感到快乐。这是能够和睦相处的一个重要条件。而且，还有取长补短的好处。两个性格不同的人在一起，因为对比明显，可能会很快发现同事的长处和短处。发现了同事的短处，可以给他指出来帮助他。发现优点之后，就可以学习，为己所用。

世界上没有完美的事物，每个人都有缺点，所以我们对人不能求全责备。谁要寻找没有缺点的朋友，那他就会没有朋友。正所谓水至清则无鱼，人至察则无徒。

5. 对同事应该有一颗包容之心

待人宽厚是交友之重要条件。对待同事，我们应该提倡宽容。当然，这也不是说不讲原则、不讲道理。这里所说的宽容之心，就是说在一些非原则的小事情上不要计较。我们应该尊重别人的兴趣和爱好。对别人在工作中的一些细枝末节，要能容得下。这样，不同性格的人在一起才能相处融洽。

在沟通时适应对方

除了摆正自己的心态外，还要懂得在与不同类型的同事沟通时该如何去适应对方：

1. 生性刻板的同事

有些人生性刻板，对人常常是一副冷面孔。你热情地和他打招呼，他也是爱理不理的样子。死板的人兴趣和爱好也比较单一，不太爱和别人往来。他通常不会注意你在说些什么，甚至你会怀疑他听进去没有。

但是，要知道这些人也有自己追求的目标和关注的事，不过不轻易告诉别人罢了。与这一类人打交道，他冷若冰霜，你不必在乎，应该热情洋溢，以你的热来化解他的冷，并认真观察他的一言一行、一举一动，寻找出他感兴趣的问题和比较关心的事来。要是你和他突然有了共同的话题，那么他的那种死板就会荡然无存。接下去，你要好好利用这一话题，让他充分表达自己的意见。每个人都有他感兴趣、关心的事，只要你稍一触及，他就会开始滔滔不绝地说，而且会表现出少有的热情。

2. 傲慢的同事

很多单位中，我们都会遇到一些表现比较“傲”的同事。这种人或有傲气，或举止无礼、出言不逊。与这种人打交道，使人如坐针毡，但你又不得不和他接触。这时，你不妨采取以下的方法。

首先，减少与之相处的时间，不给他表现傲慢的机会。其次，交谈言简意赅，尽量用短句子来清楚地说明你的意思，给他一个干脆利落的印象，使他有架子也摆不上。最后，瞅准他的薄弱环节，进行适当的“攻击”。比如他不会跳舞，你就请他去跳，这样她以后就会收敛一些了。

3. 沉默寡言的同事

与沉默寡言的人交流是比较费力的事情。这样的同事往往过于沉默，让你没办法了解他的想法，更无从得知他对你是否有好感。对于这类同事，最好采取直截了当的方式，让他明白表态；尽量避免迂回式的谈话，直接问他是或不是，行或不行。

4. 咄咄逼人的同事

这种类型的人大都非常好胜，且喜欢自我表现，总是不失时机地想显现出高人一等的姿态，好像自己什么都比别人强。更有甚者，还会不分场合地贬低别人、抬高自己，在各个方面都好占上风、好攀高枝。

面对这种人，开始的时候，可以适当谦让。但在有些情况下，他争强逞能，把你的迁就忍让，当作是一种软弱，反而更不尊重你，或者瞧不起你。在这种时候，你就要适当反击，挫其锐气，让他知道你的厉害。

5. 性急草率的同事

这种同时多半是急性子，所以有的时候为了表现自己的果断，决定就会显得随便而草率。他们常常会对事物产生错觉和误解。如果遇到上述这种人，最好把大问题分成若干小问题。一个一个的征求他的意见，这样就

可以免除不必要的麻烦。

6. 头脑总是不清醒的同事

这种类型的同事自己从来不知反省，而且理解领会能力太差，几乎完全听不懂别人的谈话。所以在作重要工作的时候，还是少和他们接触为好。

7. 难以说服的同事

这种同事往往喜欢固执己见，无论别人说什么，他都听不进去。和这种人打交道，是最累人且又浪费时间的，而且往往徒劳无功。所以在与他们交涉时，要适可而止，实在谈不拢，就随便敷衍几句，不必耗时费力了。

8. 慢性子同事

与这类同事交往，最重要的是要有耐心。即使他的步调总是无法跟上你的进度，你也要按捺住性子，尽可能地配合他去做。

与不同类型的同事沟通、相处，重在能够摆正心态，并根据对方的特点去适应对方，这样沟通起来就不成问题了。

对同事的承诺要慎重

不要轻诺寡信

拿破仑曾经说过："我从不轻易承诺，因为承诺会变成不可自拔的错误。"这句话非常有道理。在一起共事，免不了相互之间会有互相帮忙的时候，这很正常。但有一点需要注意的是，在接受同事的委托之前，一定要问清楚、考虑清楚，把自己的能力与事情的难易程度以及客观条件是否具备结合起来统筹考虑，然后再做决定。不要不假思索地满口应承，要看这件事是不是在自己的能力范围之内。如果这件事自己能办得到、办得好，就可以做；如果不能就尽量不要应承下来。

乐于助人，为同事帮忙办事，是很好的。但是对于有些难办的事，不要勉强答应。搪塞性的应承，可能会对自己产生不利。你可能没有考虑到，如果为了一时的情面接受自己根本无法做到或无法做好的事情，一旦

失败了，同事就不会考虑到你当初的热忱，只会以这次失败的结果来评价你。

一些关系不错的同事托我们办事时，不要不加分析地全盘接受。因为有很多事情并不是你想办就能办到的，有时受各种条件、能力的限制，一些事是很可能办不成的。因此当同事提出托你办事的要求时，你首先得考虑，如果办不成，干脆就直接拒绝。随便夸下海口或碍于情面都是有害无益的。

如果是在拒绝不了，还可以找个借口拖上一拖。比如“让我想想看、现在忙、过一段时间再说吧”等等。然后，慢慢地把这件事淡化。

总之，办事要看能力，要量体裁衣，自己感到难以做到的事，要勇敢地鼓起勇气，说声“对不起“或者“实在抱歉，水平有限”等之类的话，免得日后赔了夫人又折兵，得不偿失。

接受同事的邀请要慎重

接受朋友或同事的邀请，首先要考虑自己是不是有时间去。不要因为怕伤害别人或同事的感情就轻易答应，等到你无法赴约时，你才会真正伤害到他们的感情，所以这一点是非常重要的。若是无法保证按时参加，就要及时通知对方。通情达理的朋友或同事不会因为你合理的拒绝而闹情绪，相信你真诚的回答会赢得他们的理解。

对不合理的请求要拒绝

在我们接受同事的请求之前，必须全盘衡量、把握分寸，协调好各方面的利害关系，在争取我们自己利益的同时，绝不能伤害他人，这也是很重要的一点。

有些不合情理的请求，甚至是违法的请求，就要坚决地拒绝。不管是什么原因都不能接受。一旦办了，就会违法、违情、违理，使自己或别人遭受名誉、经济或地位的损害。当有同事违背你的人格信念而托你办事时，绝不能贪图一时之利，或一时的心软而不负责任地答应他，更不能同流合污，一起干违法乱纪的勾当，否则最终倒霉的只能是你自己。

除此之外，在日常工作中，如果有不负责任的同事请你代其完成工

作，而把自己份内的工作往你身上推时，你都应拒绝。因为形形色色的人们在社会舞台上都扮演了不同的角色，每一个人都有自己的责任和义务。既然承担了某种社会责任或契约，就应该践约。当他们不能完成任务时，你也不能为他们去分担责任，那样做会束缚了他们的自信心、助长了他们的依赖性，同时还增加了自己的负担，对双方都是有害的。

拒绝别人的请求不是件容易的事，但是也不能因此就放宽自己做人的标准。更不能为了面子问题，做出违心的事来，结果对双方都无好处。要做到该出手时就出手，不该出手时就坚决不要出手。

有了解才会有真正的沟通

不了解就导致无法沟通

要想和一个人取得沟通，最重要的条件是先了解他。所以在日常的工作环境中，不妨多接近你的同事，同他们多进行一些沟通和交流，平日叙叙家常、假日打个电话等等，都可以使你们取得良好的沟通，更可以为你和同事日后的交流打下良好的基础。

一天，卡罗斯坐飞机去另一个城市看望自己多年未见面的老同事。当他来到这个同事的住所时，却听到里面有哭泣的声音，这让他感到很奇怪，走进去一看原来是同事正拿着一个像框抽泣。卡罗斯连忙走过去问是怎么回事。

同事回答说："我正在找一个怎样从痛苦中解脱出来的方法，可是我却什么方法也没有找到。"

"可是，究竟发生了什么事？"

"我的妻子几天前离开我了。"

不明就里的卡罗斯还以为同事的妻子只是出门旅游去啦，就说："那有什么关系，她过几天就会回来的呀！而且既然你这么想她，为什么没有和她一起去呢？"

听完这话，同事气地一下子站了起来，骂道："白痴，我说的是我夫人上星期去世了。"说罢甩手而去。

结果本来应该很温馨的一次老朋友会面，就这样被搞得不欢而散。

在这个故事中，卡罗斯缺乏对老同事生活情况的了解，以为同事的太太是出门旅游去了，才在对话中造成了那样的尴尬。显然，这样的情况是因同事间缺乏必要的了解才出现的。

在我们的生活中，像卡罗斯所遇到的这种情况并不在少数。这就反映了我们与同事沟通的尺度和交流的分寸都没有掌握好，这是同事之间相互沟通的最大障碍之一。

在了解的前提下与同事沟通

既然了解是同事间取得良好沟通的第一步，那么我们该怎么去了解自己的同事呢。这里给大家几点建议：

1. 要经常性地和对方聊聊天，经常联系，有联系才有了解，聊天可以拉近彼此间的关系，避免时间久远而造成彼此在感情和心理上的疏远。节假日电话里打个招呼、生病期间的一声问候，都是很好的了解和沟通。

2. 在与同事沟通和交流之前，先观察一下同事的精神状况，看看他（她）是高兴、严肃还是痛苦悲伤。如果是悲伤，则肯定与平时的表情和态度不一样。这时你不妨表示自己的关心，细心询问一下，比如“是否发生了什么事?”“有什么需要帮忙的吗?”等等。这些话虽然很平常，但是对于处在痛苦中的人来说却是非常有帮助的。

3. 在和同事见面谈话之前，先搞清楚谈话内容和事实真相，特别是一些多年未见过面的同事更得如此，只有了解了他现在的状况，才不会出错，才能准确把握住与同事沟通和交流的尺度。

4. 与同事交流时，要尊重对方的观点和言论，切忌用一些对方不爱听的话语与同事沟通，因为这样还不如不谈。

总之，所有这些做法的目的都是为了交流思想、传达感情。如果不了解对方、不顾实际情况，随心所欲地进行交流，就无法进行真正的沟通。

如何增进理解与沟通

在这个快节奏的时代里，每个人都面临着压力，都需要有个人来倾诉和释放。正所谓“多一个朋友多一条路”，为了得到一个温馨融洽的生活

环境，我们为什么不去广交朋友呢？我们一生的时间有三分之一是在工作环境里度过的，因此同事之间的相处就不可避免了，而我们的朋友中，有很多都是来自同事。

交好朋友最好的办法就是怀着一颗积极的心态去与他人交往，学会主动、学会尝试，在实践中真正体会一下，切不要出现故事中那样的局面，因害怕而不敢与人接近，进而导致孤单和自卑。

1. 在和同事间的交往中，保持健康的心态，主动与同事沟通、主动去帮助别人，使同事们尽快地从心理上接受你，并形成相互帮助的良好局面。

2. 坦诚缺点，不文过饰非。对自己的缺点不要加以掩饰，摆出来正好可以在大家的帮助下得到改正，同时还可以让同事们知道你有好的人品。

3. 宽厚待人。同事有缺点的时候，不要一味地排斥和冷言冷语，要学会忍耐和谦让。古人云：“小不忍则乱大谋。”一个人学会忍是搞好人际关系的根本。如果你不肯让人，别人就会对你怀恨在心，就会设法阻碍你，对你充满敌意。所以将心比心，只有自己宽厚待人，才能换来对方的宽容。

4. 懂得反省自身。当发现别人不愿意和你接触的时候，你自身肯定会有一定的问题。当你和别人发生冲突时，也不要一味地指责别人，首先要反省自己的言行是否有不妥当的地方，是否对别人造成了伤害。

总之，与同事之间的良好关系要经过不断努力去建立。能够与同事诚恳地交流，尽量相互理解、多做沟通，是创造良好工作环境的根本。

微笑是最简单最亲切的沟通

曾经有人说：“微笑是一句世界语”，这句话非常精辟。的确，没有什么比微笑更容易被人接受和理解了。没有人富得不需要它，也没有人穷得不会因为它而富裕起来。它给家庭带来了快乐，给朋友带来了温馨，是这个世界上最美好的礼物。所以，如果你要别人喜欢你的话，请遵守这一条

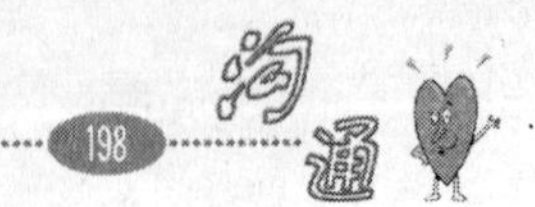

规则：“微笑。”

托马斯·爱德华是一家成功上市公司的负责人，也是一位和善的亿万富翁。然而在数年前，情形却完全不是这样的。那个时候，爱德华只是一家公司的教职员，表情刻板、不苟言笑，总之是个很讨人嫌的家伙。后来，他决定必须改变自己的态度，要让脸上展现开朗的、快乐的微笑。

于是那天之后，所有的人就开始见到一个与众不同的爱德华了。他每天跟他的太太打招呼，每天早上都对她微笑。结果微笑改变了他的生活，两个月中他在家所得到的幸福比以往一年还要多。

爱德华对大楼的电梯管理员微笑；对大楼门廊里的警卫微笑；对地铁的售票小姐微笑，他在公司工作的时候，对所有的同事微笑，对那些从未见过他的客户微笑。于是，他发现每一个人都对他报以微笑。爱德华还带着一种轻松愉悦的心情去同一些满腹牢骚的人交谈，一面微笑，一面恭听。就这样，过去很讨人厌的家伙，变成了一个受人欢迎的人；过去很棘手的问题，现在到他这里都迎刃而解了。

这是多么奇妙的事啊，只是在脸上多了一些微笑，就给爱德华带来了许多的方便、更多的收入和成功。现在他学会了赞美、赏识他人，努力使自己用别人的观点看事物。从此他快乐、富有、拥有友谊，变成了一个真正幸福的人。

我的一个在民营企业工作的朋友给我讲过这样一则故事：有一次，他所在的单位要为一个很难填补的缺额招聘一名合适的人选。最后他找到一个非常好的人选，他刚刚从名牌大学毕业。几次电话交谈后，我这位朋友了解到还有几家公司也希望这个毕业生去，而且都比朋友的公司大，比朋友的公司有名。所以，当这个毕业生表示愿意到朋友的公司去工作时，朋友显得很意外。

在上班后的一次午餐中，朋友终于从这个毕业生的口中知道了其中的原委。这个毕业生告诉他说：“因为其他公司的经理在电话里是冷冰冰的，商业味很重，那使我觉得好像只是一次生意上的往来而已。但你的声音，听起来似乎你真的很希望我能成为你们公司的一员。因为我似乎看到，电话的那一边，你正在微笑着与我交谈。你可以相信，我在听电话的时候也是笑着的。”

对人微笑是一种高明的社交技巧，是一种文明的表现，它显示出一种

力量、涵养和暗示。一个刚刚学会微笑的公司负责人说："自从我开始坚持对同事微笑之后，起初大家非常迷惑、惊异，后来就是欣喜、赞许，一段时间之后，我得到的快乐比过去一年中得到的满足感与成就感还要多。现在，我已养成了微笑的习惯，而且我发现人人都对我微笑，过去冷若冰霜的人，现在也热情友好起来。这真是件让人快乐的事。"

会微笑的人，就会得到别人的微笑和亲近，生活就有希望。因为一个人的笑容就是他好意的信使，他的笑容可以照亮所有看到它的人。没有人喜欢帮助那些整天皱着眉头、愁容满面的人，更不会信任他们。而对于那些受到上司、同事、客户或家庭压力的人，一个笑容却能帮助他们了解一切都是有希望的，使你得到他们的认同和接受。

良好的沟通，绝对可以带来人脉与事业的双重飞跃。

第八章

与上级如何沟通

与上级沟通的重要性

缺少沟通容易出现问题

身在职场中的员工，都避免不了要与自己的上司进行交往，交往的效果将直接影到个人前途的发展。与上级有效沟通，不仅可以减少矛盾与冲突的发生，还能使双方的关系更加和谐融洽，从而有利于自己获得更多加薪晋升的机会。相反，如果总是把不良情绪积压在心底，即使有强烈的反对意见也不发表，那么不仅会影响上下级之间关系的正常发展，还可能会导致工作无法顺利进展。

约翰所在的公司要进行人事调动，负责人罗伯特对约翰说："把手头的工作放一下，去销售部工作，我觉得那里更适合你。你有什么意见吗?"

约翰撇了撇嘴，说："意见？您是负责人，我敢有意见吗?!"实际上，他的意见大得很。当时销售部的状况特别糟糕，他想："这一次人事变动把我调到那个最不好的部门去，肯定是负责人罗伯特搞的鬼，见我工作出色就嫉妒得要死，怕抢了他的位置。好，你就等着瞧吧，我会让你难堪的。"

来到销售部以后，约翰的消极情绪非常严重，总是板着一副脸孔，对

同事爱理不理，别人主动和他打招呼，他只是应付地点一下头，一来二去，同事们渐渐疏远了他。

有一天，一个客户打来电话，请约翰转告罗伯特，让罗伯特第二天到客户那里参加洽淡会，请罗伯特务必赶到，有非常重要的生意要谈。约翰认为这是个绝好的报复机会，就当成什么事也没发生一样，吹着口哨溜溜达达地回家了。

第二天，罗伯特将他叫进办公室，严厉地说："约翰，客户那么重要的电话你怎么不告诉我？你知道吗？要不是客户早晨打电话给我，一笔一千万美元的大生意就白白地溜走了！"

罗伯特看了看约翰，见他一副毫不在意的样子，根本没有承认错误的迹象，便说："约翰，说实在的，你的工作能力还不错，但在为人处世方面还不够成熟，我本想借此机会锻炼你一下，可你却让我大失所望。我知道你心里对我不满，而你非但不与我沟通，反而暗中给我使绊子。你知道吗，部门的前途差一点儿毁在你手里。你没能通过考验，所以我现在只能遗憾地宣布：你被解雇了！"

鉴于此案的教训，这家公司高层管理者专门召开了一次名为"张开你的嘴巴"的会议，强调并鼓励所有员工要与上级多多进行沟通，因为它既有益于团队之间的团结合作，又能通过沟通增加彼此之间的信任，同时也能避免约翰那样的悲剧重演。

上下级之间的关系，如同相互磨擦而又相互促进的链条，只有以沟通作润滑剂，并经常为这根链条润滑，相互促进的时候才会多一点儿，相互磨擦的时候才能少一点儿，一部机器才能正常顺利地运转。反之，如果缺少必要的沟通，那么上级与下级之间就会出现问题，特别是当彼此的关系出现隔阂时，问题就很难解决，矛盾就会进一步激化。

如果一味地我行我素，遇到分歧意见或遭遇困难也不与上级进行必要的沟能，努力使双方达成共识并齐心协力，那么结果只能是自食其果，最终不是自己主动走人，就是被上级炒鱿鱼。

因此，我们应该积极主动地与上级进行沟通。只有不断积极主动地与上级沟通，才可能赢得赏识和器重，个人前途才会有发展。

良好的沟通有助于工作进展

小莉在一家化妆品公司做财务，自从上班的第一天起，她就踏踏实实地工作，工作能力也很强。但她一直停在那个位子上，没有获得提升，原因是她不善于主动与老总进行沟通，许多事都等着老总亲自来找她。后来由于工作上的竞争，她被同事“踩”在了脚底下。

小莉吸取了失败的教训，积极总结经验，又以全新的面貌到另一家公司上班。一个月后，她接到一份传真，上面说她花了两个星期争取到的一笔业务出现了问题。如果在以前，她会等老总来找他，她再向老总汇报，但现在她马上就去找老总。老总正准备用电话同这位客户谈生意，她就在此之前将情况向老总做了汇报，并提出具体的建议和意见。老总掌握了这些材料后，与客户交谈时顺利地解决了出现的问题。

此后，小莉常常主动向老总汇报工作上的情况，及时进行良好的沟通，并在销售和管理方面提出一些不错的方案，不断地得到老总的认同。不久，她被提升为业务主管。

与上级进行沟通，并不一定主动就会顺利，遇到挫折的情况也时有发生，这时候，该怎么处理呢？请看下面这个故事。

陈嘉是某销售公司的文员，在快到中国农历春节的时候，经理交给她一大堆名片，并亲自挑选了很多精美的明信片，要她按照名片逐一地打印寄出。陈嘉在接过名片时，曾提醒经理将地址已发生改变或在业务上已没有往来的客户挑出来，但经理不耐烦地说：“你别管，把所有名片都寄出去就是了！”

两天后，当陈嘉把打印好的明信片交给经理过目时，经理却大声指责她将一些已经不在中国的客户错误地打印在了“最精美”的明信片上。陈嘉觉得很委屈，想说出来又担心被经理安个“顶撞上司”的罪名开除，便忍了下来。回去后，她大哭一场，可心里还是别扭，以至影响到了工作。后来陈嘉利用休息时间去拜访经理，坦诚地说出内心的想法。结果令陈嘉出乎意料，高高在上的经理竟向她诚恳地承认错误。从此，他们在工作上配合得相当默契，为公司创造了显著的业绩。

要想与上级沟通并不难，即使偶尔出现不愉快，也很快就能过去。上级也是有血有肉的人，只要你与其积极沟通，一切问题都会得到解决，从

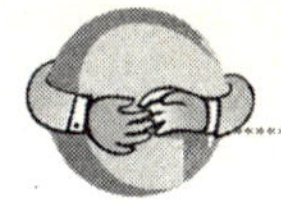

而促使上下级合作融洽、工作顺利进行。

怎样得到上级的赏识

关键时刻挺身而出

与上级打交道，不能只是一味地唯唯诺诺，挖空心思地讨好上级，无论上级是对还是错，都不要一味地顺从上级，生怕自己的意见与其不符而得罪对方。其实，这样是不对的。一味地顺从就失去了个性，一味地迁就就没有了主张，特别是在关键时刻，更是要懂得表现自己，勇敢地说出自己的独特见解。

在与上级打交道的过程中，有时可能会出现这种情况：在关键时刻，上级并未发现事态的严重性，员工却看到了。这个时候，员工如果贸然地提出来，可能会使上级认为你是不相信他的能力，在他面前过分地自我表现，从而损害到在上级心目中的形象。但如果你的提议可以使公司免受损失，或者增加效益，那么情况就会大大不同了，上级会赏识、感激你，并且器重你。所以说，在关键时刻要懂得表现自己。

位于日本千叶县的迪斯尼乐园，原来叫作“千叶迪斯尼乐园”，如今改为“东京迪斯尼乐园”是为了吸引更多的游客而重新命名的。当时游客们一听说“千叶”这个名字，立刻就会觉得那是一个非常偏僻的地方，想去游玩的兴趣便会大大减弱。正因如此，某段时期该乐园才处于萧条状态，几乎到了破产的边缘。

事情的转变缘于一个员工的挺身而出。就在乐园老板一筹莫展时，员工山本提出了一个绝妙的建议，其内容之一是将“千叶迪斯尼乐园”改名为“东京迪斯尼乐园”。山本向老板解释道：“游客不愿光顾‘千叶迪斯尼乐园’，是因为觉得千叶县是个偏僻的地方。而将乐园改为‘东京迪斯尼乐园’，游客们就会认为千叶县离东京很近，实际上，这两个地方离得很远。游客由于产生了这种错觉，就会认为‘去趟迪斯尼乐园很值，都快到东京了’，或者‘去了迪斯尼乐园，可以顺便去趟东京’。这样，游客们到乐园游玩的兴致就能大大提高。”

老板采用了山本的提议。事实果然如此，名字一改，乐园里游客大增，“东京迪斯尼乐园”也从此兴旺了起来。山本也因此而受到了重用。

作为一个员工，要懂得在关键时刻表现自己，并具备无所畏惧的精神。因为谁都知道“雷区”很危险，趟雷者时时刻刻都有丢掉性命的可能。员工与老板之间虽然没有如此夸张，但有时员工能够挺身而出确实不容易，这可是搞不好就丢饭碗的事情。不过，也只有具备这种魄力，你才可能发展得更好，并成为老板的心腹。

勇于为上级作牺牲

安东尼是位著名的服装缝纫师。他出生在西西里岛，17 岁来到美国加州的一个小镇，拜一个叫莫亚德的服装店老板为师，学习服装缝纫技术。

由于天姿聪颖，又肯上进，时间不长安东尼缝纫的服装便在小镇小有名气。他是个很会办事的人，每次城里的富人到小镇找他们缝制服装，完成后都是他抢先把衣服给他们送去。老板莫亚德心里明白，在所有顾客中，给富人送衣服是最麻烦的，那些人总是横挑鼻子竖挑眼，故意说衣服没做好而对你横加指责。而安东尼总是这样为自己“趟雷”，这让他有些过意不去。于是他给他涨了工资，幅度比别人的两倍还高。安东尼心安理得地接受了，一如既往地工作着，继续为老板“趟雷”。

最终，安东尼受到莫亚德的重用，两人合伙干起了大事业，将服装店搬到底特律，在那里创建了“法兰克礼服出租店”。他们出产的服装，在市场上占有很大的份额，一年下来总能获得巨额利润。莫亚德明白，这一切都离不开安东尼的努力，他尽到最大的可能去回报了安东尼。

作为上级，也难免遇到棘手的事情，这时往往人人向后躲，生怕捅上马蜂窝。作为一个聪明、有魄力的下级，在这种时候，理智的做法不是往后躲，而是站出来为上级作牺牲。上级的眼睛是明亮的，谁付出得多，他心里最清楚。对于勇于为他做牺牲的人，他是绝不会亏待的。

为上级出谋划策

不要以为，出谋划策是上级的事，员工只要听从指挥就行了。不必担

心别人误解你“越级”，只要你的意见是可行的、有利于工作进展的，那么不妨提出来，只要能对工作起到促进作用，上级就会对你另眼相看的。

日本有家乡间旅店，由于地理位置不佳，生意一直很萧条。一天下午，旅店老板望着后面山上的一片空地出神，忽然间，他的脸上露出笑意，大概是想出了能使旅店生意火起来的妙计……

第二天，老板来找空地的主人川雄一男，对他说：“我看这块空地不利用十分可惜。你能不能在空地上栽些树，绿化一下，也改变一下旅店的环境。”

川雄叹气地说：“唉，我也有这种想法，可惜资金不够，力不从心呐!”

由于旅店生意冷清，也因为缺乏资金植树，老板整天闷在屋子里发愁。一天，一个员工提醒老板：“能不能想办法让顾客种树?”

老板茅塞顿开，马上与这名员工商量怎样才能让顾客种树。

第二天，与空地主人协商之后，该旅店登出了一则别出心裁的广告：

> 尊敬的旅客，您好！本店后面的山上有片空地，宽阔而幽静，专为旅客朋友植纪念树所用，如有兴趣，不妨种下小树一棵，本店派专人为您拍照留念。树上可留下木牌，刻下您的尊姓大名及植树日期……

广告一出，旅客们纷纷携树而来，没过多久，旅店后山已是满眼绿色。那些栽过树的人，也常来这里看望，旅店从此也夜夜灯火通明。

旅店生意的好转，完全是因为那名员工的妙计，老板也为他记了一大功，并给了一定的奖赏，以示感谢与鼓励。

其实上级最需要的不是只知道惟命是从的员工，而是富于创新精神、机智有谋略的好助手。要想得到上级的赏识，在关键时刻挺身而出帮助上级，是让上级对你另眼相看的最佳途径。陪同上级去见重要的客户，洽谈对公司生存与发展至关重要的业务时，你适时地补充一句，可使上级顺利渡过偶然出现的思维“停滞”阶段；在很重要的会议上，上级可能会忘记某些信息或举止有失得体，在此关键时刻，你若能及时提醒，给老板一个顺利过渡的阶梯和及时纠正的机会，他就能避免陷入尴尬的境地。

当你懂得该如何去通过各种方式帮助你的上级时，你就顺理成章地成为上级最赏识的下级了。到那时候，晋职、加薪就都不在话下了。

如何得到上级的提升

该争时则争

在某一好职位出现空缺，自己又有能力和希望胜任时，就不要再保持沉默，等待机会降临是不合时宜的方式。作为现代人，要会学积极争取、主动出击，用自己的实力和能力来赢得机会。

现代社会是一个充满竞争的社会，没有竞争的勇气就没有成功的喜悦，过分地内向和谦让只会将你晋升和成功的路堵死。如果你自信是一个好职员，那么你就有责任以自己的工作成就、技能、才干和潜力来吸引上级，大胆地向其表现自己，让其对自己有充分的认识。

不过，作为下级，向上级提出职位请求时，必要的方式是一定要讲究的，不能横冲直撞、鲁莽行事，这样只能适得其反。不要忘了，宜明则明、宜暗则暗、宜迂则迂，具体做法就是要根据上级的性格特点来灵活运用。

懂得表现自己

如果你尝到了“埋头苦干，却不得志”的苦头的话，这就说明你表现自己的能力太差了。在上级面前，不要羞于表现自己。恰当的表现，是上级认识、赏识你的“导火索”。世界上，千里马常有，伯乐却不多见。靠别人来发现你，是被动的、机率不高的。变被动为主动、变等待为争取，你有必要学会正确、积极地将自己的才能、德行在恰当的场合以恰当的方式表现给上级。

恰当地表现自己

如果你确认自己一直被大材小用，活得委委屈屈，那就要想一想，是

不是上级根本就不了解你的工作能力，所以一直没有提拔重用你。这样，你用不着埋怨谁，问题的所在是你没有在上级面前好好地表现自己。这时，不妨试试以下几种方法：

1. 将自己的能力在上级面前施展出来，比如说你口齿伶俐、具有领导才能、思维缜密、计划周全等等。

2. 时而带给上司一些最新的资料与消息，如：市场情况、生意上的传闻、公司未来的动向等等，让他知道你存在的重要。

3. 若要上级喜欢你、欣赏你，别忘了很重要的一条：知道上级的好恶和对工作的要求，如能投其所好，得到他的赏识就不难了。

巧妙地与上级接触

与上级接触，正是你借机吸引他的一种良机，比如说你的口语表达能力强，在谈话时就要突出语言的逻辑性、流畅性和风趣性。如果你的专业能力强，当上级问到你的专业学习情况时就要说明得详细一点，你也可以主动介绍或者谈一些与你专业相关的东西。如要你想让上级欣赏你的多才多艺，那么当上级问到你的兴趣爱好时就要趁机发挥，主动介绍。如果上级本人也是一个爱好广泛的人，那么你可以装作不懂而拜师学艺，这样上级一定会高兴，这是一种很好的讨好、靠近上级的方法。另外，你还可以表现自己的忠诚与服从，除了在交谈上力求热情、亲切、谦虚之外，最常用的方式是采取附和的策略，但你要尽量讲出你之所以附和的原因。上司最喜欢你能给他的意见和观点找出新的论据，这样既可以表现你的才智，又能为上司脸上贴金。

除此之外，你还要懂得与上级接触的几项原则：

1. 如果与上级接触的时机不多，那么就力求每次接触都有价值，让上级难忘。

2. 你必须弄清你上级所喜欢的交流方式，比如交谈、吃饭等，这样才能好好利用每一次接触机会。

3. 选择好重要主题并做充分的准备，这样会加重接触的分量。

4. 尽量克服我们在沟通上的缺点，比如说表达意见时过于冗长，这样会占用上级过多的时间，造成对方的不耐烦。

改变你的处事方式

要想得到上级的欢心，别忘了要动动脑筋。如果他不喜欢你的处事方式，你就不要再一意孤行，而是应加以改变，尽最大的努力与上级相适应。

作为下属，不能总是盯着上级的缺点不放，正确的态度是，既要看准上级的某些缺点，也要看到上级的独具优点，以下这些事情可以看出上级于我们的重要性。

1. 在工作中遇到十分棘手的问题，只有上级才能帮你解决。

2. 工作中的一些重大问题大多数由上级领头解决。

3. 实事求是地肯定上级曾经取得的辉煌成就，正确看待他优秀的一面。

4. 学会做换位思考，去理解做上级的难处，也许他有着你所不知的工作压力。当你站在他的角度去分析，你会发现你的上级有着许多的苦衷，却不得不独自承受。

在我们的工作中，上级是必不可少的一种角色，我们有必要处理好与上级的关系。处理好与上级的关系，能够形成学习、成长、互敬的双赢良好局面。

争取成为关键下属

如果你能够成为上级眼中的关键下属，即使他官升一级后，也会提升你，以便能够保持以前成功合作的关系。

要想成为一个关键下属，你应尽最大努力达到上级的要求，使自己的各方面都比其他同事表现得出色。

为了使自己在上级眼中显得格外出色，你要将你的决心付诸行动：

1. 如果你的上级属于无能型，那么一个凡事都能替他出头露面解决问题的人无疑是他的救星。因为这类上级往往不善于解决工作中出现的一些问题，当一个善于帮他解决问题的下级成为他的得力助手时，他的这一缺陷就得到了最好的弥补，这对于他来说是非常重要的。

2. 假使你的上级是傲慢型，也同样喜欢下属在关键时刻能够给予他

帮助，以提高自己在别人眼中的地位，增强自己的形象。这是最能够满足傲慢型上级内心要求的。对此，你只需创造机会让更多的公司和社团领袖以及各种组织认识并欣赏你的上级，选举他参加各种各样的获奖活动，支持他为扩大自己的名望所做出的各种努力——与此同时，劝导他以更能被别人接受的方式来表现他的傲慢。

如何成为一个出众的领导帮手呢？

找出使上级感到为难的问题，积极地参与进去，选择别人不注意的方面，独自去解决它。当问题解决后，就把个人的解决方案进行总结，在合适的时机递交给领导，让他清楚地知道你解决问题的能力，这会让领导对你有个初步的认识。再接下来，就去参与解决更困难的问题，磨炼了自己的同时，也最终会得到领导的重视。

要想得到上级的重视，你该常常思考以下的问题：

1. 想使你的上级显得远远超过周围的同事和领导，你能做些什么？

2. 使你在上级眼中显得格外出色，你该做些什么？

3. 上级正在做些什么工作，对此你能给予怎样的帮助？如何能够减轻上级的工作负担，同时提高自己的技能和扩大自己的工作范围？

4. 下一步你该做怎样的安排，是否有可能将会出现一次危机？你能阻止或解决这些危机吗？

5. 上级是如何评价你的工作的？你如何能进一步改善上级对你的看法？

做一个聪明的下级

想要成为一个聪明的下级，得要能帮上级解决工作中的问题。上级作为公司的领导者，他所担负的责任要较普通职员大，要想圆满完成工作任务，所需付出的就要比普通职员多。上级也是凡人，在工作中，他也会遇到难以应付、解决的问题。在这个时候，你能挺身而出将问题很好地解决，就是得到上级好评的最好方式。

聪明的下级不是增加上级的负担，而是减轻上级的负担，成为上级身边不可缺少的重要人物。上级是一个团队的领导者，因此一旦有什么事情处理不当，很容易成为众矢之的，也难免有一些员工在背后批评议论上级的不是，甚至大加鞭挞，给上级的工作制造阻碍。

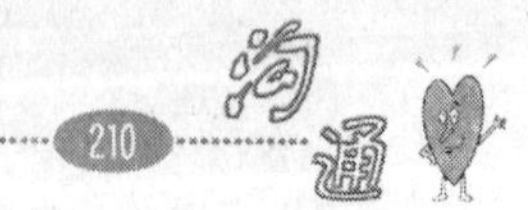

遇到这种情况，聪明的下级是不会随波逐流的，因为这种小动作无法从根本上解决大问题，还往往会造成不良后果，使上下级关系更为恶化，最终吃亏的还是下级。

要想得到上级的提升，其实并不难，只要你用心，并积极地去努力。

改变上级对你的态度

改变你的职场环境

如果你正在为与上级相处的事情而烦恼，总是在上级的批评和指责中工作，那么你就要努力地去改变这种关系了。

可能你的上级在你眼中是一个自高自大、目中无人、好大喜功却平庸无能、顽固不化的类型，在你看来简直是无可救要。对于他的缺点，你可以列举出一大堆，做他的下级，真是苦不堪言、难以度日、倒霉透了。可是，为了工作，即使一千个不愿意，你还是不得不硬着头皮每天都与他在一起工作，见到他你就心里打鼓、神经紧张，好像身处人间地狱，工作任务完全成了一种痛苦的刑罚，真想早日离开此地，脱离这苦海。

但你有没有想过，其实你是完全可以靠自己的努力来改变这种状况的。世间的一切皆在人为，上级也是人，也有人的缺点，也具备人性的弱点。我们要有魄力把握自己的命运，改变自己的生活状态。学习与上级相处之道，改变不良的职场环境正是你展现自己能力的一个机会。

要改变上级，改变工作环境，要先从改变自己做起，正如一句话所说："要想改变别人对你的态度，必得先改变自己。"

没错，人与人之间都是相互的，一个巴掌拍不响，你自己不扫门前雪，有什么资格要求别人去清理瓦上霜！

那就让我们来尝试着去做一个"聪明"的下级吧！聪明的下级要懂得在适当的时机，做适当的事，说适当的话，绝不胡来。不能让自己卷入公司的是非圈子之中，对上级、对同事都要以互惠互利为原则，绝不能损人利己，分内的工作一定要按时完成，分外的工作能做则做，别人的工作能帮则帮，这样就能给同事和上级一个良好的印象。

巧妙应对上级对你的不公平

在评职称、评先进的时候，上级无视你的业绩，扩大你的失误，让你承受了不公正的待遇。为了自己的前程，这时你是不该忍气吞声的，“人善人欺，马善人骑”，该出头的时候，就要出头。当然，不能气冲冲地去找他，而应心平气和地与他把事情谈清楚，诚恳地请他指出自己存在哪些不足，同时让他清楚自己所做的业绩。这样一来，即使这一次的评定是无法改变的，那么在下一次评定之前，你可以先找他谈，预先把他的标准问清楚，并把自己做出的成绩如数告诉他。这样，即使他想再一次给你不公正的评价，也无法做手脚了。

努力改变你的处境

俗话说：“人往高处走，水往低处流。”一个人在任何地方做事，都希望能得到别人的认同，以求得步步高升，在职场中更是不例外。这种“向上”的精神，正是企业乃至整个社会前进的动力。

“不想当将军的士兵不是好士兵”，公司里的人事调升，可以说是人人关注的大事，得到上级认可，受到提拔重用的人，高兴之心自不必说。可是，为升职处心积虑却落得一场空的人，也难免心中难过，把责任都归于上级的不公正。

事实上，人事调升这种事，在任何公司都难做得公正公平、人人心服。因为同一个职位，空缺可能只有一个，可是争抢的人中却有很多都适合。在这种情况下，上级指定任何一个人赴任，都会造成众多人的不满。

一味地抱怨自己怀才不遇是没有用的，上级是不会听你的唠叨、看你的愁眉苦脸的，这些只会让上级对你愈加反感，认为你是一个没有出息的人，当高升的机会再一次降临的时候，上级也不会想着你。

我们想在事业上取得成就，得到上级的重用和提拔，光是勤勤恳恳、埋头苦干是不够的。有很多人工作认真、兢兢业业，但忙忙碌碌一辈子，却没有取得什么大的成绩，也没有得到上级的提拔和重用。其中的奥妙就在于，苦干是领导喜欢的，但是领导更喜欢懂得巧干的下属。当务之急，你需要学会如何去巧干：

1. 超前预测上级的工作需要。

2. 持续不断地提高自身的技能。

3. 学会用出色的沟通技巧与上级进行交流。

4. 在上级缺席的情况下能够代他行使权力，正确处理事物。

5. 在紧急情况下有条不紊地处理问题。

6. 用勤恳的态度换取出色的工作业绩。

7. 让自己拥有充沛的精力、自信的态度。

8. 在工作技能方面力争发挥最佳的效果。

9. 给上级留下一个好印象。

摆正上级在你心目中的位置

有时候，上级对你的不佳态度是由于你没把上级摆在正确的位置上。当上级发现你没给他应有的重视时，他就难免会对你格外不看重。

人与人之间的关系都是相互的，你给了他应有的重视，他才会对你另眼相待。相反，你对他不以为然，对方又怎么会把你看在眼中呢。你不能忘了上级的优点或忽略了他的重要性。其实不管上级有何欠缺，他的优点和重要性还是有的——他是组织生存与发展的关键力量之一。当听到他人对上级抱怨时，你别忘了提醒这些共事的伙伴们，不要忘了上级的优点和重要性，摆正他在所有人心目中的位置，只有在互相尊重的前提下，大家才能在同一个工作环境中友好共处。

善于掩饰自己的光芒

如果上级比你的学历低，你就会在他面前有一种优越感，认为自己的工作能力完全是在他之上的，常常想上下颠倒让他听自己的意见和见解，那你就大错特错了。因为你可能是比你的上级知识广泛，可是你的工作经验却绝对没有他多，再说作为上级，最忌讳的就是下级在他面前显示优越，特别是学历和知识，这会让他觉得有失威信和尊严，这时他就会忍不住事事否定你、为难你，对你过分挑剔，一旦揪到一处小错误就小题大做地指责你、挖苦你，让你很难堪……

以上这种情况是我们不愿发生的。所以，你想让上级知道你的突出能

力而重用你，一定要用另一种恰当的方式：

我们要了解上级的性格特点，据此来以他喜欢的方式完成他交给你的任务。同时，要非常真诚自然地表示对上级的忠心，不管遇到什么事情，立场都要与上级保持一致，让他认识到你存在的重要性：你的忠心、你的支持、你的工作能力……上级是会明了这一切的，经过一定时间的磨合，他就会把你当作“自己人”来看待，从此善待你。

如何巧妙地拒绝上级

不懂拒绝就会害自己

不懂拒绝上级，总是唯唯诺诺，惟上级命令是从的员工并不是最好的员工。他们缺少自己的主见，就免不了会因不懂拒绝而深受其害。

霞刚进公司就碰上一位对公司来说相当重要的国外客户。谈判伊始，对方就拿出一些国际惯例跟她谈。由于双方的文化背景、思维方式、运作方法存在着较大差异，谈判很快陷入僵局。但霞是那种绝不轻言放弃的人。她一遍又一遍地研究对方的资料，挖掘对方的弱点，用自己的认真和敬业来感化对方，一星期下来，终于扭转了局面，使谈判成功，霞也欣然接受了顶头上司吃饭的邀请。

霞说：“我当时的高兴劲儿，真可以用眉飞色舞来形容。在上司面前也顾不上矜持，吃过饭，他邀我去跳舞，我也爽快地答应了。”

从此，上司便经常请她吃饭、泡酒吧、打保龄球、逛珠宝店，借口多半是庆祝霞的出色表现和突出业绩。有时霞并不想去，但看到上司诚恳的眼神，又想想他是自己的上司，总是不好意思拒绝。上司每次出差都会给她带回一些精致的小礼物，这当然逃不过外人的眼睛。一来二去，同事便在背后议论她和上司的事，这其中不乏对霞的出色表现心怀嫉妒者。为此霞烦恼不已，以至相恋两年的男友听到传闻后也来找她理论。他怀疑好强的霞一定是利用了上司的私人感情才做出那么骄人的成绩。霞怎么解释他也听不进去，最终两人只得分手，霞由于情绪低落，业绩下滑，也被炒了鱿鱼。

像上面这个故事，当上级频频邀霞外出时，即使他真的没有非分之想，霞也不应该不加拒绝，毕竟男女有别，避嫌之说还是存在的。作为一个下级，在工作中是要服从上级的安排，但也要有自己的主见，不卑不亢。特殊情况拒绝上司并非一定是坏事，恰当、巧妙的拒绝能有效维护个人的尊严，也有助于提高你在上级心目中的地位。

不懂拒绝就会出麻烦

对于上级交给的任务，一定要量力而行，认真考虑再做决定，决不能为了表现自己或担心得罪上级而一味地听从，一旦不能按时完成任务，失面子是小事，承担后果是大事，甚至有被处罚或开除的危险。

强是网络公司的一名编程人员，懂点儿技术不假，但做人不踏实，总是犯浮夸的毛病。

一天，公司部门主管拿来一份程序方案对他说："这套方案很重要，你能处理掉吗?"强看都没看就拍着胸脯说："小菜一碟，我这双手没有干不了的活儿!"但结果由于理论知识与实战经验欠缺，强把这套活儿干砸了。最终延误了计算机程序开发的时间，强被上司无情地解雇了。

其实，上司不喜欢只会说"是"的人。这种人总是盲目地接受命令，缺少独立性、主动性与创造性，很难在工作上做出大的成就，相反还可能因此而影响到工作。

如何巧妙地反驳上级

对于上级的命令，不能承担的时候要给予拒绝。但拒绝时要讲究方式方法，不能直白地说"我不去"、"我干不了"之类的话，要讲究艺术，运用技巧。

以下是拒绝上级的一些技巧：

1. 以委婉的方式表达自己的立场

在拒绝、反驳上级的时候，委婉地提出自己的观点，既可维护上司的面子，又能让他感觉你说得很有道理，很容易使他改变原来的主张。

约翰·沃德爵士于1599年出版了著名的传记小说《亨利四世》。但出乎他意料的是，这差点儿给他招来了杀身之祸，因为当时的伊丽莎白女王

认为作者是借古讽今，是在含沙射影地抨击国家的现行政策。于是，女王召开大会，决定以谋反罪对沃德提起诉讼。

培根读过此书，了解作者的一片苦心，便站起来表示反对，极力为作者开脱。他说："我不敢保证这本书里没有谋反的证据，但我敢说，书里确实有不少重罪的证据。"

"你怎么知道?"女王急切地问。

"在他从古罗马历史学家泰西塔斯那儿剽窃来的好多段落中，就能找到这类罪证。"培根回答。说完，立刻把资料找出来对证。女王见培根所言属实，又见他说话十分风趣幽默，便不再追究此事。

培根所言是要证实约翰·沃德爵士并没有写讽刺意味的语句，只是引用了别人著作的原文，但他没有直接说约翰·沃德抄袭了泰西塔斯的文字，而是以另一种形式表达出来。这种委婉的表达方示成功地替约翰·沃德洗脱了罪名，可谓反驳上级的绝佳技巧。

2. 借助于他人的力量

当上级要求你做某件事，你想拒绝但又不好说出口时，不妨请来两位同事和你一起到上级那里去，借助他人达到拒绝的目的。

去见上级之前，你要与同事商量好，他们两个谁是赞成的一方，谁是反对的一方，然后与上级争论。争论一会儿后，你再向反对的一方靠拢，说："原来是这样，那可能太勉强了。"这样一来，你就可避免直接拒绝上级，而表明自己的态度。

通过这种方法，上级会认为"大家是经过讨论之后，才做出这种结论"的，而包括上级在内的所有人，都不会觉得哪一方受到了伤害，从而上级会自动放弃原来的想法。

对上级说"不"的时候，一定要注意方式，采用一定的技巧，使拒绝巧妙而易见成效。拒绝上司决不能用生硬的语气，言辞不能过于直白，对于如何运用技巧，运用什么样的技巧，应因时、因地、因人、因事灵活机动地随机应变。

解决与上级之间的矛盾

正确对待与上级之间的矛盾

在工作中，上下级难免产生一些磨擦，可是抱怨是没有用的，丝毫不能解决问题。在抱怨上级的不是时，别忘了要首先检讨自己的行为，因为你很有可能因对工作的不满而将所有责任都一古脑推到上级的头上。

在工作中，因某些事情而得罪了上级的时候是有的。那些小心眼的上级会将此记在心中，一旦时机到来，就会给你穿小鞋，公报私仇，这对下级来说，真是一件十分痛苦的事情。一旦遇到这种情况，记住不可吵闹，这是一种没有水平的做法，而且也不能解决问题。同时，也不能忍气吞声，过分的逆来顺受，是不能在职场中出人头地的，最好的办法是采取一种积极而正确的解决方式。

1. 清楚事情的真相

有的时候，上级的做法确实委屈了你，可你却并不记得什么时候曾得罪过他，事情让你感到莫明其妙，不知原因何在。这时，你就要仔细调查了解，是不是上级真的有意给你穿小鞋，和你过不去。真相大白后，可能你发现完全是你的疑心，上级并没有特意为难你。

2. 该忍则忍

当你确定上级是在给你穿小鞋，也不要盲目回击，你要想办法找出他的漏洞，才能够有理有据地拆穿他，下次他就不敢了。如果他的做法是有理有据的，你找不到反驳的依据，那么一定不要胡闹，最好的态度是装糊涂，暂时忍下这口气，找到合适的时机再算这笔账。

3. 理直则气壮

当一切都表明上级在恶意地给你穿小鞋，你又实在不能忍下这口气，你就可以用你所掌握的证据来与他理论。不过，方法还是要讲究的，办公室不同于其他场所，上下级关系也不同于其他关系，这是一种十分特殊、微妙的关系。在公众场合拆穿他，会让他大失颜面，这种事情最好在私下处理。你的态度要不卑不亢，既理直气壮又不咄咄逼人，让他有转变态度

的余地，这对你是有好处的。不然，一旦吵起来，最终吃亏的还会是你。

避免与上级产生矛盾

上下级的关系处理不当，发生矛盾是常见的，事后吃亏的人一般都是下级，所以作为下级来讲，避免和上级产生矛盾是很重要的。一旦有了要与上级发生磨擦的势头，就要静下心来分析，原因何在，不要把过错都推到上级的头上，应多反醒自己：自己是不是有什么不对的地方，说了不该说的话，做了不该做的事？当你明白自己错在哪里后，你的气就消了一大半。为了避免这种尴尬事情再次发生，你可以参照以下与上级相处的原则：

1. 给上级应有的尊敬

一个上级不被他的下级尊敬是一件很失面子的事情。也许作为下级对此很不在意，可是你的上级却很看重这一点。你不给他应有的尊敬，他就会给你小鞋穿，好让你明白他的存在以及他与你之间的利害关系。如果是这样，你不妨去尊敬他，给他应有的面子，他心理平衡了，自然就不再跟你过不去了。

2. 站在上级的立场上

我们常常站在自己的立场上看待事物，同时以自我为中心，以自我的利益为重。你有没有想过，换一个角度去看待事物，比如说站在上级的立场上来看待你们之间的关系和所发生的事情，那时你的一些观点很可能就会发生转变，了解到上级也有上级的难处，有些事情是可以谅解的。

3. 帮助你的上级

帮助上级？刚刚听到这种提议的时候，你可能以为自己听错了：帮助上级？没错，是让你去帮助你的上级。别以为上级就是刀枪不入的铁人，他们同我们一样，在工作和生活中也常常遇到这样那样的难题，不如意的事也时有发生。一个聪明的下级就该懂得适时去帮助他的上级，无论是工作上还是生活上。当你取得了他的信任、感动了他，你们之间就再也不会有化解不了的矛盾了。

有效化解与上级的矛盾

一个公司工作环境的好坏，不是上级一方面造成的，还与被领导对象

有着很大的关系，上下级之间的关系好与坏完全是相互作用的。既然上下级产生矛盾是不可避免的，那么作为下级，有必要好好研究、学习一下化解矛盾的艺术。

当我们和上级发生矛盾时，要冷静地分析一下是不是和自身因素有关：自己的本职工作做得合格吗？个人的意向是否融合在集体里？自己有没有自高自傲而轻视他人？自己对公司应尽的工作义务都尽到了吗……找到自身的不足之处，再设法改正，与上级之间的矛盾就很好化解了。

当矛盾已经产生，为了不使情况进一步恶化下去，我们必须掌握化解矛盾法。

1. 有话直说

不管上级愿不愿意，你都要找一个私人场合，把心里话对上级讲明：心中的想法、委屈、烦恼等等，不管他愿不愿意听，你都要向对朋友一样地诉说，让他清楚你的内心感受，明白你是一个心胸坦荡、不记私仇的人。

2. 以德报怨

能够对上级以德报怨的人，是懂事的下级。这样，即使当时心里不好受，也很容易以自己的宽宏大量将矛盾化解。

3. 无愧于心

如果矛盾的产生完全不怨自己，而是上级心绪不佳所致，或者是上级一时糊涂，只要自己不愠不火，做好该做的工作，等上级自己明白过来，他就会主动向你讲和言好的。

别做上级不欢迎的人

上级也是人，也有他的性格特点，有他的喜好和厌恶之事。

你不能为一个骄傲狂妄，正值春风得意之时的上级出任何主意，即使出了，他也不会认同你，把你放在眼中，反而会认为你是在有意地表现自己。

你不能为一个庸俗无能、僵化老朽的上级提出新思想、新创意，这类上级的思想习惯于陈旧模式，对于新思想绝不会接受，反而会认为你工作不踏实而对你心存反感。

你不能为一个惟恐别人的才能超过自己的上级提出任何高明的意见，

那样他会视你为敌人，担心你总有一天会抢了他的位置而开始排挤你。

你不能在一个富有能力、乐观开朗的上级面前默不作声，这样你的上级就无法真正认识你、了解你，也就不会栽培你、重用你。

怎样让上级乐于帮助你

让上级成为你的靠山

在公司里，一切与工作有关的事情，比如说晋职、涨工资、评职称等涉及人生前途的事，都离不开上级领导的帮助。而且，由于上级往往能比自己交际面广、关系多，很多我们不可以办到的事情，上级都能帮我们办得到。所以，处理好上下级的关系，让上级成为你的靠山，对我们事业的发展、理想的实现、人生的幸福，都有着极其重大的影响。

要想得到上级的帮助，你就得首先付出，有付出才会有回报。要想迎得上级的青睐，可从两方面入手：

1. 工作上成为上级的好帮手

上级作为领导，工作任务会较重，所处的环境也比较复杂，既要面对自己的顶头上司，又要面对自己的下属们，还要处理好工作任务。一个聪明的下属就要懂得替上级分担重负，在做好自己本职工作的同时，帮上级增进他与顶头上司的关系，调节他与下属之间的关系。

2. 生活中成为上级的知心人

一个上级绝对不希望下级关注自己的隐私，可是这并不代表他不希望下级关心他的生活。比如说，子女考上了大学、提薪晋职、乔迁新居等，这时他一定想找个人自我炫耀一番；另外，上级遇到忧愁烦闷的事情时，也想找个人倾诉苦楚。当你察觉到上级的情绪反常时，你能做到分享上级的喜悦、分担上级的忧愁，那么上级就一定会把你当作自己人，顺理成章地成为你的靠山，凡事都乐于帮助你。

成为上级离不开的下属

如果你能够通过某些努力成为上级离不开的下属，接下来的好处，就

数不尽了。因为当上级赏识你、重视你、离不开你时，他能够对你的帮助也就源源不断了。

要想成为上级离不开的下属，你得做如下努力：

1. 表示忠心耿耿

上级作为领导者，需要下属的拥护，如果下属们与他离心离德，把力量不往一处使，那么他的工作就会受到阻碍和影响，权力和威严就会大大削弱，这是领导者最不愿看到的情况。因此，你有必要向上级表现你对他的忠心，忠心地拥护他、追随他、配合他，做他靠得住的下属。特别是在某些特殊时刻，比如说上级需要得到援助时，你要及时地伸出手帮助上级，不要在乎个人的得失，这样是最能换取上级信任的。

2. 处处为上级着想

一旦自己与上级产生磨擦，即使完全是他的错，你也不要较真，一定辩出个青红皂白，将上级的不是摆到明处，这样会让上级大失颜面，从而对你产生反感。正确的做法是干脆装糊涂或者用话点到为止，让上级明白自己的行为不正确即可，千万记着要让上级有台阶可下，这样才是维护了作上级的尊严。

3. 处处维护上级的威严

工作中，当上级发生错误时，记住千万不能当众纠错，这样即使上级知道自己错了，你的提示是正确的，但是他仍会对你产生反感。作为上级，被下级当众纠错是一件很失面子的事情。如果上级的失误无关紧要，作为下级就没必要自作聪明地去提示上级。如果错误会危及工作，那么你就在私下里用委婉的语气来提醒上级，千万别把事情形容得多么严重，点到为止即可，事情的严重性，上级是能想明白的。

4. 不冲撞上级的喜好和忌讳

每个人都有自己的喜好和忌讳，一旦被人冲撞，口中不说，心里也是很不舒服的。一个下级如果想与上级走得很近，就该明白上级有什么喜好和忌讳，应怎样去投其所好，又如何避免冲撞了对方的忌讳。你若能恰到好处地把握这些，上级自然就愿意亲近你，把你当作是自己人了。

5. 与上级保持恰当的距离

下级与上级的关系既不可太远也不可太近，能够保持一个恰当的距离，是最好不过的。工作上的沟通是一定要有的，信息和情感上的沟能也

不可缺少，但是千万不可窥视上级的个人秘密。虽然你要了解上级的性格、某些习惯等，但是属于个人秘密的你还是不接触为妙。如果你知道了上级不愿意为别人所知的秘密，那么上级绝对会排斥你，把你当作是眼中钉、肉中刺。

成为无能型上级的心腹

如果你的上级是真的无能，这对你来说也许是个很好的机会。无能的上级往往需要能替他解决大问题、支柱式的下级。如果你是个能干、有创造力的人，你就很容易成为上级的心腹。

能干、有创造力的人通常足智多谋，善于谈判和建立人际关系，并能够在困境中找到出路。无能型上级最需要的正是这样的帮手。无能型上级在遇到问题、难题时常常会显得束手无策，这时你挺身而出有条不紊地替他把事情摆平，他立刻就会对你刮目相看，确定你在他心目中的重要位置，从此视你为心腹知己。

恰当地恭维上级

上级也是人，他有人的七情六欲就决定了他同样具备人性的特点，那就是——爱听恭维话。

任何一个自命不凡的人，都有缺少自信的事情和时候，在这种时候，他们最想听到的就是别人对他加以肯定或是称赞，即使明明做得不是很好，一句肯定的话也能让他宽心自慰。这就是人的虚荣心所致。

人都是爱好虚荣的，人性的弱点决定了人是最禁不起恭维的动物。学会恰当地恭维你的上级是你在职场中节节高升的有力法宝。你说了他爱听的话，他就会反过来重视你，对你另眼相看，该帮你时帮你，该提携你时提携你。

当然，说恭维话也要掌握一定的原则，要说就说得恰当、说得到位，如果用词不当或是恭维过头，一听就明显地带有虚伪性，结果就难免会适得其反。恭维话的妙用随处可见，可是一旦用错了地方，反而画虎不成反类犬，就像拍马屁要拍对地方，如果拍到了马腿上，不挨踢才怪呢。

还有一点要说明，说恭维话和阿谀奉承并不完全是一回事。恭维话人

人爱听，阿谀奉承对于正直的人来说就很反感，听了这样的话，他反而认为你这个人有问题，并从此鄙视你。

称赞一个人，最好的方式是抓住他表现出色的地方，比如说，他的专业技术水平高、工作成绩突出；再比如说，他的管理能力强，能非常好地安排下属们的工作。在称赞上级时，要根据上级的性格特点以及其他的客观因素，在恰当的时候用恰当的语句，这样才会获得期盼的效果。称赞一个人，针对同一件事，不同的表达方式产生的效果差距是非常大的。

怎样求助于上级

我们那么费尽心思地讨好上级，目的只有一个：在关键时刻，能得到上级的帮助。

什么是关键时刻？比如说，评职称、加薪、晋职等这些我们用努力工作去争取的事情。

求上级帮自己办事，要按照一定的规则，掌握得好与坏，关系着事情的成与败。

1. 时间要选准

谈话的时间要选择恰当，不能在上级忙的时候，也不能在上级心绪不佳之时，在这种状况下，他根本听不进你说的话，还会对你做出不懂事的结论。时间要选在上级心情佳、时间宽松的时候，在这种状态下，他有心情和耐心听你说，高兴了，可能一口就把你求助于他的事情答应下来了。

2. 地点要找好

与上级谈事情，要注意场所和周围的环境。该在公共场所谈的，就要在公共场所谈；该到咖啡厅谈的，就到咖啡厅谈，相应的地点会使事情的结果更加如意。

3. 表达方式要准确

谈话的方式也要根据不同情况采用不同的表达方式。该开门见山、直来直去的，就要和盘托出。该委婉诉说的，就要一步步渐入主题，否则就让上级感到冒失和唐突，使场面陷入尴尬的境地。为了避免出现这种情况，可以事先谈些工作上的事情，社会上的事情，使谈话的气氛形成，再渐入主题。

4. 言语措辞要巧妙

巧妙的言语能非常有效地打动上级的心。这还要根据他平时爱好什么、赞扬什么、反对什么以及他对事物善恶清浊的评判标准来进行。上级的热心有时是诱出来的，有时是激出来的。只要你根据他的性格特点掌握好尺度，就不难达到心愿。

不要事事求上级

即使你是上级眼中的红人，他完全乐于帮你办事，你也不能事无巨细地去样样求他，没有分寸是会招人烦的。

什么事情是可以找上级相帮的呢?

1. 工作上的事情

工作上的事情包括调岗、晋升、加薪等，这类事情可以说是公事，你可以名正言顺、毫无顾虑地去找领导相帮。

2. 与生活相关的事情

如果你同上级的关系搞得很近，那么生活中的一些事情也可以找他相帮。比如说借贷、买卖、婚丧嫁娶等，这些事情都是上级愿意出面的，他们会觉得这类事情是自己显示本领的机会。

3. 家庭中的事情

如果家庭中出现了问题，比如说夫妻关系、子女就学等，自己无力解决，就可以去求助于上级，他为你解决了问题后，会觉得自己又一次显示了本领。

不过，像其他一些鸡毛蒜皮的小事情，就不要找上级了。那些小事根本就显示不了他的本领，办好了无足轻重，办砸了他会觉得有失面子。同时，这样下去，你再找上级帮你办大事的时候，他也会产生逆反心理。

沟通时要迎合上级

不懂得迎合上级就要吃亏

迎合上级，不一定就是所谓的“拍马屁”。迎合，是要讲究一定的方

式与尺度的。如果为了躲避“拍马屁”的嫌疑而不注意迎合上级，甚至顶撞上级，那么吃亏的只能是你自己。下面这个事例就是个很好的证明。

阿文是某公司宣传部职员，一次把材料送到经理面前并让其批阅时，经理提笔改动了材料中引用的某报纸的一段话。

“这句话不能改。”阿文告诉经理。

“为什么不能改？”经理生气地问。

“这是引用报纸上的原文！”阿文显得理直气壮。

“报纸也有出错的时候！”经理更不高兴了。

“不用这段话也行，但改动原话恐怕不好。”阿文还在固执己见。

“我就是要改！”经理终于发火了。

……

经理记住了一个小职员对他的顶撞。每次研究拟提主管时，最具备实力的阿文，都由于某种原因落选。后来，又由于同样的原因被解雇。

在无关紧要地小事上，不懂得迎合上级是一种愚蠢的做法。

作为一个领导者，是需要在下级面前维持尊严与权威的。而且，领导定下的决策，肯定不想被下级否定，否则你就侵犯了他的尊严、触犯了他的权威，他是一定会给你好看的。

迎合上级能起到的积极作用

不能把迎合上级与“溜须拍马”相提并论。这是对上级尊严的一种维护、对其权威的一种重视，迎合上级不仅能使上级心理平衡，而且对上下级关系也能起到不可忽视的积极作用。

1. 容易得到上级的重视

在上级做出成绩时，下属适时地给予赞美，并表现出敬佩的态度，会使上级产生一种成就感，也能激发他继续创业的雄心壮志，所以自然而然地会将赞美他的下级视为知己，并加以重视。

2. 缓和矛盾、促进关系

人们都知道“不打不相识”，那么有没有意识到“不捧不相亲”呢？谁都爱听好话，无论上级或普通职员。适度的奉承，可使双方的矛盾或冲突得以缓和，并促进上下级关系朝着更好的方向发展。

适度地迎合上级，在上下级交往中能起到不可忽视的积极作用，可以

说是下级讨好、接近上级的一种非常实用的手段，而且做起来并不难，只是费了几句口舌，就可博得上级的欢心，何乐而不为呢！

迎合上级应把握的分寸

迎合上级也要讲究方式，要迎合得恰到好处，使上级心安理得地接受；否则，过火的奉承就变了味，反倒使上级产生反感，认为你这人只善于“溜须拍马”、浮躁、不踏实，从此不再信任你。

所以说，迎合上级要把握一定的分寸、采用适宜的方式做到恰到好处，这样才能起到好的效应。

在迎合上级时，可以参考以下的原则和技巧：

1. 在尊重的前提下迎合上级

尊重他人，是与人交往的重要前提。对普通人尚要尊重，对上级就更不能例外了。怎样体现你对上级的尊重呢？

在他问话时，你要打起精神全神贯注地听，并高度重视、认真回答他所提出的问题；在工作时，如果上级走过来，你应该站起来点头示意，必要时向他请教一些问题，这说明你注意他的存在；跟上级相处时，记住他无意中说出的话，并在恰当的时机加以实践，他会觉得你确实把他这个当“头儿”的放在了心上。

2. 给上级以适宜的称赞

人人爱听赞美的话，上级可能也不例外，谁不希望得到他人的认同呢。所以说，当他做出成绩时，适时地给予赞美，必能赢得他的欢心。

上级之所以能够拥有今天的位子，必定经过一段艰难的奋斗历程，而他的成功可以说是靠他的智慧与才干，所以他的智慧与才干非常愿意得到别人的赏识与认同，如此一来，你就可以利用这一点称赞你的上级了。

阿蓝刚从大学毕业，分配到单位的第二天，部门领导就在私下里“赞叹”：“这个小姑娘不简单！”因为阿蓝知道与上级做好沟通的重要性，所以上班的第一天，她就从内部通讯录上查找领导的姓名和电话分机号码，接着按名单拨了一遍电话，把人名一一对号入座。

对于领导，阿蓝表现出绝对的重视。有一天，阿蓝恰巧和部门领导一前一后进单位，她一路小跑地从后面追上来，赶在领导之前按下了电梯按钮，电梯门刚一打开，阿蓝就像服务员一员，一手挡住电梯门，侧身微笑

请领导先走。

阿蓝还懂得称赞上级的作用。在一次会议上，领导让阿蓝做一个情况介绍。概况、细节、分析、归纳……阿蓝说得头头是道，但要说有什么过人之处，倒也不见得。可是，阿蓝的结束语确实让人大为惊叹："兄弟单位的同行都羡慕我们有这么好的设备，我说：'不！我们最大的资源优势，应该是我们有一位德高望重、才智过人的领导！'"席间一片哗然——领导年方三十，哪里称得上什么"德高望重?"不过，这话领导绝对爱听！

正是如此，阿蓝很快就得到了提升。

3. 用谦卑来抬高上级

与上级沟通时，表现出适当的谦卑，是一种有效抬高上级的好方式，可以改变他的态度、博得他的欢心。

布洛亲王是德国最后一代君王威廉二世的总理大臣，做人很有风度。而威廉二世傲慢自大，建立了一支较有实力的陆军和海军，夸口可征服全世界。

更过分的是，他在英国做客时，仍这么说，还让伦敦的《每日电讯报》刊登他的言论。例如，他宣称他是和英国友好的惟一德国人。他说，他建立的海军足以对抗日本军队；他说，他独自一人挽救了英国，使英国免于臣服苏俄和法国的势力之下；还说，由于他的策划，使得英国罗伯特爵士得以在南非打败波尔人等等。

在一百多年的和平时期，从来没有一位欧洲君王说过如此狂妄的话。整个欧洲大陆立即愤怒起来，尤其是英国，德国政治家也惊恐万分。在这种情况下，德国皇帝慌张了，情急之下向总理大臣布洛亲王建议，让他来承担一切责难，希望布洛亲王宣布这全是他的责任，是他建议君王说出这些令人难以相信的话的。

布洛亲王当然不愿意："陛下，这对我来说，几乎不可能。德国人和英国人不会相信我有能力建议陛下说出这样的话。"

皇帝立刻发起火来："你言外之意是，你比我聪明，而我是个蠢蛋?"

布洛知道批评之后要恭维几句，便说："陛下，我绝没有这个意思，您在许多方面都胜过我。在陛下解释晴雨计、无线电报和伦琴射线的时候，我常常是仔细倾听，对您的才学十分敬佩服，并觉得非常惭愧，我对自然科学知之甚少，甚至连最简单的自然现象也搞不清楚。但是，为了补

偿这方面的缺失，我学习了某些历史知识，以及一些可能在政治上，特别是外交上有用的知识。”

皇帝听到赞美之词，就不好再责难布洛亲王了，表情也由阴转晴：“我不是经常告诉你，我们两人互补长短，就可闻名于世吗？我们应该团结在一起，从此让我们好好合作吧！”说完，又紧握着布洛亲王的双手，激动地说：“如果有人对我说布洛亲王的坏话，我就一拳头打歪他的鼻子。”

就这样，谦卑使布洛亲王避开了皇帝给他出的难题，相反还趁机与皇帝加深了感情。

除了参考以上的原则和技巧外，还要注意迎合上级也要把握好“度”。不要在任何时候、任何场合都在领导面前献殷勤，一见领导就让座、倒茶、递烟，甚至公开吹捧。因为久而久之，那些无原则地讨好上级的人终究会成为办公室里最不受欢迎的人，甚至会被领导“踢”出门，因为此人可能一不小心拍在了“马腿”上。

在工作场合，上级对员工来说，是关系重大的，他能使你节节高升，也可以给你小鞋穿，甚至炒你的鱿鱼，为了自己的事业有个好的发展空间，你一定要学会如何与上级沟通，并能在沟通中迎合对方。我们不仅要能够随机应变地迎合上级，而且要把握好一定的尺寸，使讨好恰到好处，这对双方的关系正常发展是十分关键的！

根据上级的类型进行沟通

我们都知道，与上级沟通得好与坏，对于你的工作环境、事业兴衰、人生前景，都有着重大关系。所以，我们有必要学好“如何与上级沟通”这一重要课题。

与上级沟通、相处好，你就会得到赏识、重用，工作起来就充满兴趣和信心，对未来充满乐观和希望，事业的前景也是无限光明。反之，上级就会给你穿小鞋，成为你晋升的一大障碍，工作、人生前景都黯淡无光。

如何能恰到好处地与上级沟通、相处好呢？

首先，要对上级有充分的了解，然后根据其性格特点，采取相应的沟通方式，正如孙子兵法所说："知己知彼，百战不殆，"分清你的上级属于哪一类，你就知道该采取怎样的沟通方式了。

下面介绍各种类型的上级特点：

1. 称职型上级

对于那些渴望在事业上大有发展的人来说，能遇到称职型上级是最好不过的了。这类上级的一切言行都是为了取得工作上的成就、达到预定的工作目标。他们能对下级平易近人，但对工作上的事却是一丝不苟，这对下级在事业上的发展十分有利。在这样的上级手中工作，下级很容易得到职位上的晋升。

这类上级关心专业领域的最新动向和最新技术，鼓励下级们学到这些新的东西并用在工作中。他们也乐于下级提出积极可行的意见和建议。

称职型上级能够与下级齐心协力地完成工作任务，而且业绩往往在同行中处于领先地位。并且，他们能够奖罚分明，奖励贡献大的优秀下级，使上级下级拧成一股力量，形成一个工作积极、精神焕发的团体。

2. 性格开朗型上级

能遇到一个性格开朗的上级是一件值得庆幸的事情，因为这类上级一般来说是有一定能力和才华的，而且乐观开朗、胸怀开阔，相处起来十分愉快。

在这类上级手中工作，你不必提防什么，因为没必要，你可以尽可能地与他交往、沟通。在工作中，你可以毫不避忌地向他学习他的能力，来增加你的经验，你也可以把自己的方案提出来与他交流，为他出谋献策。如果你在某一方面超过了他，可以直接地表现出来，需要你的时候，他一定会让你出头，给你施展本领的机会。

虽然是上下级，但与这类上级一起工作时，你只管当他是朋友，你们完全可以相互帮助，将工作做得更圆满，这样你们都能得到更好的职位。

3. 求贤若渴型上级

真正干大事业的上级是懂得求贤若渴的，因为自古以来"千军易得，一将难求"。如果你的上级是这种惜才如金的类型，那么你就要好好地表现你的才能了。比如说，当你有一个十分好的方案已经思考成熟，那么不妨在适当的时机向上级提出来，争取得到他的支持。

如果你所提出的方案已经超出了你本职工作的范围，那么你就要稍加谨慎，并对上级说明利害，别引起“过分表现自己”的误解。

即使你的热情如火山，也不能都表现出来，办公室不同于别处，该沉稳时就得沉稳，你过分地表现会引起上级和其他同事的恐慌，他们担心你有所企图会威胁到他们，结果会表现不成反受其害。

4. 心平气和型上级

这类上级的存在率是比较高的，他们不偏于某种情绪，心态比较平衡，思想和言行也较为符合下级对上级所抱的希望。这类上级是比较容易相处的。

在工作中，这类上级对下级的要求基本是合理的，下级也能有在事业上发展和晋升的机会，他不会嫉妒员工，也不会阻碍员工提高专业技术，在这样的上级手下工作，不必谨小慎微、如履薄冰。因为他们心胸普遍开阔，能够平易近人，容易接受新事物和新思想，当看到下级取得一定的成绩时，他会高兴地表扬。

这种类型的上级不会给员工造成晋升的障碍，他们制造出的是一个相互合作、公平竞争的工作环境，所以能够得到下级的爱戴，是比较理想的上级。

5. 嫉贤妒能型上级

这类上级自己没什么工作能力，习惯把所有的工作都推给下级来做，自己却无所事事。他们对晋职、加薪十分热衷和积极，对工作却毫不上心，起不到任何推动的作用。

他们最大的能力就是了解公司内部的政治结构，知道怎样才能保住自己的位子，他们把所有的心思都花在了这上面。

他们的业绩全是下级所为，可是所取得的荣誉和赞扬他却要全部安在自己的头上，不容他人分得一丝半点。

在这样的上级手下工作，你不能表现自己如何如何有能力，因为他自己才能平庸，所以难免心理脆弱，心中常存恐惧——总是担心有一天他的下属会把他取而代之。你在他面前表现自己，无异于自找苦吃，他会把你视为眼中钉，处处提防着你，惟恐你有夺他位子之心，从而敌视你、难为你、排挤你。所以，在这样的上级手中工作，你要扮作“中庸之人”，才能平稳安宁。

由于这类上级对专业上的进步不感兴趣，不支持他的下级提高专业领域的技术水平，因此他不希望他手中的员工能力超过他。所以，跟着这样的上级，你很难得到专业水平的提高和磨练。

对这样的上级，你要多说他的成绩，少提一些建议，才能与他相安无事。

6. 自尊自大型上级

自尊自大型上级往往自命不凡，总认为自己是非常重要的人物，享有极大的特权。这类上级在工作中一般是比较能干的，对下级总是摆出一副居高临下的样子，在工作中处处惟我是从，以自我为中心、旁若无人、虚荣心极强。

他们从不把下级放在眼中，而是把注意力都集中于怎样同自己的顶头上司或其他上层人物拉好关系上，好近一步沽名钓誉。

下级在他们的眼中只不过是随意利用的工具，他绝对不相信自己的下级会有才能超出自己者，更不相信下级会有比自己高明的主意。所以，对于这种狂妄自大的上级，你永远不要给他出谋划策，那绝对是白费口舌。即使你的主意真的得到了他的认同，他也不会像你所想像得那样，笑着点头称是，把你的主意放在心里，而是表面上完全推翻你的立场，暗中将你的方案转换一个角度变成他自己的方案，踩着你的肩来抬高他自己。

对于这样的上级，你只要努力干好自己该干的本职工作就好了。当你有事必须求他帮忙时，那就利用他的虚荣心，用言语来刺激他，让他得到满足感，他就会很痛快地为你办事了。

7. 无能僵化型上级

无能僵化型的上级不能很好地完成他该负责的工作。他在工作中的努力不是没有取得理想的成果就是花费了太多的时间。可是，他对自己的无能总是视而不见，并认为在工作中出现的一切问题都不是自己的过错，而是将批评的矛头指向下属。

无能僵化型上级的最大本领就是为自己的无能找借口，这种方式是他们保护自己尊严和位置的重要手段。长此以往的结果就是他们的下级总是受这种不白之冤，使有能力的下级长期被埋没。

而且，这种僵化无能的上级很难与精明能干的下级沟通，更难接受别人的新思想、新工作方式，因为思维迟钝、反应缓慢、习惯于陈旧模式是

他们的一大特色。

对于这样的上级，你也不要给他提出什么富有创意的新方案、好主意，他们不但不会采纳你的意见，还会对你产生反感，认为你工作不踏实、思想有问题。所以说，与这样的上级在一起工作，也要尽量避免与其打交道。如果有事必求于他，就利用他过去的一些成绩来引起他的自信和骄傲，哄得他高兴，他自然愿意帮你办事。

8. 轻重不分型上级

有的上级习惯对工作上的事情不分轻重地面面俱到，本来已经交给下级的事情，他也要插手去参与，让下级无法放开手脚去干，不断地受到上级的过分干预，严重地影响到工作的进展和完成。

这类上级表面上看来对工作十分负责任，是一切工作的总策划者。实质上，下级只是他获得某项工作成果的受指挥工具而已，根本没有任何特长可以发挥。遇到这类上级，下级免不了会感到精神紧张，失去工作的兴趣。

要与这类上级相处好，你就必须想一想，他既然什么事情都要管的，那么你就直接按照他的命令行事就是了，即使出了错，你是全盘按照他的指示办事的，他也怪不得你。

如果你实在是忍受不了这类上级的专制，那么你不妨试试以真诚坦率的态度与他交流、谈心，试图改变一下情况，并了解一下他有什么顾虑，是什么原因使他对下属缺乏信任。倘若他对任何一件事都表现出放心不下的态度，那你要尽量想办法让他感到安心，主动向他报告你工作的进展情况，让他对一切都了如指掌，从而就会对你愈加信任了，你们之间的关系也就不再紧张了。

你还应该知道，所有的上级都是不喜欢员工迟到早退的，你就不妨来个早到迟退，让他知道你是非常敬业的，若能够取得上级的信任，即使牺牲一点个人时间也是值得的。

如果你的上级不是一个顽固不化的人，那么只要你诚心诚意地去感动他，结果也许不会让你失望。

反之，如果你所有的努力都付之东流，他仍是老样子，无视你的辛苦付出，反而得寸进尺地要求你加班、超额完成任务等，你就只有两条路可走了：第一，惟命是从地工作；第二，向他递上辞职书，另谋发展。

9. 顽固不化型上级

身为下属，你有必要了解你的上级是不是一个完全不可理喻的人。就是无论你怎样努力地向他解释自己的处事方法，试图和他沟通以求达成统一意见，而他却心如铁打，纹丝不动，依然用命令式的语气要求你以他的方法去处理事情，而不管结果如何。只要你稍有疑问，他就会鼓鼻子瞪眼，对你大声训斥，让你简直招架不住，导致你对工作感到厌烦，对未来感到无望。

在你无可耐何地递上辞职书之前，你可以试试以下的办法，也许事情会发生意想不到的好转。

不要总以为自己的处事方式及建议就一定完全正确，所以你在与上级谈话时要试着将语气变得温和，态度也要诚恳，评议要客观，因为他是你的上级，你作出一些让步也无可厚非。要尽力与上级保持和平共处，使分歧的意见得到统一，这也是作为下级应尽的职责和义务。

当向上级提意见或建议时，要尽量避免在人多的场合，这样会使上下级之间的气氛缓解好多。如果能到附近的咖啡厅去谈，那是最好的了，因为和谐友好的气氛对谈话十分有利，你也能够尽量把意思以委婉的方式向上级表达，即使他不接受，也不至于说出生硬的话来让你下不了台。

上级的话无论是对还是错，分量无论是轻还是重，你都要耐心地听取，这样他才会觉得在你面前有足够的面子。如果他话一出口你便急于打断来表白自己的意见和观点，那么上级就很容易对你产生反感。

10. 喜欢戴高帽的上级

有些上级就喜欢听别人夸他这好那好，只要被人戴了高帽就心花怒放，所有的原则都忘到了九霄云外，你求什么他就帮你办什么。

在这类上级手中工作，那些善于溜须拍马之人格外吃得开，只是要要嘴皮子功夫就能加薪升职，甚至飞云直上，让旁人颇不服气。可是，遇到这种情况，你不服还真不行，说什么也没用，人家的目的已经达到了。

在工作生活中偏偏有一些人对阿谀奉承这一套不屑一顾，认为没有真本事的人才去做这种不磊落的事，所以在这类上级面前很难吃得开，甚至还遭受冷眼。

这时你就要试着改变心态了，你要明白人无完人，爱听点恭维话也是人之常情。就拿你自己来说吧，不是也爱听好话不爱受批评吗？这样一

想，心中就不再有一个大疙瘩了。

每个人身上都同时具备优缺点，试着去发现上级的种种优点，你就会对他的感觉好起来。赞美的话也并不一定都是些阿谀奉承之语，像赞美一个好朋友那样去欣赏、赞美你的上级，你就会做得容易得多，也诚心得多。这种不矫揉造作的赞美，反而更显得自然、真诚、大方，也更容易让上级领受。

11. 暴君型上级

暴君型上级的显著表现是欺上压下，对工作没有责任心，从不体谅下属，搞得办公室内人人自危、士气大乱。

这时你该怎么办？不管别人怎么发牢骚，你切不可同污合流，一起数落上级的不是，因为这样并不能改变情况。相反，如果有一天你说的话传到了上级的耳中，你的日子就更难过了。任何一个上级都不能容忍在背后说他坏话的下级。

如果你心中的不满实在无处发泄，那就最好是直接把心里话说给上级听。当然，是以友好的、他能够接受的方式。在此之前，还有两项准备要做：一是充分研究上级的性格，知道在什么地点以什么语气来谈是最好的；二要做好思想备，对上级的反应心中做到有底，好及时应对。

对于思想保守、以自我为中心的上级，更不能不分场合、开门见山地说出心里话，只有经过精心的准备后委婉地表达，才是他容易接受的。

如果你的上级心胸比较开阔，那就不用过于精心地去做准备，只要把你要说的话尽量表达好，很可能就能够与他互相沟通，得到理解了。

12. 不尽职责的上级

有些上级身为领导却不自律，在工作中不能以身作则，影响到下级的工作。

其表现为常迟到早退，不能及时批阅决策，造成工作时间上的延误，不良后果却要下级来承担。

遇到这类上级，该如何应对？

当然不能向公司的头儿投诉了。因为你的小报告并不会让你的上级因此受到什么责罚而产生改变，上级在头儿心目中的地位肯定要比你高得多，官官相护嘛。所以你别想得到任何便宜，相反你将上级的缺点公之于众，让他的尊严受损，威信扫地，他定不会饶了你，你的日子就难

过了。

既不想惹恼了上级，又不愿承受工作上的不白之冤，你该怎么办呢?

惟一的办法就是把上级不在时所发生的需要他解决的事情一一记下，然后找个恰当的时机详细汇报，让他清楚有多少事情需要他及时解决。

13. 强加于人型上级

追求完美是一件好事，可是，你的上级要求你在工作上必须达到百分百的完美，这就是强加于人了。因为工作能做到百分百的完美，实在是不容易。既使这件事完美了，那下一件事就难保完美。与这种上级合作，实在是一件头疼的事情。

在这类上级手中工作，你就要想办法帮自己解脱重负了。

强加于人型的上级一般都是很注意小节的人，你一定要尽量避免犯错误，以免让他有错可挑。维持一个好的形象时间一长，他自然就会信任你了，不再会让你紧张不已。当你们之间产生了默契之后，他就不会再过分地将工作强加于你了。

当上级交给你一项任务，你就对他的要求弄得一清二楚、绝不含糊，包括工作性质和完成日期。自己在完成的过程中，要尽量符合他所要求的标准，让他无可挑剔。

如果你的上级常有意刁难你，这时可能是误认为你对他的位置构成了威胁，你的当务之急是解除他对你的心理戒备，以自己的行动让他明白，你对他是忠心的，绝没有非分之想。精诚所至，金石为开，当他信任你之后，就不会再为难你了。

14. 工作狂型上级

每个人的精力都是有限的，遇到工作狂型的上级，你也就被动地成了工作狂，虽然痛苦，却无可奈何。

在工作狂上级的带领下，你可能要过着没有星期天、没有节假日的生活，因为在工作狂上级的心目中，只有永不停止地工作才是最理想的工作状态。人工作就是为了生活得更好，可是这种紧张累人的工作让人生还有什么乐趣可言呢!

解决问题的方式不是抱怨工作量之大，或者是顶撞上级，应向上级说明你的工作能量，是不是添几个临时工来解决一下问题，这才是按时完成任务的最好保证。合情合理，相信上级也无话可说了。

当然，以上这种方法不能频繁地使用，另一种方法也可一试。比如上级交给你一项任务，他给了你五天时间，但以你自己的方式去做，可能三天就完成了。长久以往，你就用实际行动给了他一个最好的提醒：除了加班加点之外，还有更好更省时的工作方法。当他能够领悟到这一点后，情况可能就要好转了。

也许你做了所有你能做的努力，全都于事无补，你的工作狂上级依然是老样子，那么不想长期为工作而心烦意乱的你就要考虑是不是另谋他职了。

15. 暴躁型上级

有的上级脾气暴躁得像炸雷，经常为一点小事就情绪失控得“晴天打霹雳”，让人难以忍受。为了有效地预防被这种恶劣的事情搞得不知所措，我们就要对上级的性格脾气进行一番研究。

首先，我们要找出他发脾气的规律性，导致他心态败坏的原因是什么，是不是工作压力太大让他心烦意乱……

当你找到答案后，就很容易根据症结所在施以对策了。

为此，你可以和同事们共同商讨、共同努力，人多力量大嘛，下级们齐心协力一起出招，很容易使上级招架不住而改变态度。

面对上级，唯唯诺诺、惟命是从并不是最佳表现。借助沟通，展现个性，凸显才能，方可游刃有余、平步青云。

根据现代心理学研究发现，这类暴躁型上级中的大部分是因为权力欲

望过盛，野心膨胀而短时间内得不到满足，就把郁闷发泄到了下级头上。遇到这类上级，下级们最好的做法就是尽量在工作中不出错，一旦上级发脾气，也不要往心里去，任他发泄，即使他是无理取闹，也不要在他气头上和他辩解，那样情况就会更糟。等他火发过了，气也消得差不多了，再心平气和地和他讲道理，用耐心和诚心去感动他，让他知道作为下级的不容易。他能理解你的时候，就是他改变态度的转折点了。

上级的类型真是不少，特点也是形形色色，不说不知道，一说真深奥。接下来，就仔细地分析一下，你的上级属于哪种类型吧，相信上面的分析与指导会对你大有帮助的。

第九章

与下级如何沟通

要注意与下级之间的沟通

与下级进行沟通的必要性

沟通出问题的情况，真是再常见不过了。人与人之间的各种矛盾、谴责、贬斥、误解，尤其是以一种“我是领导我怕谁”的态度对待别人……都会把事情搞糟。然而这类情况，即便在最大、最有名的公司里，也是司空见惯的。

现在，越来越多的人开始重视起良好沟通的重要性。有能力进行有效沟通的人才能真正激励员工，从而成就自己。作为领导，这是取得成就的基石。

美国银行现任总裁史蒂芬·盖瑟曾经亲身领会了作为领导者与下级沟通的重要性。

盖瑟很早就平步青云，少年得志。20 世纪 80 年代末期，大学刚毕业的他就在一家大规模的投资公司任业务主管。他在洛杉矶西区拥有住宅，又开着一辆奔驰，而他当时不过才 25 岁。此时他自认为是商业神童，可呼风唤雨，要什么有什么，而且在人前毫不掩饰这种自大的态度。

但是，20 世纪 90 年代以后美国经济开始萎缩，裁员的风暴毫不留情

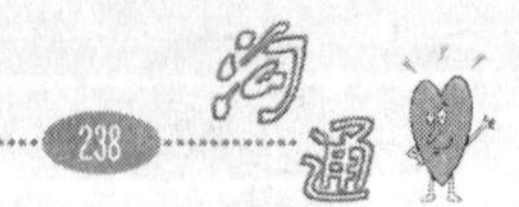

地刮了起来。起初，他还不以为然，认为这与自己无关。可没想到有一天，老板对他说："史蒂芬，你的能力没话讲，可是问题出在你的态度上。公司里没有人愿意与你配合，我恐怕必须请你离开公司。"

这真是晴天霹雳，像他这样的优秀人士居然被开除了！经过几个月求职的挫折，他以前那种自大的态度已荡然无存，只剩下结结实实的一层恐惧。因为以前自己总以那种态度对人，这个时候当然也就无处投靠、无处倾诉。他当时简直就要崩溃了！

盖瑟终于意识到应该对他人感兴趣，做有效的沟通，并帮助那些处境比自己还糟的人。他换了一种态度去待人，变得比较有人情味、更可爱、更能共事了。周围的人也开始关心他。三年后，他又回到高级主管的职位，只不过这一次，周围的同事都是他的朋友了。

曾任美国总统的里根被尊称为"伟大的沟通者"，这绝非浪得虚名。在漫长的政治生涯中，他深切地体会到与他的服务对象沟通的重要性。即使在总统任内，他还保持着阅读来信的习惯。他请白宫秘书每天下午交给他一些信件，再利用晚上的时间在家里亲自回复。

后来的克林顿总统也常常利用传媒与人们面对面地交流，借此了解他们的想法，表达对他们的关切。就算他无法解决所有人提出的问题，但总统亲自到场聆听人们的意见，表达他自己的想法，这本身就具有沟通的意义。

有效的沟通其实并不复杂，工作和生活中，我们每个人每天都要同别人打交道，这就是很好的沟通机会。

可惜的是，真正、有效的沟通实在是并不多见，可见良好的沟通能力并不是天生具备的，不过它完全可以通过学习获得。

要想学会沟通，并没有什么真正的秘诀，只有几点最基本的观念。以下是成功沟通的三个基本要点：

1. 对沟通要怀有真诚的心态。

2. 对下级保持开放的态度。

3. 主动创造沟通的良好氛围。

不管你的工作多么繁忙，也必须保留与人沟通的时间。一个领导者，只把自己关在象牙塔中是成就不了事业的，因为再高明的主意，不拿出来与下级沟通并付诸实践，也是一文不值的。

真正有效的沟通并不会妨碍工作。比方说开会、讨论、走廊里的短暂同行、共进午餐的时机等等都可以用来沟通。

借助下级树立良好的形象

良好的上下级关系不但有助于你的工作业绩，还有利于提高你的社会名誉，给你带来意想不到的收获。所以我们不能逢上拍马屁，对下颐指气使，没有下级的真诚支持，你同样是不可能成功的。

下属是最了解领导的，领导的一言一行都会被下属记在心上，所以你必须重视下属的态度和反响。领导形象最好的宣传是借下属之口来加以评价，并且更具有说服力和真实性。经过他们的宣传，会把你的好名声传到一个很广泛的范围中，从而提高你的知名度。

良好的职场声誉会使你得到上级领导的重视，有利于你的前途。某一外资企业的一位小主管，由于管理有方、深得人心，他的事迹在公司里广为流传，公司总经理了解情况后，便把他调到业务部任经理。

相反，如果你同下级的关系恶化，他们将会使你臭名远扬，即使你的“后台”再硬，终究也是难犯众怒，逃脱不了狼狈下台的命运，哪里还谈得上事业的发展呢。正可谓：领导是舟，下属是水，水可载舟，亦可覆舟。如果你的行为不妥而使下属被轻视、被压制，他们就很可能倒向你的政治对手一边，从而使你腹背受敌，造成形势上的不利。俗话说，堡垒容易从内部攻破。这是很有道理的，因为只有堡垒内部的人才最清楚自己防御的弱点，反戈一击往往是可以致命的。

批评下级不能伤到对方

许多领导者都有这样的体会：正面批评别人也是一件很难堪的事情，它不仅让受批评者十分尴尬，同时也让批评者很难为情，所以这是一件双方都不愿意发生的事情，但作为管理阶层的领导，这也算是你的本职工作，你又不得不做。因此，学习一些批评人的技巧也是很有必要的。

如果你满腹怨气地对下级大发雷霆，不仅会有失你的尊严，也会使上下级的关系恶化，对事情也是于事无补的，说不定还就此为自己树了敌。

如果你对某下级的工作不满，却又不便做批评，最好的方法是委婉地

将其与别的同事类比，让他明了你的意思，使他在自尊心没有受到任何伤害的情况下，无声无息地更正过来。

作为领导者，当你必须给某位下属以严厉批评时，就有必要先给这位当事人约定一个合适的时间，让对方做好受训的思想准备，你还需反复权衡批评的具体办法。

你应该提醒自己："勿冲动，要冷静，"态度要自然轻松，千万不可忘记，正面诚恳的语态很容易让受批评者接受，从而避免了双方的尴尬与难堪。

作为一个称职的上司，在解决这一类问题时，必须对自己的语言有一个预计，正确的策略是"对事不对人"，先讲什么，后讲什么都要有个打算。

上级批评下级，至关重要的一条就是，不要做人身攻击。譬如："你的态度很不好，令人难以接受"或"你的观点很不客观"等说法，只会令双方的矛盾更加尖锐，不但于事无补，还会成为引发双方矛盾的导火线。

你可以这样婉转地说："你是否有一些难言之隐，从而导致你不得不迟到早退呢?""公司早有明文规定，你迟到早退，的确对其他同事的工作有一定的影响，而且显得很不公平。""其实，我很欣赏你速战速决的工作作风，但我也同时希望你能遵守公司的规章制度，以免影响公司的正常工作运转。"

当下级明白你的一片苦心后，就会对你心存感激，并用加倍的努力来回报你。

通过有效沟通搞好上下级关系

充分赞赏你的下级

佩尔科公司的大卫·麦克唐纳说过，"要善待你的员工，并常常赞赏他们。要舍得在你的员工身上做投资，你对他们的期许，应该是源于重视和赞赏，而不是直接的功利目的"。

作为领导者要懂得赞赏员工突出的工作表现，不要像我们的一些长

辈，多半吝于赞美，长于指责。即使他们的子女带回来优异的成绩单，他们也不愿表示一下赞许，而认为那是应该的，不值得夸耀。你能想像得出幼小的心灵当时是多么失望吗？虽然我们现在都已长大了，可每个人的心中，仍像孩子般渴望得到赞美，得不到时也会像孩子般失望。人们完成工作后，都希望得到赞赏，赞赏是多多益善的，因此千万不要忘了：奖励、肯定与赞赏。重要的不是采取哪种方式，而是你真的把它付诸行动，一遍又一遍，这才是奖励员工的真谛。

领导者应知道如何去关心、重视自己的员工们，这在现代社会中显得越来越重要了。

卡耐基告诉我们，在处理人际关系时，给人一个超乎事实的美名，就像用“灰姑娘”故事里的仙棒点在他身上，这将会使他从头至尾焕然一新。

适时的肯定与赞赏曾经改变过一个英国小伙的命运。19 世纪初，英国伦敦有位年轻人一心想成为作家。可是，他只受过不到 4 年的正规学校教育，其父又因债务入狱，以至这位年轻人经常三餐不继。后来他终于在一间又脏又乱的仓库中找到一份贴标签的工作，每晚就与两个贫民区的流浪儿一起睡在小阁楼里。他对自己的写作能力毫无信心，每次总是等到半夜别人都睡了的时候才溜出去将稿件付邮，以免遭人耻笑。可是一篇又一篇的故事屡遭拒绝，这使他几近绝望。但是，那等待已久的一天终于来临了：他的一篇文章被采用了。虽然他没有拿到稿费，但是有一位编辑对他的文章相当欣赏，给了他一些热情洋溢的赞美。当晚，他兴奋莫名，脸上挂着泪珠，漫无目的地在街上逛了一整夜。

由于这篇文章获得了赞赏与肯定，他的整个人生也从此改观了。如果不是那位编辑的鼓励，他的才情可能一辈子都埋没在那又脏又乱的仓库里。这位青年的名字就是伟大的查尔斯·狄更斯。

让下属们知道你重视他们，感谢他们付出的努力，并且对他们很欣赏，从而就能有效地促进他们学习、成长，发挥出他们最大的潜能，这就是对员工们最好的肯定与鼓舞。

因此，肯定下属们的表现吧！让他们参与，鼓励他们、关怀他们、赞赏他们。让他们做决定，与他们一起分享荣誉，尊重他们的建议并尽可能地采纳，让他们了解自身的价值，鼓励他们冒一点风险、赋予他们一点自

由，让他们以自认为最恰当的方式工作，让他们知道你相信他们有能力解决问题。

诚心接受下级的意见

卡耐基承认，每当有人开始批评他的时候，只要他稍不注意，就会马上很本能地开始为自己辩护——甚至可能还根本不知道批评者会说些什么。卡耐基说，每次这样做的时候，他就会觉得非常懊恼。我们每个人都不喜欢接受批评，而希望听到别人的赞美，也不管这些批评或赞美是不是公正。

既然领导者不可能事事都做到完美的程度，那么就需要下级们给予坦白的、有用的、建设性的批评。

查尔斯·洛克曼是培素登公司的总裁，每年花一百万美金资助鲍勃·霍伯的节目。他从来不看那些称赞这个节目的信件，却坚持要看那些批评的信件。他知道自己可以从那些信里学到很多东西。

福特公司也急于找出他们在管理和业务方面有什么样的缺点，所以就对他们的全体员工做了一次意见调查，请他们来批评公司。这一点在所有的人际关系上都不例外——无论是在公司内、家庭里还是一群朋友相处的时候，它往往能化敌为友，为你赢来一些新的支持者。

卡耐基认为，与他人相处，在进行沟通时，如果你是对的就要试着温和地、有技巧地让对方同意你；而如果你错了，就要迅速而热诚地承认。这样做，要比为自己争辩有趣和有效得多。

领导者应该有足够宽阔的心胸，能够容纳得下下级的批评，以此来不断促进自己的工作。一个合格的领导者要向他的员工传达批评与自我批评的观念，最有效的方法莫过于当面痛快地承认自己的过错。领导人必须能够勇于接受下级的批评，否则就不可能在批评他人时有说服力。即便是听到那些不很审慎的坏话，也不要先替自己辩护。身为领导者，就有必要表现得与众不同，要谦虚、明理，要成为下级们模仿的榜样。只有这样，领导者才能依靠自身，而不是凭权力去赢得别人的喝彩。

康宁公司负责品质管理的大卫·路德的经验是："最能接受指正的往往是勤于自我改进的人，最愿意改正的人也通常是非常优秀的人，他们永远要再上一层楼，因此对于建设性的批评一般能够虚心接受。日本公司有

一项优点是：他们珍视每一个错误，他们把每一次发现错误都当作是挖到了宝藏，因为他们相信这是进一步改善的契机。”

那么，当领导者受到不公正的批评时该怎么办？卡耐基告诉我们一个办法，当你因为觉得自己受到不公正的批评而生气的时候，就对自己说“我离所谓完美的程序还差得远呢！连爱因斯坦都承认百分之九十九的时候他都是错的，也许我至少有百分之八十的时候是错的，也许我该受到这样的批评，如果确实是这样的话，我就该听取这种批评指正，这会有利于我日后不再出现同样的错误。”

如果你够坚强、够自信，那么你不仅可以对恶意的批评一笑了之，而且还可以同大家一起来笑。

帮助你的下级

每一个领导者都要学会站在员工的立场上去想，任何一个领导者都曾做过下属，应该了解下属的感受。只要你能设身处地地为下属着想，去帮助他们，你就一定能搞好上下级关系。

如果你发现某位下属在最近一段日子里，经常神不守舍、心不在焉，或是整天精神萎靡不振……这种状态会直接与工作效率有关，精神涣散，工作效率就会一落千丈，也会直接影响到领导者本身的业绩。工作任务堆积如山，他却是这么一个精神状态，作为领导者的你心里一定很着急。

作为上级的你应该了解到，每个人情绪都会有高潮与低潮，从医学的角度来讲，这也是正常的生理现象。除此以外，下属的这种表现也许还有两种可能：一是遇到了非常棘手的私事；二是因为公务繁杂，毫无喘息的机会而造成了精神压力过大。不管是哪一种原因，作为上级，你应该体谅到目前你的下属最需要的就是两个字——帮助。

你必须让这位下属知道，身为上级的你是很关注他的感受的。你可以以朋友的口吻去真诚地询问他：“有什么需要帮助的吗？请尽管说出来，我会尽力而为的。”对方会因为你的真诚关心和询问向你倾诉真情的。当问题解决后，他必定会感激你对他的关爱与提醒，从而用加倍的努力来回报你。

每一位做上级的都有对管理下属感到头痛的切身体会。领导者如果对自己某一下属的工作表现不满，就不能一再迁就和忍受，这样是不对的。

首先，既然下属的工作表现不符合要求，作为上级，完全有责任和权力督促下属，令其返工或修正，协助你完成整体任务。

譬如，有位职员工作能力很强，表现也不俗，但却有一个坏习惯，那就是事无大小，总喜欢带头提出抗议，常常令整个局面陷入紧张状态。

作为老板，对这样的人才决不能轻易放过，但必须对其做必要的“改造”，让他去掉这些不良习惯，当然这是需要一定时间的。

作为一个上司，面对下属的工作缺点和错误，正确的做法应该是：以谈心的方式召见下属，将自己对他工作的看法如实相告，并委婉地说明自己的要求，指导他如何改进。首先要对其做好耐心、细致的思想工作，相信你的下属是可以接受的。

谈话的时候，要尽量让气氛轻松和谐，你需坦然而又真诚，同时掌握一定的语言技巧和策略：在对他表示欣赏之后，你可以将话锋一转，请对方也就此谈谈自己的感受。在对方谈自己的感受时，你有必要认真地倾听，以便自己抓住机遇，步步紧逼、步步为营。尔后，你可以问他在工作中有什么困难的地方，如果对方有实质性的问题提出，作为上级，你有必要将其记录下来，因为这些问题在以后的工作中也很可能出现。所以，它对你以后的指导工作大有益处，同时，也显示出你对他提出的问题是很关注的。进行了有效的沟通后，你担心的情况就不会再出现了。

通过沟通获得员工的拥戴

以身作则带好下级

对于一个领导者，能够得到员工的爱戴，让你的下属心悦诚服是非常重要的，从某种意义上来讲，它是你事业成功的阶梯。

大凡能成就一番事业的领导者，常常是通过以身作则来使自己的意志在下属中得到很好贯彻执行的，从而使每一位职员都能感受到自己存在的价值，并心甘情愿地为自己的公司效劳。因此，作为一个领导者，必须首先具备对你下属的影响力、感召力和凝聚力。无论是使用自己的人格魅力，还是首先以身作则地勤奋工作，你都要使你的下属感到你是值得信赖

的，这样你的下属才能为你肝脑涂地也在所不惜。

处处为下级着想

要想做一个受人尊敬和爱戴的上司，的确不是一件容易的事，正如常言所说：“讨好一个人难上难，得罪一个人只一句言。”常常是一念之差，一个微小的枝节就会让人生疑，从而引起误会，更何况身为上司，哪有不得罪人的呢？正所谓“智者千虑，必有一失”。本来你与下属的关系一直良好，而稍不留神，不知什么时候下属就对你有了成见，你却还蒙在鼓里呢。

某公司部门的一位女领导，在公司业务不断扩展的情况下，接连不断地接受新的任务，于是她在忙于跟上层开会之余，又不得不将一些具体工作分配给下属，整天忙得焦头烂额。而最让她感到不安的是，她开始发现员工们看她的眼色似乎变得很难看，对她下派的工作也不像以前那样努力地去做。

假如不予理会，任其发展下去，恐怕会不可收拾！其实问题并不复杂，这个女主管在一心一意为公司效力时，忽视了下属们的感受和利益。由此引起了下属的不满。

所幸，这位女领导意识到了自己的疏忽，并及时做了弥补工作，使情况有了好转。

事情确实是这样的，在人力有限的情况下，工作量骤然猛增，平白增加了负荷，对员工确实是不公平的。而公司方面又没有给予适当的补偿，作为部门领导者，就有责任去为下属争取合理的劳动报酬。合理的加薪，这是每一个劳动者所应得的。一个处处能为下属着想，敢于为下属出头的上级，才会受到下属的尊重与爱戴，下属也才会为你赴汤蹈火、在所不辞。

在下级面前树立威信

搞好上下级关系是许多成功领导者的经验，另外，对待自己的下属一定要大公无私、人人平等，只有这样才会令下属信服，树立起自己的威信。

对你的下属就不要轻易承诺，一旦承诺了的事情就必须履行自己的诺言，如果经常食言，只会让你的下属对你失去信心。

勇于承担责任，即当事情出了问题时，你要为你的下属承揽过失，对老板说："那是我的错，不怪他。"而当工作进展良好时，你应将这份功劳归功于下属。

要树起自己的权威，对你的下属就不要随便开玩笑，这样你的命令才会很好地得到下属的遵守与执行。在以你为核心的班子里，就会团结友爱，无往而不胜，下属会对你充满信心，上司也会对你十分信任。

给你的下属树立一个好的榜样，这是非常必要的。作为一个上司，假若常常迟到早退，怎么能让你的下属信服，准时准点上下班为你效劳呢？

给下级以最正确的教导

作为一个领导者，在自己的责任范围内有必要对下属进行督促和教导，以此来引导他们进行有效的工作，并通过行之有效的鞭策制造出一种和平、团结、友好的气氛，激发起员工们奋发进取的精神，令你所辖的整个部门生机盎然，所有员工都心向一处想、劲往一处使。

如果你的下属们人人都各行其是，那么你的业绩也不会好到哪里去。所以说，一个领导者要学会正视、教导、改正下属的缺点，发现、挖掘、利用下属的潜能，使整个工作团体达到最佳的工作状态。

在教导下级的时候，对于不同类别可以采用不同的策略：

1. 恃才自傲的下级

那些具有专业知识和技能的员工往往容易恃才自傲，经常自以为是，让上级很难加以指挥，从而显得与整个团体格格不入。从古至今，有相当一部分具有突出才华的人都由于过度的自信而显得趾高气扬，不愿接受团体规章的约束，致使团体中的和谐遭到破坏。

对于此类人，领导者最好是根据他们的特点来活用他们，让他以他的特长来为你效力。由于他们同时具有突出才华和不喜欢受约束的特点，领导者可以放开手来让他自己去充分发挥。这样，他们便会乐意为上级效力，并产生意想不到的效果。

2. 不听指挥的下级

有些下属自恃才华不浅，对上级不屑一顾，把上级的命令也不放在眼

中。企业是一个团体，团体中的每个成员都应该有互相协作的精神。如果每个员工都各行其是，不听从指挥，那么企业上下将会乱作一团，成了一盘散沙，何谈企业精神的存在呢！

那些不听从领导指挥的下属，即使具有相当的实力，也极易造成领导者员工管理方面的负担。对于此类下属，绝对不能放任他，由他这样下去。管好团体里的每一个成员，让他和别人一起互相协作，不再我行我素，这是一个领导者必备的能力。

这类下属的特点是，由于对自己的能力充满了信心，做任何事总想一个人去独自完成，以赢得别人的夸奖。也可以说，正是因为充满自信，总是自以为是，凡事也不找领导商量，不和领导保持密切的联系，所以出错也就在所难免。对其最好的教育机会就是在其犯了错误时。这类下级对于自己的工作成果是非常重视的，其在心理脆弱时，才能够听得进别人的话。所以，你就可以利用这个机会向他强调不听从领导指挥、我行我素的弊端，促使他今后严格遵守企业的一切管理制度。

3. 不安分的下级

在一个企业中，往往有一部分不安分的人物：他们聪明、好动，有着鲜明的个性，不愿拘束于管理，在团体中“兴风作浪”更是有一套。他们是企业中不安定的分子，是企业中违反纪律、煽动狂热情绪的倡导者。他们一旦“兴风作浪”，整个工作团体都会受到影响。

你千万别和他们对立起来，应该因势利导地让他们在企业中“兴风作浪”，充当活跃企业气氛的角色。

领导者要给予他们最好的利用，首先要把他们从不习惯的工作方式中解放出来，给他们充分施展个人本领的空间，使他们愿意为你效力，帮助你策划企业的集体活动，充分发挥他们的才能。

对于这种不安分的人，领导者可以恰当地利用他们的个性特点，使他们成为工作团体的调节剂。一个工作团体需要每个成员的创造性活动，不安分者为企业引入了活跃的思维空间与自由论谈的绝妙气氛，为企业的创新提供了良好的氛围。

由于他们不安分、开朗、好动，所以他们也都有着很好的群众调动性，很善于聚集群众，对于企业的集体合作，他们是最好的组织者。不安分者的出现，为企业破除旧时观念，建立新秩序配备了人选。你只要合理地利用他们的长处，企业的人际关系必然会呈现出一个自由、开放、团结、和谐的良好气氛。

与下级最佳的沟通方式

正确有效地带动下级

领导的谋划水平与政策的成败虽是至关重要的，但是要使其成为现实，还离不开下级的具体工作。如果领导的成绩是长城，那么每个下属的辛勤工作就是一块块砖石；如果领导是舵手，那么下属便是发动机、螺旋桨。如果领导只会用威胁、刁难等手段强迫下属去服从、去工作，结果只能使下属产生逆反心理，从而消极怠工、暗中抵制，结果反而降低了工作效率，影响了工作目标的实现。

要想让员工心甘情愿地去加班、去奋斗，领导就必须注意及时地了解下属的需求、情绪、态度等，有针对性地调整策略，最大限度地调动起下级工作的热情、积极性和创造力，使他们明白全心全意地跟着领导工作才是他们最好的选择。

有些时候，某些政策的制定是需要听取下属的意见，特别是那些在员工中有一定威信人物的意见的。不求得他们的理解和支持，领导的工作就会很难进行下去。而且，当一项工作最后不了了之以后，领导的威信就会大受打击，这是领导的最大失败，也是最不愿意面对的一种局面。

想树立员工们的自信心，调动起他们的工作热情，就要尊重员工的意见，尽可能地为他们制造一些发表意见的机会，并对此表示极大的兴趣，对他们所提出的正确建议，表示支持与赞同。

作为上级要善于用人

作为一个上级，应该能发现人才并善于用人，这样才是一个真正称职的上级。你要去注意你属下的员工里，有没有很有潜能，又很有自知之明的员工。这样的员工你就要给其宽松的空间，使其建立起一定的工作风

格，并制定独具特色的工作目标，从而达到最好发挥的目的。你还要去注意，你下属的员工中，是不是有人具备领导者的才能，这样的人你完全可以将其发展成为你的左膀右臂。

有句话说得好："人无完人，"多有能力的人都避免不了有他自身的缺点。作为一个领导者，要能够正视员工的优点与缺点，并且很好地处理，才能有效地让员工发挥他的特长，避免他的缺陷。

1. 能力面前一视同仁

人们都习惯把与自己有过节的人称之为小人，在生活中处处远离、防范他们。而作为一个领导者，则应放宽自己的胸襟，遇到有才华的"小人"下属，一定要好好地用他。不管他在别的方面怎么不好，也不管他是否跟自己有仇，只要你认为他在哪方面是个人才，能把哪项工作做好，你就应该把这项工作交给他去干，往往这样去做，反而更能取得让你意想不到的成功！

用人不能只看其缺点，要从事业角度出发、从目标出发，不管他是"小人"、"君子"，只要他独具能力，能把事情办妥，便是需要珍惜的人才。

2. 正视下级的优、缺点

"金无足赤，人无完人"，你在识别人才时切忌求全责备，只看其缺点和短处，不看其优点和长处，这样不仅不能得到人才，还会给你的事业带来损害。

领导要是对下级求全责备，只会觉得手下无可用之人。"人非圣贤，孰能无过"，作为领导者应懂得对下级要舍短取长，只有这样，你才能发现在你的周围有着不少的可用之才。如果一味地去追求完美，就算人才站在面前，你也会视而不见的。

选人的原则，是选在某些方面有本事的人，而不是去选他有没有毛病。如果你一味去了解被选者的短处，找他的毛病，最后就算你挑出没有毛病的人来，也不可能一定是有本事的人才。

识人就要看主流、看本质，人才不是全才，不能因有点短处而不见其长处。作为一名领导，要善于发现人才、团结人才、使用人才。只有不拘一格用人才，才能让员工们发挥自己的长处，这样才能不埋没人才、压迫人才。

领导也不可以不顾及下属的短处和缺点。对于那些品质上存在某些缺陷但又有一技之长的人，领导在用他的同时，也不能忽视其问题，应该辅以必要的措施，这样就可有效防止他给你的事业带来危害。

化解下级中的是非

身为一个领导者，面对下级中发生的公、私事纠纷，是很常见、很普遍的事，但是如何处理却是一门学问。领导者只有采用正确的手段和方式，才能使事情得到圆满而妥善的解决。如果因私人恩怨扰乱了办公环境，那么以后的工作就会变成一个难分难解的结，而且再想解开这个结也会变得越来越难。

请你记住，作为上级，你的重要任务是要使工作在任何情况下都能正常进行，使每一位员工都能发挥其最佳的工作效率，让部门的集体成绩直线上升，让老板满意，所以你就要学会做个调解下属们私人是非恩怨的和事佬。

人是一个高级动物，人与人之间的关系也相当微妙，特别是在同一个单位发生过利益冲突的同事之间，很容易酿成大大小小的纷争，而且绵延不断，似乎永无休止。

作为上司，你应该做好调解工作，一方面能舒缓下属间的紧张气氛，另一方面多了解下属之间的矛盾，这对你今后的工作计划也很有帮助。

当下级中出现矛盾时，作为上级，千万不可加入到下属的阵线中去，正确的做法是要了解情况、观察动态，有效化解矛盾。

比如说，你得知某下属受到其他同事的围攻，被讥笑其缺陷和短处，如嘲笑其肥胖、思维迟钝等，全是一些不堪入耳的话语，那么这位孤立无援的下属在同事之中已无立足之地，就连人格尊严也就受到了威胁。遇到这种情况，领导者要及时对那位难堪的下属伸出援助之手。同时，你要用严肃的态度向其他下属暗示：你是不赞成他们这种做法的。

通过沟通有效激励下级

领导者的激励很重要

一个领导者要想得到下属们的信服，使他们愿意听命于你，全心全意地跟着你干，仅凭空洞的号召或简单的命令，指挥别人说“去尽全力完成这件事吧”是不行的。领导者必须花费时间和精力建立起威信来，让别人愿意跟随你的想法、理念、梦想，甚至某个有些疯狂的念头。要别人自愿跟随当然比简单的命令困难得多，但是你最好用这种方式。

想让下属们真心实意地跟着自己干工作，就需要领导者采用鼓舞和激励的策略。而有些时候，真正的激励绝非来自金钱的诱惑，或是担心被开除的恐惧。不错，每个人都想要优厚的薪俸、年终红利、股票分红以及福利政策等等。但是，一个人如果一点都不喜欢他的工作，没有任何想要把它做好的动机，他的表现最好也不过是让他自己能领到该得的薪金。而如果只是害怕被炒鱿鱼，那同样会糟糕得很。

戴尔·卡耐基曾经说过：“天下能令人认真做事的方法其实只有一种，那就是令他自己想做，而不是被逼无奈才做。除此之外，别无他法。”他进一步解释道：“当然，你威胁员工做不好就开除，也能赢得表面的合作，就好像你用左轮手枪抵着一个人的肋骨，一定有办法令他交出他的手表；你用恐吓或体罚的方式，也一定能让小孩就范。但是，员工们只是阳奉阴违，没有人会真的卖力。而且，这些粗暴不仁的做法一定会引起很多负面的反应。”

看来，一个领导者不具备激励员工的能力，不拥有下级们的拥戴，是很难将工作做好的。这件事情看似很难，其实很简单，举个例子说：只要你能改变一个人，那个人就可能会帮你改变其他十个人，然后那十个人又去改变一百个人，最后大家就都被动员起来了。

这就像以前西部片中，牛仔英雄为了拯救美丽的姑娘，要去与歹徒决斗，当他骑上白马出发时，旁边原本只有一个人愿意去，但片刻之后有了第二个，然后是十来个，就这样走了不多时间之后，七八百人一起加入进

来，尘土飞扬，气势磅礴，他们共赴决战，心中充满必胜的信心。你不能盯着每个人问：你愿意跟我到河谷去吗？你只能想办法让他们自己想要加人。你上马前进，以你的沉着、勇敢、坚定吸引其他人加入你的行列。最后到底有多少人跟你同行并不要紧，关键是你要敢于上马前行，令其他人受到鼓舞，萌生同仇敌忾、生死与共的豪迈之情。

对下级给予足够的重视

《改变人类的行为》一书的作者哈里·奥佛史崔特曾在书中提到：行动总是由我们内心深处的欲念推动，无论是在商业界、家庭、学校还是政治圈中，想要增强说服力的最好方法是先引发他人心中的渴望。能做到这一点的人，几乎可以说是无往不利。只有对工作充满热忱、投人工作的人才能把工作做好。

人们都知道，一个人会因他人对自己的重视而备受鼓舞。

类比设计公司的雷·史塔达就说："人们真正追求的是重要感、新鲜感，并且能有影响力。"只有当一个人在公司自觉很重要时，他才会有认真去做的欲望。一个合格的领导者该懂得他的员工是需要得到尊重、赞赏、奖励的，同时还应该妥善处理员工们的挫败。让每个员工都觉得自己重要，打破职位金字塔结构，可造成一种"扁平化"的组织关系，造成一种彼此之间的地位高低已经不太重要的感觉，这能有效促使人人一心为公司。

在某个节骨眼上，领导人的一个重要工作就是要让大家明白，只要大家团结一致，就绝无失败的可能。领导者对员工们越有信心，大家也就越有干劲，成功的几率也就越大。成功的领导人要善于传达这种感觉，如"我们是同在一起的"、"我们是团队的一分子"、"我们所从事的是有价值的事"、"我们是最好的"等等。这些话能够将上下级的距离缩短，使大家完全融为一体，形成一个积极合作的团队。

只要领导者能够恰到好处地完成这些事，就能让员工们自觉地融人公司中，这时，作为领导者就能够静待丰硕的成果。

订下一个有意义又有挑战的目标

人们会被某个充满挑战性的目标所激励。让员工觉得有目标，让他们

认识到他们所从事的是一项有价值的、对己对人都十分重要的事业，这也是能产生激励的一种原动力。

史塔达说："人们总是愿意接受可以发挥其能力的工作，甚至是能够激发潜能的工作。因此，我觉得激励最重要的部分，是把工作任务与个人能力恰当地结合起来，人们需要的是真正的挑战以及较高的期许。"这个见解非常重要。领导人应该是一个推动者，推动自己的员工去不断挑战新的目标。

锐步国际公司董事长保罗为了鼓舞员工的士气，想出了一个奇招——向全体员工以及新闻界作出一个大胆的承诺：他将带领锐步公司在两年内业绩超过耐克公司。

这可不是一个可以轻易作出的承诺。锐步公司上上下下先是一惊，然后精神为之一振。有了这个，保罗再也用不着收买、威胁或利诱他的部属了。他表现出甘冒风险的姿态，并且鼓励员工们也能如此。他制定了一个产品创新的计划，并为之提供大笔的经费，他发誓将不惜任何代价——真的是不惜代价——聘请世界上最伟大的运动员作为锐步公司的代言人……这极大地激励了公司的全体员工，最终，锐步取得了非凡的成绩。

借助批评来激励下级

作为领导者，是下级们干好工作的带头人，所以，有些时候就必须慎重，不能被一时的冲动冲昏了头脑。比如说，你的员工犯了严重的错误，给工作造成了很大的损失，领导者可能就忍不住要批评指责。

领导者必须明白，世界上没有一个人会喜欢接受抱怨、批评或指正。当一个人被别人指着批评时，这个人肯定会被激怒，这一点大家都明白，因为这种行为刺伤了这个人的自尊。

批评到底有没有用呢？批评者当然认为有用，但实际情况往往是，你批你的，犯错的照样犯错。而且由批评所引起的争端、扯皮无休无止、愈演愈烈，到最后免不了有人失去理智，说一些过头的话，弄得双方大伤感情。

其实人人都知道每个人都是不完美的，当你的员工犯错误时，你就是没法把那些批评指正咽下肚去，怎么办呢？

史塔达认为应该向这种人性的弱点挑战。因此他尽量让自己公司的职

员免受不必要的指责。他说："我平常尽可能地避免对公司同仁说教。事情出错时，想办法把抱怨转变为建议。因为你得弄清楚自己到底想达到什么样的效果。如果你批评别人的初衷是希望别人的工作有所改善，那么你完全可以采用别的更能让人接受的方式。每个人在做了一天工作之后，都希望今天比昨天有所进步。因此完全没有必要滥施指责，把人际关系搞得紧张兮兮的。"确实，批评、指责都不是目的，真正有所改善才是最重要的。

作为领导者，千万别忘了戴尔·卡耐基所说的"指正他人前，应先给予真诚的赞赏与感谢"。在向犯了错的员工批评他的过失时，别忘了要创造一种轻松平和的气氛，使人能够心情舒畅地接受建议或建设性的批评。这时领导者最好向员工传达一个观念，那就是："过失本来就是人生的一部分，而改正过失并不困难。"这样，就能很好地将批评转化成一种有效的激励。

领导人必须记住：只有立足于激励，并确实能实现激励的批评才是聪明的和必要的。在批评时要注意营造轻松平和的气氛；不要揪住不可改变的事实不放；要顾及他人的面子。只有领导人注意以保护和激励员工为己任，他才会获得士气高昂的员工。

激励下级的原则

卡耐基曾说过，假如你要在领导方法上超越自我，希望改变其他人的态度和举止，请记住这条规则——给他一个美名，让他为此而努力。

成功的公司领导人基本上都实践了这一观念：他们都能让员工对自己的工作发生真正的兴趣，觉得这是自己的工作，必须由自己对它负责。能这样想，他们就会努力再努力，尽全力做得越来越好。

认定了这个最基本的原则后，再制定激励方式就容易了。以下三项可以作为激励下属的参考：

1. 让员工参与公司所有的流程与各个步骤，彻底打破金字塔结构，建立起真正的团体合作关系。

2. 将员工视为个人而非整体，要肯定他们个人的独特性，再肯定他们公司员工的身份。同时永远记得尊重他们，肯定他们的重要性。

3. 对于下属卓越的工作表现，一定要给予及时的肯定、赞赏与奖励。

每个人都希望得到他人的期许，在得到这种期许后，他们往往能真的表现出那个样子。

有效的激励可转化为巨大的推动力

人都是有惰性的，有效的鼓舞却能够激励起一个人的冲天热情，从而使其发挥出超出自身的能量。

蓝伯第曾任教于一支橄榄球强队。在绿湾比赛的训练期间，队伍的情况并不怎么顺利，尤其是一位身材高大的后卫杰瑞，因为屡屡失误必须退到场外，不得继续参加比赛。教练把这名后卫叫下来，很威严地训诫他："孩子，你是一个卑劣的运动员。你没有阻挡对方，没有跟对方交锋，没有全力奋战。事实上，你今天已经全完了，快回去冲洗吧!"这位高大的后卫点点头，然后走进更衣室。45分钟后，蓝伯第走进来，看见高大的杰瑞坐在他的柜子前，仍然穿着运动服，正静静地低头啜泣。

这位善于把握人心的教练，走到那位后卫队员身边，手臂搂在对方肩膀上。"孩子，"他说，"为什么我说你是个卑劣的运动员呢？是因为你没有阻挡对方，不敢跟对方交锋，你丧失了一个高大后卫应有的勇气和责任感。但是，凭良心说，我应该告诉你，你自己的内在有一个伟大的橄榄球运动员，我正要紧紧地抱住你，直到你内在伟大的橄榄球运动员有机会出来，并且声明他是一位伟大的橄榄球运动员为止。"

这些话使杰瑞激动万分。结果，他最终成为橄榄球界的杰出人士之一，甚至还荣获职业橄榄球界最近五十年杰出后卫的称号。

领导者用种种方式去鼓舞与激励他的员工时，别忘了还要让他们了解上级对他们的信任、重视与关切。真心尊重与重视员工，在推行公司的价值观时，应既循循善诱又激动人心，令员工衷心信服。赋予员工绝对的自主权去决定如何完成自己的工作，所得到的结果才会好。只要做到这些，你就一定会被一群士气高昂的员工簇拥着。

工作中对待下级的最佳方式

信任下级却不能放任

领导者有必要长期地建立与下属之间的信赖关系，但是，信任下属不等于就要放任下属。作为一名领导者，要时时保持对下级应有的态度：那就是要在充分信任下级的基础上来约束、限制他们。如果无原则地放任下级，任其胡作非为的话，那么将会天下大乱。

一个有威信的领导者必须勇于训斥下级，奖罚分明、恩威并重才能树立起领导者该有的威信。下级犯了错误时，及时正确的训斥和教导才能使其明白自己错在哪里，才能有效地防止这种情况再次出现。这时别忘了，你的目的不是为了惩罚而惩罚，而是要达到惩罚的目的。惩罚时，通常要带有某种形式的纠正行动，目的是为了防止未来。

当下级出现错误时，只有正确有效的斥责才能产生积极的效果：

1. 领导者必须在情绪稳定后，才能斥责下属，如果只凭一时冲动，很可能会产生相反的后果。

2. 在斥责的过程中别忘了肯定对方的优点，不要把对方说得一无是处，使其丧失了自信。

3. 斥责要有教育对方的诚意，不可以有不纯正的动机，使对方明白受斥责的理由，使对方能反省，并在反省之余激发勇往直前的信心。

树立领导者的权威

领导和下属的关系在工作时间里一定要明确，要始终保持着领导与被领导的关系，以防下级越权或无视你的职权，对你造成管理上的不利。领导和下属之间无论多么亲密，应有的位置都不能改变：领导在上，下属在下。关系不明确是绝对不行的，这样只会带来管理上的失败。

在工作中，如你以过分平易的态度对待下级，对方就有可能误以为你是在与他交换意见或讨论。如果下属和你的年龄相仿，就更要注意这一点

了，不在他面前树立起领导者的威严，他会认为你们只是朋友，你们之间是平等的。

你必须要让下属明白你们之间的关系——我是领导，你是下属，工作中你必须服从我的安排。

所以说你必须做到一点就是：一定要在下级面前树立起自己的权威。

当下属没大没小、没上没下时，你不能再三容忍，该批评时一定要批评他。

批评他人是件苦差事，被批评者更不好受。批评时，即使对方没有做出适当的反应，你也不要生气，也许他已经在反省，并想办法改善自己的工作态度。

一些不习惯被人责骂的年轻职员，在工作场所中被你斥责，即便是他内心后悔，也不会表现出来，也不会对你表示歉意。对此你不必耿耿于怀，要认识到，其实对方不过是将自己的内心波动隐藏了起来。在以后的工作中，他是能够记着这次教训的。

和下级保持适当的距离

对于领导者来说能“和下级们打成一片”是对工作有益的，如果脱离了员工们，那么，也就失去了领导者的作用和意义。在一定的原则指导下和下级相互沟通，有利于加深上下级之间的相互理解，确定上下级之间正常平等的关系。

但在有些单位里，有的领导忽视了和下属之间应有的距离，跟下属称兄道弟，使得他和下属之间毫无分别，致使在工作中，命令没人听，工作无人干，领导者形同虚设。

所以说，“和下级们打成一片”是要有个限度的，该保持的距离一定要保持，如果领导和下级完全没有区别了，企业还怎么来正常运转呢？

无数事实都可以证明：一个领导者不能与下级保持适当的距离，将会给管理方面带来诸多矛盾和困难，也可能在原则上丧失领导者的形象。

总之，领导与下属之间保持距离，实在很必要。不过，如果距离过大，也会招致失败。

要想作为一个成功的领导者，就需要始终和自己的下属之间保持一定的距离——这段距离不能太长，太长了就会和下属之间产生隔阂；也不能

太短，太短了就会使下属为所欲为。

与下级之间保持适当的距离，会对你事业的成功大有帮助。

对下级要公私分明

有些领导对那些善于巴结、奉承的下属比较喜欢，并且处处维护着他们。这样做其实是非常危险的。

因为那些人都是非常现实的，一切都是从自身利益出发的，因为你对他们来说有利可图，所以他们才巴结你、奉承你，亲切地跟你称兄道弟。相反，一旦发生了利益冲突，他们便会立刻翻脸不认人，从而带来很坏的负面影响。

无论在何时何地，对待下属都绝对要“一视同仁”。假若你对待下属都很公平，即使薪水少、工作繁重，也不会引起众人的不满。

若以自己的私人情感来开展工作，那你就大错特错了。我们应当注意情感因素，不能因为你非常喜欢某人，无论他干什么，你都想去表扬他；也不能因为你和某人过不去，就讨厌他，甚至看到他就觉得厌烦……

这样就危险了。由不公平引发的矛盾是非常强烈的，这种不满的情绪甚至可以爆发成内部革命。因此，作为领导，你绝对不可以使下属看到“自己的领导不公平”。

有些领导喜欢在自己的周围安排一些阿谀奉承之徒。那些阿谀奉承之徒会给你带来短暂的快乐，但总有一天，你会因此遇到意想不到的麻烦。

正确应对下级

1. 对于喜欢搬弄是非者

每位领导的下属中，都会有几个爱搬弄是非的下级。对于这类爱捣乱的下属，需要格外地注意，因为他们具有潜在的或者实际的破坏能力，能破坏人与人之间的友好关系，并且能在团体中制造混乱。对待他们需要正确的方法。

作为领导者，千万不能图省心而满足他们的无理要求而去亏待别的下属，更不能对其放任自由，不去管他们。这两种办法，都注定是失败的。

经常给上级出难题的人，数目虽然不多，但危害却很大，假若一个团

体里有这样的几个人，而领导又不知怎样去管理他们，那将会闹得鸡犬不宁，严重地影响团体的工作效率和工作秩序。

要想成为一名合格的领导，面对那些爱捣乱的下属，你绝对不能畏惧、妥协和退让！

管理是为了调和解决复杂的人事关系。那些常常爱挑拨离间、惹是生非的下属自然令人头痛、难以管理，切忌让这种爱搬弄是非的人随心所欲。要想使员工形成良好和谐的人际关系和工作环境，就必须要解决这个问题，否则将会导致员工人心涣散，工作杂乱。

因此，你别无选择，要能够正确地应对他们。

2. 对于工作拈轻怕重者

有些下属只一味地挑轻松的工作做，对于艰难的工作则敬而远之。工作进行得不顺利时，他们又会把责任推给别人。另外，他们还在该加班时不加班，不该请假时却请假。

假设你的下属中有这种人，你会不会感到怒气冲冠呢？作为领导，你应该正确地应对这样拈轻怕重的下属，对他们加以正确引导，就能使其改变工作态度，提高工作效率，并且使他们发挥出自己的特色。

凡是上班族，都希望自己能工作负担轻一些，不要以为只是你的下属最特别。只是有的下级不会明白地显露出自己的内心罢了。

既然是这样，领导对于能够认同的事物，就要去认同它，无法认同的，也要和下属商讨一个可行的方法，不必对下属的不合理要求产生逆反的情绪。

领导者也都有过下属的经历，谁也难保自己从来没有过拈轻怕重的时候，所以说，作为过来人，不能轻易责怪你的下级，而应给予正确的引导。

如果对于此类人，你不能有个正确的态度，给予正确的引导，就有可能导致员工们无心工作，硬着头皮混日子，工作起来也是摸鱼打混，效率就可想而知了，最后吃亏的还是整体利益。

对于拈轻怕重者要有耐心，这样才能拥有良好的工作团体。因为只有那些气氛和谐、人心团结的单位，员工们才能最大限度地发挥自己的能量，使整个工作团体充满朝气地向前发展。因此，你应当竭尽所能地引导你的下属向正确的道路上迈进。

通过沟通有效培养下级

培养下级是领导者的必需

工作场所是员工们的第一阵地，一个成功的领导者首先要懂得：培养员工们好的工作能力。

人才不是天生的，人的成长和进步都离不开培养和锻炼。培养与锻炼的过程，为他们提供了充分展示聪明才智的机会，同时，也有利于择优汰劣的竞争挑选，使人人进入紧张的竞争状态，激发、调动起内在动力和积极性，促成其内在潜力的释放。事实证明，如果一个组织中人人讲效率，工作满荷负载，那么，这个组织中每个员工的工作能力就会提高十倍。

对于一个领导者来说，没有什么比员工们的工作能力强更重要了。要想事遂人愿，就需要对员工进行正确而有效的培养。企业培养人的方法很多，培养的途径也不少，善于此道的领导者能够很好地利用每一种方式提高自己的员工，这能让自己部门的工作业绩更上一层楼。

培养员工的具体方法

培养员工是一门学问，一个合格的领导者要学会用具体的方法来培训员工：

1. 选择一个宽敞的地方办起娱乐活动场所，利用录像机放映正确的行为表现，让员工们进行讨论分析，明确正确的行为标准，用以训练员工的思维和观察能力，养成他们动脑的好习惯。

2. 号召员工入学，参加各种学校举办的继续教育课程，参加企业、公司内部的培训课，并且确保其不因为“离开本职工作去学习”而使学习者蒙受任何间接的批评或惩罚；必要时可实行岗位轮换制度，鼓励员工定期到本职以外的部门或工作岗位上任职，这种轮换任职虽说是暂时的却能真正地磨炼他们的工作能力。

3. 邀请本企业或本公司其他部门的人员来与自己部门的员工聚会，

交谈互相需要给予哪些支持与合作，相互交流经验，取长补短。

当前，国外一些企业很流行卡耐基训练，有人这样评价："学会和掌握卡耐基训练，对培训高素质的员工和管理人员非常有效。"日本某商业公司有这么个规矩：你必须接受卡耐基训练，否则甭想提升。作为中国企业，也有必要将卡耐基训练作为一种培养员工的方法。

卡耐基训练主要包括下面几方面的内容：

1. 学会看问题，受训者要将心比心，站在他人的位置去考虑问题。

2. 给予某人赞扬。受训者应学会在16秒钟的时间内说出对一个人的崇拜之处。

3. 帮助领导进行管理。受训者学会突破本人的外壳，清除部门的障碍，帮助老板改进业务。

4. 不责备、不抱怨、不批评。受训者应学会避免去责备、抱怨和批评。在卡耐基看来，批评是劳而无功的，批评只会逼人辩解，而不会产生有意义的后果。

5. 培养判断力，无论是员工，还是管理者都要有判断力，这就需要受训者在任何模拟条件下，迅速地做出自己的判断和处理。

员工的岗位能力培养

企业对员工的培养方式多为送出去培训、深造，或单位内部举办短时期的培训班。其实，对于员工来说，最根本的培养乃是工作实践，没有什么培养比工作岗位本身更理想。在工作中进行有目的、有针对性的培养才算得上是最基本的培养。在工作中培养，就是根据工作的需要进行调整安排，让下属去从事能够锻炼自身工作能力的事情，促使他开动脑筋、积极思考，以此来不断地提高工作能力。同时，还可以从中发现其弱点和缺点，然后再采取有针对性的培养措施。比如说，要培养下属的韧性，可以安排他去艰苦的岗位、环境复杂的场合进行锻炼。

对已经大体熟悉和掌握了本职工作要领又能积极完成任务的员工，要不失时机地交给他未曾接触过的新工作，同时进行指导。对新的工作感到为难的人，要教育他们树立信心，树立提高能力的观点，树立全心全意为企业投入新工作的思想。员工们取得进步和成功时，要给予鼓励和奖励。

一般来说，员工们对工作的态度主要有两类——热爱和厌倦。热爱工

作者把工作看成是一种享受、一种乐趣，表现为积极主动地去工作，把做好本职工作当作是天经地义的事；厌倦工作者却把工作视为一种苦差事，总是千方百计设法减轻或逃避本职工作。

所以说，在培养人才的过程中不能把工作搞得单调枯燥，那就谈不上效果，因为并非是每一个人都习惯于工作，有的是迫不得已，有的是出于无奈。因此，培养员工时不要忘了增加工作的趣味性。人人都喜欢娱乐、游戏，如能设法使工作像游戏一样带给人乐趣，激发起人的热情，那么所有的员工都会提高工作热情，从而提高工作能力和效率。

培养员工的自信

一个人有没有自信是很关键的，员工有没有自信对于工作完成得好与坏同样是很关键的。领导者培养员工拥有自信，可以帮助员工时刻保持轻松的心情，敢于面对各种困难和挑战，在关键时刻“绝处逢生”。

迪斯托·贝尔维是日本运动史上最伟大的运动员。他会善用自己的天分，达到了无与伦比的高度。至于他的成功，人们一致认为那是因为他信心十足。

一个人只有相信自己的能力，才敢于向艰苦的条件挑战，并且认为自己一定能取胜。老天是公正的，他赋予了每个人不同的特长，可是事实上只有少部分人在使用这种特长，原因是大部分人的潜质都不为人甚至包括他自己所知，所以就应该去发现它、使用它、发展它。

潜力的发掘与发展往往是以自信为基础的，一个拥有自信的人才可能勇于面对各种挑战，在不同的挑战面前发挥出自己的一切能力，包括还未被发掘出来的潜力。所以说，作为领导者，有必要帮助员工们培养他们的自信心。

培养员工的自信心，就是帮助员工打消对自己不能充分肯定的念头，使他们不要认为自己的一切都不如人，同时善于发挥自己的长处，正确看待自己的短处，并且给自己以充分的肯定，认为“我一定能行”。

帮员工树立自信心，尤为重要的是发掘员工们的潜质。领导者要善于发现员工们的内在潜质，并设法将其发掘出来。

培养员工的创新精神

一个企业要想发展，在市场上站住脚，就必须培养有创造力的员工，才能适应市场的发展和需求。实际表明，创造力对于一个企业来说已经不再是能不能发展的问题，而已成为生存的必需。我们要知道，在这个追求个性发展的信息时代，没有创造力的员工无异于一架制造过时产品的旧机器，是不适合于新时代的，可企业的领导者又不能因为他们缺乏创新精神而把每一个员工都给辞掉。有意识地培养部下的创造力，是领导者们必须的选择。

领导者培养员工的创造能力可从以下方面入手：

1. 给员工一个良好的发展空间

一个人再有能力，可要是被一些客观条件捆住了手脚，那么也只是无能为力。一个健全的企业，一定要有一套完善合理的办事方法和规矩，这些规矩要有利于员工施展自身能力，这样才会促进工作效率的提高。也就是说给他们一些自主权，任由他们创造性地完成任务，让员工们能够发挥各自的智慧，真正做到“海阔凭鱼跃，天高任鸟飞”。

2. 支持员工多学知识技能

创造力是一种能力，它在生活中表现为瞬间的灵感突现。不过，首先要弄明白灵感的产生并只不是偶然的，当一个学识广博的人被某一问题困住时，他往往会尝试运用他所掌握的其他学科的知识来解决问题，这也是一种创造力。奠定好知识基础会有助于开发一个人的创造能力。

如何培训新员工

企业对新员工的培训，是教导其进入企业后应知应做的事情。对于新员工，首先要对其进行整个企业应有的知识教育，然后再到工作场所实习，做团体训练等综合培训。

经过教育培训之后，新员工并不等于经历了完整的培养教育。在教育培训结束后，新员工被分派到各个工作场所，这时真正的培训才开始。也可以说，工作部门才是正式教导新人的地方。一些人认为，培训新员工是人事部的事，而工作场所只是用人的地方，因此把新员工培训的责任统

推给了人事部，这是一种不正确的做法。就职前培训只是一种理论上的培训，只有工作岗位上的实践才是真正培养人、锻炼人的。

努力与下级组成高效的团队

团队精神的重要性

在现代企业中，团队精神是十分重要的。一个企业的所有组成人员要想齐心协力把企业的发展搞好，就要形成一个团结的整体，每个人都是团队的一分子，每个人都应为企业的发展贡献出自己全部的力量。

在传统工作中，每个人都不知道整体的任务是什么，员工们只知道自己分内的工作，而不知自己的工作在完成整体的任务中有什么作用。而现代模式的团队精神则推崇每个团队成员都知道整体的任务。因为一旦大家都明确了整体任务，就会明白要确保整体任务的完成，自己必须要做好什么，该帮别人做什么。在实践中，有的时候员工们为了团体的利益，就要做出个人牺牲。这样，大家齐心协力，才能顺利地完成工作任务。

因此，作为领导者有必要组建一个高效的团队，不能只知道让员工埋头干自己的工作。领导应该帮他们把主要精力放到团队的整体上来，团队精神能够使团队成员全身心投入到一项工作中去。

组建自己的团队

想成为一个成功的领导者，那么，一定要组建一个属于自己的团队。企业组织需要创新，需要有生气和活力，需要人与人的默契与集体智慧所迸发出的思想火花。

团队的建立会使管理变得更有趣、更富创造性，员工们在得到参与管理的切实满足感后，将爆发出强大的热情和干劲。“管理是团队的游戏”——这是领导们在新时期乐观自信的回答。使每个人都最大可能地发挥自己的聪明才智，实现自己在工作中心灵成长的愿望，这才是我们实现价值的方式。所以，如果你身为领导者，就要组建起一个属于自己的团

队，培养员工们的协作精神，建立起更牢固的人际关系，同时不能违反组建团队的基本原则：团队的所有成员都有一个共同的目标——实现企业的高效业绩。

怎样建立一个团队

团队组建的初期，难免会遇到一些问题，如：有的员工或多或少留有过去体制的遗迹，一时间难以适应团队的要求，在开始表现得不怎么样。你尽管尽了全力动员大家行动起来，但总有部分人有被迫的感觉。这种情况不足为奇，凡是新生事物产生初期，总是容易受到一些人的非议，当人们认识到其宝贵价值的时候，这些不良现象就会很快消失。

在团队组建的最初，不妨以小团体活动的形式拉开组建团队的序幕。小团体活动人数不多，组建的规模也不要太大，这样就能发挥其机动灵活的特点。

因团体活动是以小组形式进行的，你的员工由于工作内容相近，其他工作也相仿，容易结合成为一种处于自然状态的小型非正式组织，你可利用这个突破口，有意识地培养他们集体作战的精神。这时，你可以委派一些相关的任务，搞一些共同关注的活动内容，让员工们开展活动、参与组织管理，充分发挥他们个人的才能，把工作场所变成愉快的场所，让大家充满责任心。

通过小团体活动可以有效地培养他们潜在的协作精神，在团体内部建立起牢固、健康的人际关系。有了小团体初期奠定的基础，接下来就可逐步发展小团队了，并使之走向正规，从而提高员工的个人绩效，改进工作效率。

团队的管理原则

就目前的商业竞争环境，需要领导者采取团队工作的方式。但是，有了团队的组织形式或者建立了团队，并不意味着你的组织就能获得成功，关键之处还在于如何去运作和管理团队，并最大限度地发挥这一模式的最大效率。

团队的管理是比较复杂的，人与人是各不相同的，组织与组织之间也

是不相同的，因此，研究人员从自己独特的经验中得到的结论也不同，这就说明了团队管理的复杂性。但是通过仔细观察所有的细节，我们就会看出，有几个团体管理的原则是公认的：

1. 团队成员要有共同的信念

社会上对此的认识可以说是千差万别，但重要的是理解团队建设的不同模式和方法。领导的不同观点，对团队的工作实践将有影响：群体思维和团体思维的表现形式，以及我们组织文化的形式。我们要认识到其表现在不同机构、不同部门、不同组织，甚至是不同团队之间——各不相同。这就帮助我们理解了什么是团队领导，鼓励团队以积极的方式去完成任务。

2. 要得到全社会的认同

如果我们把世界划分成“他们与我们”，这不一定是有破坏性的，它可以成为一种积极的力量，当然，条件是领导和管理人员能够用社会认同的方式发挥作用，而且保证团队的根本需求：能够形成有凝聚力的有效团体，为团队成员创造机会，使他们能为属于自己的团队而高兴。

3. 离不开尊重

团队工作的要点在于它允许组织依靠员工的思想、智慧。如果组织不尊重那些成员的意见，团队工作就不可能成功。所以说一定要授予团队权力，给团队提供决策自主权，创造培训机会，为团队提供资源，给团队工作提供所有方面的支持——这些都是尊重的表现。团队管理人员要能够认识到，他们有必要听取团队成员的意见，并认真地去考虑这些意见。这些尊重是很必需的，因为团队成员们能够识别出是真正的尊重还是在口头上的“尊重”。作为团队的管理者，如果做不到尊重团队组成人员，那么一切事情就难办了。

激发起团队的士气

一个团队只有在士气高昂的时候，才能充分发挥出其所有的能量。作为领导者，能不能激发起团队的士气是十分关键的。俗话说，“人多力量大”，这里的人多指的是众人齐心协力，将力量往一处使。一个能激发起人们潜力的目标，能够产生一股强大的凝聚力，从而起到事半功倍的效果，这就说明了一个团队中“士气”的重要性。

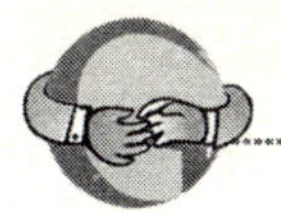

领导能够把下属当作几股线拧成一根绳，这就能形成一种士气。“士气”两个字有着难以定义的概念，是肉眼不容易看到的东西。可是人们却能感觉到它的存在，它是一种只可意会不可言传的事物。

懂得了士气，领导者才能弄明白在不同人、不同组织之间有着什么样的天地之别，这里说的不只是胜与败之间，还有生机与暮气之间的区别。团队的士气是团队成员在集体协作过程中十分需要的一种良好的精神，也是一种共同的心理基础。不论是单位中的球队，还是战场上的战士、追求业绩的企业组织，这种良好的精神都能够激励团队中的每一个成员。

士气的形成除团队成员长期的愉快合作外，还要领导者为他们策略性地鼓动、加油，使优秀者获得荣誉就是一个很好的方式。在一个团队内，荣誉对于个人来说，是再次激发冲天干劲的“兴奋剂”，也是调动所有成员积极性的强大思想武器。

保持适当快捷的工作节奏，可以使你的团队产生积极向上的士气。节奏如同音符，调节着工作步调的和谐。如果团体的工作失去合理的节奏，则会像原子运动一样没有规则，用不了多久，人们就会厌烦了自己的工作，士气也会渐渐消失。失去这种士气，也就等于失去了团队精神，这种精神的消失将会使整个团队如同一具行尸走肉，毫无生机和斗志可言，这时，就等于失去了组建团队的全部意义。

下级不是宣泄的对象，而是与你并肩作战的伙伴。倚借沟通，你将得到一个和谐愉悦的全新团队。

第十章

与客户如何沟通

为什么要与客户进行良好的沟通

客户是企业的生存之本

作为一个企业，没有客户，产品就没有市场。缺少与客户的必要沟通，企业就没有生命力。与客户做好沟通是企业的生存之本。

有的企业，产品供不应求，一再扩大生产规模，企业发展迅猛。而有的企业，产品没有销路导致大量积压，造成流动资金不足，企业面临着停产甚至是倒闭。

是什么原因造成这两种截然相反的情况？是客户！拥有客户，企业就会红火，不断发展。否则，企业就会面临险境。

美国一家服装公司的产品堆积如山，由于没有客户而被迫停产。公司停产后，这家服装公司的经理还想做垂死挣扎，于是留下一部分人进行机器检修、打扫卫生，另一部分员工外出考察市场信息，寻找客户。

半个月过去了，许多人员外出归来，有的了解到一些无价值的市场信息，有的一无所获空着两手回来了，只有一个人没有按时回公司。

那个人回到公司后，兴致勃勃地来到经理面前，激动地说：“经理，

我们可有盼头啦，我去了南非，那里是一个大有潜力可挖的市场，因为那里的人们根本没有衣服可穿，他们被毒辣的大阳晒得油光发亮，所以说他们很需要衣服遮挡太阳的烤晒！”

找到了客户，公司就不愁产品没有销路了。第二天，十几辆大卡车栽着满满的服装开向南非。没几天，积压的服装被全部销售一空。这下，公司得救了，原因是他们找到了客户。

可见，客户是企业的命脉、生存之本。对于一个企业来说，客户是多么的重要！

沟通不当就无法拥有客户

在生意场上，可以毫不夸张地说，客户是企业的衣食父母。没有客户，企业就得不到发展，甚至会破产。为了拥有客户，把客户牢牢地掌握在自己的手中，必须重视与客户的沟通、交流，否则就无法拥有客户。

卡特受命为办公大楼采购大批的办公用品，结果却碰到了一种过去从未想到的情况：营销信件分报箱营销员的说话方式使卡特大为头疼。

卡特向他介绍了公司每天可能收到信件的大概数量，并对信箱提出一些要求，这个小伙子听后脸上露出了大智不凡的神气，考虑片刻，便认定卡特最需要他们的CSI。

“什么是CSI?”卡特问。

“怎么?”他以凝滞的语调回答，其中还夹着几分悲叹，“这就是你们所需要的信箱。”

“它是纸板做的、金属做的，还是木头做的?”卡特探问。

“噢，如果你们想用金属的，那就需要我们的FDX了，也可以为每一个FDX配上两个NCO。”

“我们有些打印件的信封会相当长。”卡特说明。

“那样的话，你们便需要用配有两个NCO的FDX转发普通信件，而用配有RIP的Pll转发打印件。”

卡特越听越糊涂，但他还是按捺了一下心中的怒火：“小伙子，你的话让我听起来十分荒唐。我要买的是办公用品，不是字母。如果你说的是希腊语、亚美尼亚语或汉语，我们的翻译或许还能听出点门道，请你说清楚你们产品的材料、规格、使用方法、容量、颜色和价格。”

“噢，”他慢腾腾地开口说道，“我说的都是我们的产品序号。”

后来，卡特费了九牛二虎之力也没弄明白他们各种信箱的具体情况。卡特暗暗发誓：再也不与这个小伙子打交道了。

这个营销信件分报箱的营销员糊里糊涂地就丧失了一个客户，就是因为沟通不当所造成的。如果他能够语句清晰地把卡特想要了解的告诉他，那么，他或许就拥有了一个长期客户。

与客户建立良好关系的重要意义

聪明的人都知道，对于客户来说，重要的不仅仅是价格，还有他跟你的交情。在很多时候，友好的关系会免去你在价格战中亦步亦趋的辛苦。即使你还是要为客户提供优惠的价格，也不会达到你竞争对手那般的“出血”程度。

当然，是“良好关系”使你与客户的交易变得容易了—— 一位尊敬你、对你有好感的客户在价格谈判中也会特殊对待你，他不会咄咄逼人，利用谈判的机会显示他的生意手腕，因为这会伤害到你们好不容易建立起来的良好关系。

所以说，行业中价格战愈是激烈、残酷，客户关系的作用和意义就愈是重要。

通常，激烈的价格竞争会使客户举棋不定。因为所有供货商的条件几乎一般无二，难分上下。这时，你客户所做的选择只能取决于双方关系的优劣程度了。只要你们之间拥有良好的业务关系，他一般就不会用“您的价钱太高”之类的话来回绝你。他会明白坦率地告诉你，哪些要求和条件是他选择时的关键，而且他会努力与你一道争取一个双方都能接受的结果。

不具备商业头脑的人可能会忽视与客户的“良好关系”所能带给自身的好处。那是因为他们从未想到，与在急于求成的谈判中节节让步，提供低廉的报价相比，如果把这笔损失的差额早些投资在维持和巩固良好关系上，结果可能更为经济划算。他们更没有认识到，虽然前者使他们更容易敲定眼前的一份合同，但后者却为他们奠定了基石，令他们在日后的更多份合同中，在价格上不必大举“割肉”。究竟是哪一种方式更好？到现在相信你能懂了。

所以你必须明白，有必要通过努力给绝大多数的客户留下深刻而良好的印象，并赢得他们的友谊，这样你就获得了一批客户和合作伙伴。

用微笑与信用赢得客户

微笑是吸引客户的法宝

微笑，它不花费什么，但却能够创造许多奇迹。无论在现实生活还是工作中，微笑都有着无穷的魅力。一个微笑，就是一个很好的开端。它愉悦了那些得到它的人，虽然只是一个短暂的过程，却能给人留下永久的美好记忆。

与客户交往一定要面带微笑，这样能使客户对你有一个好的印象。相反，如果你面无表情、漫不经心地去对待客户，那么你将可能会失去客户。微笑能协调人与人之间的关系，可以提高办事效率，微笑是工作中必不可少的，面带微笑才能感动客户，使自己走向成功。

想知道微笑的巨大力量以及微笑对你客户的重要性吗？下面这个故事就是一个很好的例子。

几年前，底特律宾哥堡大厅举办了一次盛大的汽艇展览，这是该城市最大的一次汽艇展览。

这次展览会上各式各样的船只、舰艇一应俱全，极大地引发了人们的好奇心，参观的人们从四处蜂拥而来。在展览会上，人们可以选购各种船只，从小帆船到豪华的巡洋舰都可以买到，各家的推销员都站在船首向人们不停地介绍着。

在汽艇展览期间，有一宗大生意差点泡了汤：一个富翁因为第一家汽艇厂的推销员服务态度差，生了一点气，以至于不想买了，幸好被第二家汽艇厂的推销员用微笑给留住了。

这位来自中东某一产油国的富翁，由于衣着很朴素，没有一个人能看得出他是一个有钱人。他站在第一艘展示的大船前，对面前的推销员说：“我想买艘价值2000万美元的汽艇。”可以想像，这对于推销员来说，是件多么好的事，如果交易成功，将改变他一生的命运。

可是，那位推销员只是打量着这位顾客——怎么都看不出他是一个有钱人，还以为他是疯子，所以没加以理睬。他认为向这位富翁介绍是在浪费他的宝贵时间，所以脸上不仅没有笑容，还露出不屑的神情，转身去接待别的顾客了。

推销员的态度使得这位富翁心里很是恼火，想在这里购买一艘价值2000万美元汽艇的决定彻底打消。于是，他走开了，去别的地方继续参观。

他来到了下一艘陈列的汽艇前，这艘艇的推销员是个非常热情、敬业的小伙子，他做任何事、对任何人都是面带微笑、说话温和，所以他的推销量是最高的，也是最受顾客欢迎的。

富翁一来到船首，这位年轻的推销员就迎上去，面带微笑，就像脸上写着“欢迎”两个字一样，他的笑容也像太阳一样灿烂。同时，他没有多留意这位顾客的衣着和气质，而是用温和的口气说：“先生，您需要什么帮助吗?”

由于这位推销员脸上有着最可贵的微笑，使这位富翁有种宾至如归的感觉，所以他又一次说：“我想买艘价值2000万美元的汽艇。”

“没问题!”这位推销员说，他的脸上仍然挂着微笑，“我会为您介绍我们的系列汽艇，非常愿意为您服务。”

听了这样的话，看到这样的微笑，富翁决定留下来，并决定在这里购买一艘价值2000万美元的汽艇。他签了支票作为定金，最终购买了价值2000万美元的汽艇。

在这件事中，年轻的推销员得到了巨大的回报，而他付出的并不多，仅仅是微笑而已。可以说，他用他的微笑改变了自己的后半生，因为在那笔生意中，他可以得到20%的利润，这可以说已经够他后半生好好地享受生活了。

通过这两个推销员态度的鲜明对比，我们就知道微笑的重要了。人们都更欢迎面带微笑的人，特别是你的客户。微笑会帮你在客户心中树立良好的形象，还有助于提高你办事的成功率。

把你的微笑给予每一个客户，那样你就会成为最受欢迎的人和最会办事的人。

信誉是获得客户的最好保证

信守诺言是做人的美德，信誉好的人能给别人良好的印象；反之，如果你经常随随便便地许各种诺言，却往往不能兑现，那样就会给人留下恶劣的印象，从而没有人再会相信你、愿意接近你。

在与客户的沟通、交往中，信誉是重中之重，说到的就一定要办到，许下的诺言就一定要实现，这样客户才能对你有信心，愿与你合作，促使合作关系牢不可破，你的事业也会因为良好的信誉而取得发展。

美国的某著名计算机公司之所以得以迅速发展，靠的正是良好的信誉。

一天，菲尼克斯城的一个用户急需重建多功能数据库的计算机配件。公司得知后，立刻派女职员卡菲娜前去。

不巧在送货的途中遇倾盆大雨，河水暴涨，封闭了沿途的 14 座桥，交通阻塞，汽车已无法行驶……一般的人遇到这种特殊情况，只能返回去了。可是卡菲娜并没有因此而放弃，她知道用户一定还在很着急地等着这个配件呢，再说，答应给人家送去，如果因暴雨就不去，就是不守信用，那会大大地损害公司形象的。这可怎么办呢?

卡菲娜发现汽车里有一双旱冰鞋，于是她就穿上旱冰鞋滑着去给用户送配件了。平时只有 20 几分钟的汽车路程，今天却变成了 4 个小时的艰难跋涉。

当卡菲娜到达目的地时，她全身都湿透了，但仍带着微笑对用户说：“对不起，先生，因雨大道路不通，所以耽误了给您送配件的时间，对不起，请您原谅。”

卡菲娜的行动感动了这位客户，他写信给这家电脑公司，对卡菲娜的行为大加赞扬，希望公司能提升卡菲娜，并表示他将永远是这家公司的忠实用户。

过了不久，经理发现卡菲娜对任何人都很讲信誉且工作认真，于是提升她为销售部经理。

卡菲娜就是靠良好的信誉赢得了顾客的好评和上司的赏识，从而使自己的事业更上一层楼的。而这家电脑公司也通过良好的信誉而红遍世界。

在业务往来中，无论是个人，还是企业，信誉都是举足轻重的，甚至

有些时候，对于一个人或者一个企业来说，是事关成败的关键因素。只有觉得你是一个可靠的人时，对方才会信赖你，才会愿意与你继续合作。

某杂志的出版人琼斯就是一个十分重视个人信誉的人，他许下的诺言都会尽全力去实现，他正是靠着守信用树立起了自己在人们心中的形象，从而取得成功的。

琼斯本来只是一家出版社的普通员工，他平时很守信用，所做的承诺都能够兑现，所以人们都很信任他。一次他向一家银行借了50元，借期一到，他便立即将这50元钱还给银行。他发现这家银行的人员对他印象挺好，心中便有了一个想法，如果他每次借钱都到期就还，这样他在银行的声誉就会越来越好，到将来他真的需要钱的时候，就可以向银行借了。

于是，他反复几次借钱，到期便马上归还。这样，不久他便得到了这家银行的信任，借给他的钱数也渐渐大了起来。最后一次借到的数值是2000美元，这次，他考虑用这笔钱去发展他的业务了。

琼斯计划进军出版业，但这起码需要1.5万美元，而他手头上总共才不过5000美元。

于是，他再次到那家银行，再次去找借给他钱的那个职员，当他将计划原原本本地告诉了那个员工后，这位员工表示愿意再借给他1万美元。不过，他要琼斯与银行经理洽谈一下。最后，这位经理同意如数借给琼斯1万美元，还说："虽然对琼斯先生不大熟悉，不过我知道多少年以来琼斯先生一直向我们借款，并且每次都按时还清，这就可以证明琼斯先生是个守信用的人了。"

就这样，琼斯用良好的信誉获得了银行的支持，最终办起了一家自己的出版社，并取得了事业上的成功。

以上两个故事都证明，无论个人还是企业，信誉都是十分重要的。拥有良好的信誉，就能获得他人的信任、赢得他人的支持与帮助。

要想发展你的企业或个人事业，一定别忘了树立自身良好的信誉，这样，你的奋斗之路就会顺利得多，成功也会容易得多。

怎样给客户留下良好的印象

怎样才能与客户的沟通更容易成功呢？首先要给客户留下良好的印象。当客户对你充满好感时，他就会乐于同你打交道，并积极努力与你合作。

无论是在现实生活中还是在工作中，人们都有这一共同点，那就是喜欢同有修养、会说话、办事有分寸的人打交道。当我们给客户留下这些良好的印象后，双方的关系就很容易向着好的方向发展了。这就是良好印象起到的积极作用。

那么，怎样才能给客户留下良好的印象呢？

1. 仪容要整齐清洁

对于一个人的形象来说，仪容整齐清洁是关键。保持整齐的仪容不但会使客户对你产生好感，也会让自己心情舒畅、信心百倍。要保持整齐的仪容必须注意这些：头发要保持干净清洁，切忌头屑，头发最好每天清洗。男性一般十天理一次发，出门前必须刮胡须，打摩丝要适度均匀。女性必须化妆，切忌素面朝天，但也不能太浓、太艳，以淡妆为好。头发也要梳理整齐，切忌奇异发型，最好别染发，给客户一种端庄的好感。

2. 衣着要得体大方

穿着打扮一定要适宜得体又不失大方，这样才能给人以耳目一新的感觉，切忌奇装异服。男性一般以西装为主，女性则以职业套装为主。其他的配饰（皮包、手套、耳环……）也必须搭配得体，不要过于华丽或寒酸，可把握下列原则：

（1）根据自身经济情况，尽量购买质料较好的衣服，既耐穿，又好看。

（2）尺寸应适中，衣服大小应合身，不宜太宽或太窄。

（3）衣裤搭配要合理，上衣与长裤、领带、手帕、袜子等均应搭配得当，避免反差太大。

（4）素色为宜，衣服颜色不宜花哨，否则会有轻浮之感。

（5）经常烫洗，衬衫应天天换洗，西装则应定期熨烫。

（6）衣鞋搭配：在不同场合，鞋子也要有不同的选择，若穿皮鞋，则一定要保持光亮，一尘不染。

有一位国外著名企业家曾就业务员的服装总结出十条建议，相信会对你有所帮助：

（1）业务员应该身穿西装或轻便西装。

（2）业务员的衣着式样和颜色，应尽量保持大方稳重。

（3）不要佩戴一些代表个人身份或宗教信仰的标记。

（4）业务员尽量不要穿绿色衣服，流行服装最好不要穿。

（5）不要戴太阳镜或变色镜，只有让顾客看得见业务员的眼睛，才能使顾客相信业务员的言行。

（6）不要佩戴过多的饰品。

（7）可以佩戴某种能代表公司的标记，或者穿上某一种与产品印象相符合的衣服，使顾客相信业务员的言行。

（8）可以携带一个大公事包。

（9）要带一支比较高级的圆珠笔、钢笔或铅笔和一个精致的笔记本。

（10）尽可能不要脱去上装，以免削弱推销员的权威和尊严。

（11）尽量避免抽烟喝酒，尤其在即将与客户见面前，忌食辛辣及气味不好的食物，如葱、蒜……另外可以喷洒一些淡雅的香水以给人一种舒心的感觉。

3. 言谈举止要得体

适当、得体的言谈可以弥补一个人外表上的欠缺，业务员在谈话时应语速适中、语音适量、身体向前微倾、面带微笑，这样能给人一种亲切、谦虚的感觉。

另外，业务员的行为举止，对客户有着重要的影响。和客户交往时，要保持良好的卫生习惯，不乱丢果皮、纸屑，绝不随地吐痰；不当着客户的面擤鼻涕、掏耳朵、修指甲、打呵欠、翘二郎腿等，并遵守以下原则：

（1）进门之前，先按门铃或轻轻敲门，并在门口静候。

（2）看见客户时，应点头微笑作礼。

（3）客户未坐定之前，不要先坐下。

（4）递送或接名片时，要用双手。

(5) 不能随便玩弄客户桌上的东西。

(6) 绝对不可玩弄客户的名片。

(7) 用积极的态度和温和的语气与客户交谈。

(8) 坐姿端正，身体稍稍向前倾。

(9) 双手交叠放于膝上或轻置于桌面上。

(10) 认真倾听客户讲话，眼睛注视着对方。

(11) 不卑不亢、不慌不忙、举止得体、彬彬有礼。

(12) 配合说话的动作要适当。

(13) 站立时上身稳定，双手安放两侧，不能背手。

(14) 客户起身或离席时，要同时站起示意。

(15) 回答时，以“是”为先。

(16) 与客户初次见面或告辞时，应先向对方表示打扰的歉意，并感谢对方的交谈和指点。

4. 保持良好的风度

要成为客户眼中值得信赖的人，除了要有良好的服务品质外，还要保持良好的君子风度，可按以下原则去做：

(1) 不要与客户起争执，客户永远是对的。

(2) 不要主动攻击同行推销人员、公司、产品。

(3) 不要急功近利，让客户感到厌恶。

(4) 永远保持笑容与耐心。

美好的形象会给客户以永难磨灭的印象，也是业务员成功的起点，从现在开始，就让我们塑造完美的形象吧！

与客户沟通要讲究技巧

特殊情况要委婉表达

与客户沟通也是一门学问与艺术，我们有必要掌握说话的技巧，这会对我们与客户的沟通大为有益。

在与客户交谈时，一定要注意说话得体，言语的表达方式要符合自己

的身份，一旦沟通的尺度把握不准，就会破坏自己的形象，有失身份。

有些时候，有些话我们会不便直接表达，这时不妨采用委婉的表达方式，既向对方暗示了观点，又不至于话太直接而使场面尴尬。

日本东京有一位医术高明的医生，不但热心治病救人而且收费低廉，远近的居民都喜欢找他看病。

一天，来了一位半身不遂的老人，坐在轮椅上，由儿子推着走。

“无论如何，拜托你救救我父亲……”儿子哭得像婴儿一样，“看了好几位医生都没有起色，我只想让他多活几年，人世间的欢乐和温暖他还没有享受尽呢！拜托您了，大夫。”

医生仔细做了检查后，开了一个药方，并仔细叮咛：“不妨到三楼的佛堂坐坐。”

男人听了之后，感到迷惑不解，医生给人治病，讲究的应该是科学，怎么还要去佛堂坐坐？他没有按照医生的话去做。

两个月以后，男人又推着父亲来复诊。经过仔细检查之后，医生又给开了一个药方，并再次叮嘱他陪着父亲到三楼的佛堂坐坐。

但男人依旧没有在意，拿了药便推着父亲走了，心里对这个医生充满了疑惑。

这对父子第三次来到医生这里，开完药后，医生拦住他们，陪他们一起前往佛堂。

三人默默地浏览着素雅的茶几、盆栽和书架上的善书佛经，几坪大的空间里，除了清水和两碟香兰之外，橙黄的酥油灯在供桌上燃烧……

“我请你们上来坐坐的原因，是看看酥油里的灯芯……”医生指着前方说：“每一盏油灯都需要灯芯，即使有再好的油而没有灯芯，还是无法燃烧。每当油快要烧光，灯芯只剩下一小截时，我就会想：再添些油到容器里，应该可以延长灯芯的寿命吧，于是我真的这样做了……结果你们猜怎样？”

望着满脸疑惑的父子二人，他缓缓地说道：“我总是贪心地倒太多的油，结果不是火焰变得极微弱，就是灯芯根本烧不起来。试了好几次以后，我才明白，要让灯芯发出最自然的光芒，只有一个方法，就是在容器里注满油，让灯芯一路烧完。油尽灯枯，再重新添上新油，换上新灯芯，这才是点灯的正确方法。”

男人恍然大悟，默默地点了点头，含泪推着轮椅上的老父亲离去。

原来，医生是用油灯来暗示老人的寿命：油尽灯枯是正常规律，那么生老病死也就是不可避免的。如果硬是想违背常理，欲做人为地延长，结果只能白费力气或适得其反。另外，旧的生命终止，新的生命诞生，有死才有生，正是这个世界生生不息的自然规律。

针对生死这样一个敏感话题，医生不好直说老人的寿命将要终止，而是巧妙地运用委婉的表达方式向他们暗示了自己的意思，既清楚地表达了自己的意思，又没有伤害到这对父子。这位医生所采用的沟通技巧，不能不叫人佩服。

我们都知道，在与客户的交流中，首先要尊重客户，绝不伤害客户的感情，这样才能赢得客户的好感，而委婉表达正是特殊时刻的最佳沟通方式。

紧急时刻运用“激将法”

下面是美国富豪约翰逊的成功经验：

“1960 年，我决定在芝加哥为我们公司总部修建一座办公大楼，为此我跑了无数家银行，却没有贷到一笔款。于是，我决定先上马后加鞭，设法将自己的 200 万美元凑集起来，聘请一位承包商，让他放手建造，好让我想方设法去筹集所需要的其余 500 万美元。假如钱用完了我仍然拿不到抵押贷款，他就得停工待料。

建造开始并持续施工，到所剩的钱仅够花一个星期的时候，我恰好和大都会人寿保险公司的主管在纽约市一起吃饭。我拿出经常带在身边的一张蓝图，当我正准备将蓝图摊在桌子上时，他对我说：‘在这儿我们不便谈，明天到我的办公室来。’

第二天，当他断定大都会公司很有希望给我抵押贷款时，我说：‘好极了！不过，我今天就需要得到贷款的承诺。’

‘你一定在开玩笑，我们从来没有在一天之内给过这样的承诺。’他回答。

情急之下，我想必须用激将法了。于是，我把椅子拉近他，说：‘你是这个部门的主管。也许你应该试试看你有没有足够的权力，能把这件事在一天之内办妥。’激将法果然管用，他的口气变了。

他微笑着说：‘你这是逼我上梁山，不过，我倒也想试试看。’

结果，本来他说办不到的事还是办到了，这使得我在所有钱花光的前几个小时得到了贷款，我的激将法使我得救了。”

由此可见，在某些紧急时刻，激将法是能够起到非常积极作用的。不过，以激将法说服别人，务必要找到并击中对方的要害，这样才能有效地迫使他就范。就以上这个故事来说，那位主管的要害是他的权力感。

约翰逊在激将中暗示，他怀疑那位主管是否真的拥有那么大的权力。主管听了这话，感到自己权力的威严受到了挑战，于是萌生出这种想法：那好，我就证明给你看！

在巧用激将法征服客户的时候，对方的名声、荣誉、能力……都可以作为目标，因为这正是人们最重要的。

与客户沟通是需要技巧的。掌握、运用好技巧，就能够有条不紊地应付各种情况，或者取得主动权，使自己立于不败之地。

通过有效沟通与客户建立良好的关系

给予客户适当的付出

与客户之间的关系一般都是业务往来、利字当先的。有没有想过，偶尔例个外，抛开“利”字给予客户适当的付出呢？

一位企业家想为朋友在一家酒店订房，他平时常在那个酒店租房进行商务会谈，所以说他与酒店老总已经是老相识了。电话接通的是那位总经理的秘书，她当即给安排了一间朝向、景致俱佳的房间，而且答应房价优惠。

几分钟后，这位企业家颇感意外地接到了一个回电，是酒店总经理亲自打来的，他已从秘书那里知道了订房的事。他对老客户说：“亲爱的先生，这个周末我们正好住店客人不多。如果我可以向你的朋友提供一晚的免费住宿，我将感到非常荣幸。”

企业家高兴得连声道谢，酒店老总的适当付出对于他来说真是意外之

喜。这一举动对酒店来说，并没有多大的损失，可是却因此改变了企业家对这家酒店的印象，从此以后，他与酒店老总由一般的业务关系转变为更为牢固的业务关系。他下了决心，以后再有商务活动不再找其他的酒店了，到本市来的生意朋友也一概推荐到这个酒店去。

酒店老总一时心血来潮的慷慨之举，就换来了一连串的回报，简直是一本万利的好事。免费提供一晚住宿，实在是没多少损失，可是企业家日后能给酒店带来的利润，就无法估量了。

人都是知恩必报的，与客户之间也是如此。你给了对方一点付出，对方就会记在心里，时刻不忘回报的，如此一来，你所获得的就绝非付出的那么一点点了，聪明的人都会明白这个道理。反之，如果你与客户斤斤计较，多付出一点也不肯，那么换来的只能是客户的遗失，下面这个故事就是个很好的说明。

一位顾客来到一家经营画框的商店，要求把一帧颇为昂贵的画像用名贵的意大利木料镶框，并衬以特殊材料的底板。这笔生意的金额显然比店主平时惯常的数额要高出许多。因为这里通常光顾的都是些大学生，他们只付材料费买下便宜的框架，然后在一旁的桌上自己动手镶框。

等这幅画镶框完毕，店主如约用电话通知了这位女客户。让客户大感意外的是，这家店要求顾客自己上门取画。她解释了一大通，说自己没有合适的运输工具，店主才同意叫运输公司送画。

等货送到，女客户发现，对方请的司机兼送货人是个身单力薄的妇女。看到要把沉重的画搬上没有电梯的旧式房子的二楼，送货人满脸不情愿。这位客户无奈之下承担了一大半的搬运活。一切忙完之后，送货人从口袋里掏出一份单子，说："这是送货发票，画框店的老板说由你这边付费。"

和这笔镶框生意的总费用相比，这点市内运输费只是个很小的零头，但客户非常不满意画框店老板的做法。这样一大笔业务，画框店老板居然不肯支付一点微不足道的送货费。这件事情的后果是这位客户再也不会光顾这家画框店了。就这样，画框店遗失了一位还可能光顾的客户。

"对客户适当的付出"，并不是所有的人都能认识到这一点、做到这一点。因为，付出就要损失钱财。在商界，商家与客户往往都是为了各自利益唇枪舌战、分毫必争，而今却要"慷己之慨"，有些人是万万难以做到

这一点的。

其实，这种观点是不对的。付出并不意味着就要耗费太多的钱财、影响多广的收益，只要适当地付出一点，客户就会很感激了。

也正因为“对客户付出”比较少见，所以才会在在斤斤计较、分毫必争的商界中，显得格外珍贵，使客户格外珍惜，知恩必报。

给予客户最大的热情

一位医疗器械公司的销售人员，与一位最大客户之间的一次极为成功的交易，只是缘于双方“谈得投机”。

这位医疗器械公司的销售人员花两个小时陪着这位大客户参观了公司的生产厂。期间他用最大的热情陪对方谈了很多事业上的事，也聊及了不少业务范围外的私人生活话题，为了不扫对方的兴，他只字未提要出售新的医疗仪器。最后，那位客户主动提出订购大量的医用仪器，而且对价格也未多加挑剔。

这位销售人员简直是“不战而胜”！他究竟用的是什么法宝呢？很简单：对客户给予最大的热情。客户谈事业上的事、谈私人的生活，这位销售员都用了最大的耐心与热情奉陪着，使这位大客户对这位销售员产生了好感，因而主动提出订购大量的医用仪器也就不足为奇了。

我们可以设身处地地想一下，当一位业务精通却紧绷着面孔的销售员，冷冰冰地向你介绍他们的产品时，你会产生购买的兴趣吗？相信即使对方介绍得再详细，你也一定听得乏味。相反，一位满面笑容、热情十足的销售员全心地倾听你所说的每一句话并抒发内心的感想时，你能不觉得心里暖暖的吗？

拿出你最大的热情给客户吧！你的付出会得到相应的回报：客户会因此对你产生好感和信任，而这正是长期密切的业务关系的必要基础。

迎合客户的喜好

一位顾客从汽车经销商处取回自己的新车。开车回家的路上，他想试试车上的收音机。没想到，奇迹出现了：当打开后按下第一个键时，他听到了喜爱的流行音乐频道的节目，音响效果很好。按下第二个键，收音机

里传出的是他心仪的古典音乐频道的乐曲。第三次，他听到的则是平时常听的新闻频道节目。所有键按过一遍之后，他非常惊讶地发现，新车的收音机是按照他原先旧车收音机的设置调好的。这位顾客不相信这个“巧合”，他调转车头回到了经销商那里准备问个究竟。

经销商的回答是：“今天您把您的旧车折价卖给了我们，收旧车的那位技术员同时负责给我们送新车。他记下了您旧车收音机的电台选择设置，又照样子替您调好了新车里的收音机。这个主意是他自己想出来的，他希望用自己的方式让我们的顾客更满意。”

要想与客户建立良好的关系，就请把你的客户视为特殊的人物，尤其要尊重他的个性。比如说，在谈话之前或会面开始时，你需要花点时间想一想，谈话的对象是谁，你对他了解多少，上一回你们谈的是什么，当时他特别感兴趣的是哪些话题……别忘了同样的谈话内容对你和你的合作伙伴可能会有完全不同的意义。当你能够随机应变地迎合客户的喜好时，你的业务成绩也就会蒸蒸日上了。

与客户沟通的原则

与客户交流的原则

与客户打交道免不了要进行交流，因为彼此有利益往来，所以必须要注意交流的方式。初次见面，应尽量给对方一个良好的印象，自我介绍也要得体，所用的语言要适合本人的身份，既不能自我炫耀，又不能自我贬低，而是要保持自我本色。除此之外，还应注意以下事项：

1. 语言表达简明得体

与客户交流时，语言简明得体很重要，语言简明会使对方有兴趣和耐心听你讲话，如过分啰嗦则容易使对方产生厌烦感。除了语言简明，说话得体也同样重要。不得体的语言会使对方不高兴，甚至造成尴尬的局面。

富兰克林卸任后，托马斯·杰斐逊担任了美国第三任总统，这以前他曾是驻法大使。一天，杰斐逊去法国外长的公寓拜访。他们见面以后相互介绍了一番。外长看了看杰斐逊，不假思索地说：“听说您原先是美国驻

法大使，现在代替了富兰克林先生当了总统?”

“是接替他，没有人能够代替得了他。”杰斐逊很不高兴地回答。

“是接替，很抱歉。”外长知道自己说错了，急忙纠正。

很显然，不得体的话语很容易使人不高兴，造成尴尬局面。为了能够与客户进行成功的交流，我们一定要注意语言的表达方式。

2. 制造轻松和谐的谈话气氛

在与客户交谈的时候，由于双方关系的特殊性，常常致使双方的谈话气氛僵硬，缺少轻松、和谐的气氛。

谁都希望能在一个轻松自如的气氛中谈话，可是，好多时候却苦于交谈话题有限，从而无法使谈话的气氛得到改善。

这时，完全可以寻找其他话题，比如说拿一些怪诞的奇闻、惊心的事件当作话题，这样既活跃了气氛，又淡化了彼此的陌生感。另外，也可以用一些周围的事物作为话题，也就是说与日常生活有关的普通话题。例如：孩子上学、妻子上班等。家常话并不都是一般的寒暄，它更能引起人与人之间心灵上的共鸣，进而使双方达到心灵上的沟通。

第一次世界大战爆发前不久，在美国出生的女权主义者南希·阿斯特到布霄尼宫拜访了丘吉尔。丘吉尔热情地接待了她。

由于比较陌生，一开始两人不知说些什么好，气氛很僵硬。后来，丘吉尔为了缓和气氛，打破这种僵局，就说起了家常事。

丘吉尔说：“有一次，我和妻子吵了架，她两天不与我说话，我实在憋不住了，就吓唬她，‘你这样对我，还不如往我咖啡里放点毒药!’”

南希出神地听着，同时也被丘吉尔说得呆住了。

丘吉尔接着说：“她听我这么说，就改变了对我的态度！因为她觉得我的罪过还不至于要喝下她的毒咖啡!”说完两人都笑了。这时，陌生的气氛也不见了。

我们在与客户交流的时候，不必一副公事公办的样子，那样，气氛难免过于僵硬，不利于双方谈话成功。如果能找些其他话题缓和双方的谈话气氛，不仅能消除双方的陌生感，拉近彼此之间的关系，还能增加谈话成功的可能性。

在客户面前要不卑不亢

在人际交往中，说话恭敬、对人客气是一种美德，但是过分的客气和过分的恭维往往会令对方反感，对客户也是这样，即使你想套近乎，也要不卑不亢，才能有好的结果。

1. 切忌过分的恭维

在客户面前，缺乏诚心、千篇一律的客气话，并不能引起对方的好感，特别是听惯了恭维话的大人物，更是如此。他们早已听腻了那些如久仰大名之类的话，你的恭维绝不会增加他对你的好感。如果你不多加思考，一见到特殊人物就忘乎所以，什么话好听说什么，极尽吹捧之能，恨不得把对方捧到天上，你就犯了大忌了。听惯了恭维话的人早就不把这些话放在心上了，相反，对于过分恭维他的人还会产生一种轻视感，认为对方不值钱，从而影响了你在对方心目中的形象，降低了你在对方心目中的地位。

2. 巧用幽默破解僵局

与客户交往的过程中，难免意见不合，发生分歧，双方都坚持自己的立场不肯迁就对方，于是就出现了僵持的局面。这是我们谁都不愿看到的事情。

既然产生分歧是与客户交往时避免不了的，我们就应该试着去化解分歧。在双方因分歧而僵持不下时，不妨说个笑话、来段幽默，缓和一下紧张的气氛。僵局是谁也不愿意发生的，多数时候，客户是愿意见好就收的，破解僵局是双方都渴望的。

俄国大诗人普希金在成名之前，参加了一次舞会，期间他邀请一个年轻而漂亮的贵族小姐跳舞，不小心踩了一下她的脚，这个小姐立刻生气了，她冷淡地说："你还不会跳舞，我不能和小孩子一起跳舞!"

普希金没有生气，微笑着说："对不起，亲爱的小姐。我不知道您正怀着孩子。"说完很有礼貌地鞠了一躬。

就这样，普希金用幽默破解了僵局。

3. 显得稳重而有风度

我们大家都知道，给客户的印象很重要。你的言谈举止能透露出你的文化素质、知识程度以及品格情操等。因此与客户交往的时候，你要特别

注意这些。你应尽量显得稳重而有风度。稳重会增加客户对你的信任，风度会增加客户对你的好感。

4. 时刻不忘自己的身份

客户是一种很特殊的交往对象，与朋友、同事等等都不同。要想搞好与客户的关系，必须时刻注意在客户面前的特殊身份，该说什么话，该做什么事，都不能任意妄为，否则你就可能失去客户。

客户是与我们的事业密切相关的，与客户沟通得成功与否，将直接影响到我们的事业发展。所以说，我们有必要多动脑筋，掌握与客户沟通的最佳方式与原则，从而更好地与客户沟通。

与客户沟通要注意什么

注意交谈的内容与方式

与客户交谈，一定要注意交谈的内容与方式，因为我们都知道客户的特殊性，为了拉近双方的距离，谈话时可以讲点私人话题，或者提及对方的兴趣嗜好，以及对他来说比较重要的事情，询问事情的进展或结果如何……这会让对方觉得你与他之间没有隔膜，并且你把他放在了心上，关注着他。

反之，如果你不注意与客户交谈的内容与方式，不能把握好与客户交谈的分寸，那么就很可能由于沟通不当而出现不愉快。

比如说，对方与你谈他滑雪的技术和他对滑雪的喜爱，就算你讨厌下雪天和寒冷天气，也不能对他说，每年有多少人因滑雪而断了胳膊折了腿——“我的一个当骨科医生的朋友，一个冬季就赚够了买别墅的钱。”这样一来，对方就会大为扫兴，这时候，一定要注意交谈的内容与方式，把握好分寸。

比利时一家食品公司的老总卡特要请四位客户吃饭，结果只来了三位：甲、乙、丙。等了好久，丁还是没来。卡特不耐烦地说：“真是，该来的没来!”

甲听了不高兴了：“该来的没来，那就是不该来的来了?”一生气，他

走了。

这位老总怎么拦也没拦住，懊恼地说：“你看，不该走的走了。”

乙听了也很不高兴：“他是不该走的走了，那我就是该走的没走？”一生气，也走了。

到现在，请来的三位客户只剩下了丙，丙上前劝说道：“卡特先生，今后说话要注意，不要得罪人。”

卡特急忙解释：“哎呀，我不是说的他俩！”

丙一听不高兴了：“不是说的他俩，一定是说的我了？走！”丙一甩手也走了。

一次很好的谈判机会就这样因说话不注意方式而丧失了，致使公司停产了好多天。

对于客户这一特殊类别，一定要注意说话的方式，稍有差池就会影响到自身的利益。

对客户忌言语尖刻

一对夫妻在一家表行里挑选手表，由于是想作为礼物，所以他们想少花钱又能体现出品味，因而一直选来选去总是拿不定主意。

当经理又将一块手表摆在他们面前时，夫妻俩询问他价钱是否公道，没想到，他们得到的回答是：“这块表是否太贵，只有你们自己知道。在我们这儿，有些人买一块一百马克的手表也总是讨价还价；有些顾客只是路过橱窗时看中一块表，花一万马克买下来都不犹豫。你们当然明白，我愿意为哪种顾客服务。”听完这番话，夫妻俩立即就明白了，他们显然是经理最瞧不起的那种顾客。

听了这话，夫妻俩放下本想买下的手表，生气地走开了。

这位经理因为言语尖刻，轻易就失去了本来拥有的客户，真是不划算。看来，真不该逞一时的嘴皮子之能，那样换来的只能是懊恼。

现在都讲究文明用语，对客户更是要使用文明用语。客户付出钱财换取我们的服务，有权利要求得到满意的服务。其实，想换取客户的欢心并不难，一句肯定的评价、一声热情的问候就能温暖对方的心，“您好”、“再见”这类简单的表达就可以换来客户的笑脸。

使自己的表达得到充分的理解

一个人的沟通能力，关系到他的职业素质以及公关素质，进而又关系着他的工作业绩。要提高你的职业素质与工作业绩，必须首先提高你的沟通能力，使自己的表达能得到客户的充分理解。否则，将会影响到你工作的正常发展。

有一次，一家美国的公司之所以业务推广惨败，就是因为沟通方式不当，不能使对方充分理解而导致的。

谈判从早上8点开始。美国公司的业务代表开始介绍他们的产品，他们关掉电灯，利用3个幻灯机把所需的图表、图案、报表打在屏幕上。他们的介绍热情洋溢，自认为非常吸引人。他们用自认为非常高明的手段表明自己的产品品质优良、自己的价格合情合理。鉴于商品的复杂和合约的详细，这个介绍持续了两个半小时。在这个过程中，三位来自日本的商人一直坐在谈判桌旁安静地听着。

电灯开了，介绍终于结束了。美国代表用充满期待和自负的目光看着日本商人："你们觉得如何？"

有一个日本人笑了笑，然后摇了摇头说："我没听懂。"

顿时，那位美国代表的脸失去了血色："什么？你不明白？那你呢？"他转向了第二个日本人。

第二个日本人也笑了笑，跟着摇了摇头。

美国代表差点崩溃，又问第三个日本人："你总该听懂了吧？"

第三个日本人摊开了双手。

美国代表的胸差点炸开。他无奈地靠着墙，松了松昂贵又漂亮的领带，有气无力地说："那么，你们说怎么办？"

三个日本人几乎齐声说："你能再讲一次吗？"

只因为自身产品的一切优势都没有被对方弄明白，所以成交的报价被压到了最低。

为什么两个半小时热情洋溢的辛苦努力却毫无成效？因为美国人只是按照自己认为合理的表达方式去做介绍，而这并不适于对方领悟，因而出现这样的结果也就不足为怪了。所以，在与客户沟通的时候，一定要使自己的表达得到对方充分的理解，这样才会有效地促使交易成功。

一定要尊重对方

一位企业家订购了一辆朝思暮想的名牌轿车。数月后，他接到了汽车公司的电话，通知他可以前往取车了，他当即与对方销售员约定了取车日期。

第二天，他与妻子满心欢喜地一起如约来到汽车展示厅。这一时刻他已盼了好几个月，对于他来说，这绝对是件美妙的、激动人心的大事。

可是，到了约定的时间，那位销售员并没有出现。5分钟后，他终于轻松自得地吹着口哨出现在展示厅的另一端。虽然他看到了正在等候的顾客，却没有直接上前，而是向夫妇俩挥了挥手就钻进了展示厅旁的一间屋子。等得心焦的顾客开始四处找他，结果发现那位销售员正忙着给找过他的人挨个儿回电话。待他终于得空朝夫妻俩转过头来时，嘴里说的却是："等一下，我马上把单据找出来。"——显然，取车的准备工作才刚开始，这种不尊重的行为让客户无法不生气。

终于等到了办理交车手续的时候。但办手续的地方不是一个专门的办公室，而是展示厅中间销售员那张堆放着杂乱无章的文件、文具，还蒙着一层灰的办公桌。

顾客本指望交车过程中可以受到"亲切而隆重"的礼遇，可这一愿望同样落了空。这位销售员的态度就好像是在随意处理一件司空见惯的小事，他不为和顾客的谈话屡屡被打断而感到丝毫的歉意。桌上的电话响个不停，而他则高高兴兴地接起电话来讲个尽兴，夫妇俩只得"旁听"着另一次电话销售。

毫无疑问，顾客初来时的喜悦心情一扫而空。他们感到的只是：自己是多么不被重视，就算在旧货市场上打听一条最廉价牛仔裤的价钱，所受到的待遇也可能会比眼下好些。

当交车手续接近尾声时，电话铃又一次响起。这位销售员接听电话时突然兴奋地看见了一位熟人，那人离他只有几米远，站在展示厅的玻璃墙外。销售员一手捂住话筒，一手热烈地朝对方挥舞，想吸引对方的注意。可那位熟人却没注意到他。最后，他从桌上抓起一支圆珠笔用力一掼，一道弧线越过顾客的头顶，圆珠笔击在玻璃墙上的声音终于让那位熟人转过视线。这边的销售员立即从椅子上跳起来，兴高采烈地嚷着："嘿，小子，

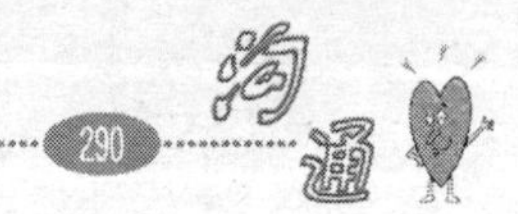

我这儿有不花钱的赛马门票!”买车的夫妇俩顿时感觉自己似乎正呆在马戏团里。

假若他们现在还来得及取消订货的话，他们一定不会犹豫的。

对于一个人来说，受到尊重是十分重要的。客户这一特殊类别更是如此。

每个人都有受到重视、得到尊敬的渴望，因为人们都希望，自己的特点和风格被人接受并得到重视。谁都希望自己作为人、作为一个独立的个体，能得到尊重和信任，而不愿被等闲视之。人们特别渴望受人欢迎的感觉，并希望能证明自己是讨人喜欢的，与自己共事合作会给人带来愉快。因为，得到尊重是做人成功的标志。

对客户没有应有的尊重会破坏交易的气氛，使整个合作了无兴趣。为了交易的成功和愉快，一定要把你的客户当作重要人物来对待。要让对方知道，你特别看重他，尤其重视与他的合作。让他了解，你在思考和行动时把他摆在了重要的位置。他的自尊心得到了满足，就会乐于再次做你的客户。

如何与客户周旋

高额报价低额交易的方式

披肩在墨西哥很盛行，它不仅可以美化人体，而且还可以阻挡风沙的袭击。尤其是一些中年妇女，如果披上一块披肩，更显得风姿绰约，充满女人味。

一个春光明媚的日子，墨西哥的一个旅游胜地来了一批又一批的游客，他们尽情地欣赏着这里的美景。

生意人罗西同往常一样，开始卖他的披肩。他一边大声喊“卖披肩喽”，一边在人群中寻找着目标。有一对夫妇走到罗西的地摊前，夫人低声对丈夫说：“这披肩真美，可惜贵了点。”

“算了，这些披肩在墨西哥到处都有，何必在这里买呢？况且马上过时了，买它有什么用?”丈夫不耐烦地说。妻子看见丈夫很不高兴，只好

依依不舍地走了。

两个人的对话都被细心的罗西听到了，他看到走出很远的夫人，仍不时回头向他这边看，便明白了这位夫人有些舍不下自己的披肩。这样的好机会，罗西是不会放过的。于是，他把地摊嘱咐给旁边卖冷饮的老人就拿上几块披肩，向那对夫妇追去。

当罗西气喘吁吁地追上他们时，丈夫对罗西说："我谢谢你的好意，也很佩服你锲而不舍的精神，但我丝毫没有兴趣，你找别人好吗？"

"当然，当然。我是想 800 比索卖给你，好吗？"罗西答道。

很明显，他们嫌价钱太贵，继续向前走了。

他们没走多远，只听罗西喊："600 比索，你们要吗？"可是，他们像没有听见一样，继续往前走，甚至加快了脚步，想摆脱罗西的纠缠。

可是，在一个拐弯处，罗西又一次站到了他们面前，喘息着说："500 比索，500 比索就好了……好啦，400 比索。"

丈夫咬牙切齿地说："听着，我们不买披肩，别再跟着我们！"罗西似乎了解了他的意思，但罗西仍没有放弃，他红着脸说："好吧，算你赢了，只卖你 200 比索。"

"你说什么？"这对夫妇的态度明显软了下来。

"200 比索。"罗西重复道。

"让我看看你的披肩。"经过一番讨价还价之后，这对夫妇终于以 170 比索买下了一条披肩。结果，双方都皆大欢喜，卖方卖出了货，赚了钱。买方认为占了大便宜，要价 800 比索的披肩，只用 170 比索就买了下来，不是占了便宜是什么！

当夫妇二人告别旅游胜地回到家中，在另一个集市上又碰到了卖披肩的商贩。一问价钱，才 150 比索，这一下，占了便宜的感觉才被彻底打消。

看来，我们不能不佩服罗西的聪明。他采用的是高额报价低额交易的方式。这种方式往往颇具诱惑力，对人的心理防线有很强的杀伤力。因为，再顽固的人，也有想占便宜的心理，聪明的商人就是善于利用人们的这种心理。

找准最佳时机

在与客户沟通时，不能只从表面上看问题，要用自己灵活的头脑去思考分析，从而才能找准与客户沟通的最佳时机。

客户对一种商品的需求，往往是有时间性的。错过了时机，你就失去了一次售出商品的好机会。

一对美国夫妇走进华盛顿一家大餐厅用餐，即将餐毕时，一位彬彬有礼的服务小姐走到他们面前说："二位用餐后需要西瓜还是木瓜?"

丈夫回答说："就来一份西瓜吧!"但是，当服务小姐把西瓜送到这对夫妇的面前时，这对夫妇就显出不自在的神色来，因为他俩刚用完餐，肚子撑得饱极了，再也无法把西瓜吃下去，因此就后悔当初根本不该要西瓜。

现在分析一下，当服务小姐来询问时，他们就应该回答都不要，但是当初他们为什么就没有想到拒绝呢？这是因为服务小姐找准了时机，在顾客还没有吃饱的时候前来询问，从而把握住了最佳的推销时机，达到了自己的目的。

掌握客户的心理

在战场上，攻心战术很管用；在商场上，攻心战术一样管用。不信看下面这个故事。

音响对于俄罗斯的年轻人具有相当大的诱惑力。只可惜价格对于他们来说显得稍微高了些，而且品牌太多太杂，致使一些买者一时难以决定。一对新婚在即的恋人正是上面所说的这种情况。正当他们徘徊不定时，一位销售员看穿了他们的心思，于是走上前去说道："我看得出你们很想买套音响，但不可否认这些东西的价格都较昂贵，必须经过慎重的考虑才可以决定。不过你们也不妨再到其他商店比较比较，这对你们是很有益的。俗话说，'货比三家不吃亏'嘛！如果最后觉得我们这里的价格是比较优惠的，那么，欢迎回到这里来买！我会介绍质优价廉的给你们。"

于是，这对恋人就去其他几家商店做了观察和比较，认为刚才那家商店的价钱并不高。于是，他们又回到了那家商店，在那位聪明销售员的引

荐下，购买了一套音响。

这位销售员之所以能够成功地获得这两位顾客，完全在于他掌握了顾客的心理，知道他们想的是什么、担心的是什么，他用语言打消了他们的顾虑，并指引给对方一条切实可行的路，最终赢得了客户，获得了成功。

如何与客户进行交锋

我们的客户可能是各种各样的，所以，我们要做各种各样的准备。为了不至于在与客户交锋时处于被动地位，我们可以参照以下这些经验之谈，相信对应付客户会大有帮助的：

1. 在与客户谈判之前，先写下自己产品与竞争对手产品各自的优缺点，使客户能一目了然。

2. 找出一切你所能想到的、可能被买主挑剔的产品缺点。

3. 首先让内部的人提出挑剔意见，同时让他们在顾客尚未提出意见之前，练习应对这些意见的回答方法。

4. 当顾客提出某种反对意见时，要在回答之前问清问题的症结。

5. 利用反问来回答对方，诱导客户回答“是”。比如销售汽车时，你可以询问：“你是不是为昂贵的修理费而烦恼？”客户的回答多数是肯定的。这时，你就可以趁机向他介绍你们公司汽车的优点就在于不必经常修理它。

6. 不要轻易同意客户的反对意见，这样会加强他原有的立场和观点，使我方处于不利的地位。

当然，在实际中，我们需要根据不同客户、不同情况来采取相应的措施，正所谓“兵来将挡，水来土掩”，多动脑筋、多总结经验，就会在与客户交锋的时候游刃有余。

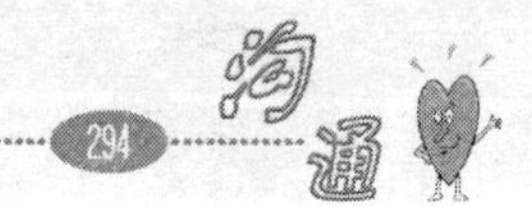

妥善处理客户的异议

充分听取客户的意见

在为客户服务时，难免出现这样那样的问题，这时我们该做的不是站在自己的立场上去反驳客户，而是充分听取客户的意见，并共同寻求解决问题的方法。

汉斯从一家商店买了一套衣服，很快就出了问题：衣服掉色，把他的衬衣领子染上了颜色。这不能不让人生气。他拿着这件衣服来到商店，找到卖这件衣服的售货员，想向他说明问题所在，可是并不顺利——售货员总是不耐烦地打断他的话。

“我们卖了几千套这样的衣服，”售货员声明说，“你是第一个找上门来抱怨衣服质量不好的人。”他的表情似乎在说：“你在撒谎，你想诬赖我们。等我给你点厉害看看。”

汉斯更生气了，在双方吵得正凶的时候，第二个售货员加入了，说道：“所有的确良深色礼服在开始穿时都会褪色，一点办法都没有。特别是这种价钱的衣服——这种衣服是染过的。”

汉斯差点气得跳起来：第一个售货员怀疑他是否诚实，第二个售货员说他买的是次等品！他正准备做最后的摊牌，幸好这个部门的负责人及时赶来了。

这位负责人很内行，他的聪明之举改变了汉斯的情绪，有效使一个被激怒的顾客变成了满意的顾客。这位负责人是怎么做的呢？

首先，他微笑着听汉斯讲话。当汉斯把话讲完，那两个售货员又开始陈述他们的观点时，负责人开始反驳他们，帮汉斯说话。负责人不仅指出顾客的领子确实是因衣服褪色而弄脏的，而且还强调说商店不应当出售使顾客不满意的商品。后来，他承认他不知道这套衣服有掉色的毛病，并真诚地对汉斯说：“您想怎么处理？我一定遵照您说的办。”

几分钟前还准备把这件可恶的衣服扔给他们的汉斯不由得说：“我想听听您的意见。我想知道，这套衣服以后还会不会再染脏领子，能否再想

点什么办法。”

这位负责人建议汉斯再穿一星期。“如果还不满意，就把它拿来，我们想办法解决。请原谅，给您添了这些麻烦。”他说。

最后，汉斯满意地离开了这家商店。还好，一星期后，衣服不再掉色了。他对这家商店的信任又恢复了。

当客户受到不满意的服务时，他们需要的是有人充分听取他们的意见，并帮他们解决问题，而不是找出一大堆理由来反驳他的话。要想留住客户，就要能够站在对方的立场上想问题，以客户的利益为本解决问题。这样，才能够不失去客户，并拥有更多的客户。

全力挽回服务中的差错

对于营销人员来说，能为客户提供无可挑剔的服务当然是最好的。可是，谁也不能避免“万一”出现服务上的差错，遇到这种情况，该怎么办呢？

如何解决对客户服务中出现的差错是非常关键的。处理好了，会使坏事变好事，与客户之间的感情也会进一步加深。相反，会使客户大为不满，再也不愿与你发生业务来往。

在这里，有必要提醒读者：在服务出现差错之际，顾客对自己所受到的待遇是最为敏感的。这种时候，他们往往面临两种选择：一种是继续与你保持业务往来，另一种是一气之下转而光顾你的竞争对手。所以说，聪明的人就会想办法将这种特殊时期变为一种笼络人心的机会，将服务问题给予迅速而圆满的解决，树立商业信誉，趁机加深客户对自己的感情。如此一来，坏事就变成了好事。

那么，采用什么具体方式解决问题呢？请参照以下步骤：

1. 真诚地道歉

要想消除客户的不满，道歉是不可缺少的。

2. 立刻全力解决问题

让客户看到，你们是尽最快的速度来解决问题的。而且，还要努力把问题处理好，不要在乎付出的代价，只要能解决问题，只管去做。你的损失是暂时的，而将从客户那里获得的利润却是没有止境的。

3. 重视客户的意见

客户的意见远远要比商品、日期和订单更重要，因为人是一个重要的因素。哪怕我们做得无可挑剔，只要疏乎了客户本身，那么事情就不会向着更好的方向发展。所以说，要花时间与客户进行交流，认真听取客户的意见，并经常和客户保持联系。

4. 加强感情攻势

要想与客户加深感情，可以采取给予优惠的形式，也可以是退货、折扣、特殊的帮助和额外的服务。当服务结束时，可以亲笔写一张便条、送一份小礼物或者用其他的方式表达对他们的重视与谢意。

5. 改进服务方式

改进工作中不合理的服务方式可有效避免差错再次出现，使服务更贴近客户。

6. 跟踪服务

即使客户不再来反映问题，也不要就此停止服务。保持与顾客的联系，表示随时愿意为他们服务，这样会有效促使他们成为回头客或长期的忠实主顾。

如果不能将服务中出现的问题给予妥善的解决，那么，你的损失就不仅仅是错失了与顾客联络感情的大好机会。正是出现问题时，才是客户对商家做出评价的时候，好评与坏评的强烈程度会远远大于平时。所以说，一旦出现了服务问题，一定要把握住这种与顾客加深感情的绝好机会，尽全力将问题处理好，不要吝啬付出，你的慷慨会换回更多的回报。

面对发火的客户要有耐心

与客户进行交易的时候，如果客户大为不满，就可能会发火，大声指责你的服务不够好、你的商品有问题。客户就是上帝，所以面对发火的客户，我们千万不能顶撞，更不能与对方唇枪舌战。否则，就会失去这个客户，生意也就做不成了。

在平时，我们受到责骂，很难做到逆来顺受地忍让。可是，在面对客户的时候，你必须要有十足的耐心与忍耐力，哪怕对方是无理取闹，你也不要与其针锋相对。那么，遇到这种情况，该怎么办呢？那就是寻找事情的原因，并站在客户的立场上去解决问题，给客户一个满意的结果，这样，对方就不会再为难你了。只要对方只是发火，并没有说断绝往来的

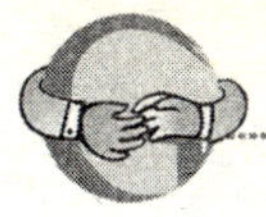

话，那么，就证明事情还有挽回的余地，只要努力，就能消除客户的不满，并留住这个客户。

有的时候，客户即使说出了诸如“断绝交易”这样的话，我们还是要努力挽回的。客户表面上看来大闹情绪，似乎再也没有挽回的余地，不过，我们还是有可能通过耐心的努力使其改变态度的。

松下担任松下电器公司总经理时，有一次客户对松下的职员说了断绝交易的话，这个职员脸色发青地向松下报告：“因为某种原因，所以这位客户非常生气，他说今后不愿再与我们交易了。”

松下听到报告时，虽然知道这件事非常严重，但并没泄气、失去耐心，而是细心地详问事情的经过，才知道对方发怒，只是由于没有明白松下电器的想法而造成了误解。

于是松下对他的职员说：“麻烦你现在马上到客户那里去，把我们的想法重新加以说明，让他们知道我们的用意——在根本上是考虑到对方的利益和立场的，所以请不要因为对一部分的不满意，就全盘否定我们的方针和诚意。你要把我们整个方针、情形，详细地说一遍，你可以告诉对方说：‘我回公司已见过总经理，是他要我说这些的……’”

这个职员回到客户那里，很耐心地把松下公司的方针说给对方听，结果，那位本来不愿和松下公司再交易的客户说：“你们总经理真的这样说吗？我现在已经明白了，如果事情真是这样的，我可以再重新考虑，今后双方还是多来往吧。”

这位本来要与松下公司断绝交易的客户，又继续双方的交易了，而且还成为松下的有力支持者之一。

只要是客户发了火，就证明我们的服务存在着缺陷或客户对我们存在着误解，我们的生意就面临着危机。要想解决问题，必须有耐心，真诚、全力地去解决问题，给客户一个满意的结果，如此一来，同样会将坏事变成好事。

怎样有效说服客户

增强你的说服力

使客户认同我们的观点、乐于接受我们的商品，说服力能起到相当大的促进作用。也就是说，你的说服力关系着与客户交易的成与败。

为了促进工作进展，我们有必要掌握说服别人的技巧，使自己的说服力进一步增强，从而在与客户的交锋中取得意想不到的好效果。

一个人的说服力并不单单是嘴上功夫，其他方面的因素，比如说好的仪表，也能够增强你的说服力，因为好的仪表能够提高你在客户心目中的位置，你说的话分量自然也就重了。

以下几点，都是有效增强你说服力的重要因素：

1. 仪表

对于一个仪表良好的人，人们自然愿意听取他的意见与建议，甚至可以说，一个人的仪表能决定着别人是否会听取他的意见。美国心理学家塞肯曾在马萨诸塞州州立大学里召集了 68 名志愿者，吩咐他们每人跟 4 位行人谈话，请求他们支持一个反对校内早餐供应肉类的团体。在跟行人接触前，研究人员对每位志愿者的各种情况，如：外表是否漂亮、口齿是否伶俐、能否令人信赖、能否说服人以及智力高低等等，都做了鉴定。结果发现，在相同条件下，外表漂亮者一般比不太漂亮者更容易成功。这就是仪表起到的重要作用。

2. 赞同对方的意见

心理学家的研究表明，要改变别人的想法，劝说者必须首先站在对方的一边，赢取对方的信赖，促使双方的关系融洽，这时，劝说的话便很容易使对方接受了。这是因为人类有一个共同的天性，即希望得到别人的认同。纽约市立大学、布鲁克林学院的心理学家哈斯说：“一个酿酒专家告诉某一种牌子的啤酒比另一种牌子的要好，你不一定会相信。但如果换了你的朋友，不管他对啤酒是否在行，教你选购某种啤酒，你很可能会听他的。”

3. 要有理有据

我们拿什么来说服对方呢？最好就是有理有据。道理与论据都切实可靠，就不能不让人产生信任感。向对方提供切实的资料比唾沫飞溅的劝说更有力，特别是对于一个犹豫不决的人来说，道理与论据的力量胜过一切。

4. 举例证明

有经验的人都知道，要想使人信服，有实例证明要比空空洞洞的大道理有效得多。比如说，对于一个病人，即使大夫费尽唇舌劝她服某种药物，告诉她这种药物如何如何有效、如何如何神奇，这位病人也不一定就会相信。相反，如果另一位病人吃了这种药物效果奇佳，那么，这位病人就绝对不会怀疑了。

只要你了解了增加说服力的几种关键因素，就知道该从哪几方面入手增强自身的说服力了。

说服客户的原则

说服客户要比说服其他人更难，因为，与客户之间基本都是生意关系、业务往来，关系着利益与钱财，所以，对方会十分慎重。要想有效说服客户，你必须了掌握并遵照一定的原则：

1. 首先了解对方

“知己知彼，百战不殆”这句老话，既适用于战场，又适用于商场，说服人的时候，也同样有效。我们在说服对方之前，必须尽最大可能去了解对方的有关情况以及想法，这样才能有针对性地进行说服。一般来说，需要了解的有这几点：

（1）对方的性格。不同性格的人，对接受他人意见的方式和敏感程度是不一样的。掌握了对方的性格，就可以根据对方的性格特点选择恰当的说服方式了。

（2）对方的特长。一个人的长处就是他的最引以为豪之处。有的人擅长文艺，有人擅长交际，有人擅长琴棋书画等。在说服人的时候，可以从对方的长处人手。谈到对方的特长时，对方一定会很有兴致，当你给予适当的称赞时，对方会很有成就感，不知不觉间就拉近了与你的距离，变得心灵相通，在这种情况下，你再去说服对方，就容易得多了。

（3）对方的爱好。有的人爱好绘画，有的人爱好音乐，有的人爱好下

棋、养鸟等等，人人都喜欢谈论自己的爱好所在。如果我们先从这里入手，再对对方进行说服，便较容易达到说服的目的。

(4) 对方的想法。如果对方坚持一种想法，那么他必定有自己的理由。如果将对方的想法搞清楚，那么就不难找到说服他的方法了。

许多人不能说服别人，是因为他没事前充分了解对方，从而无法运用适当的说服方式。鲁莽从事，自然就不会得到理想的结果。所以说，在说服一个人之前，一定要先对对方进行充分的了解，再有针对性地采取相应的说服方式。

2. 要有坚持到底的耐心

如果你的观点是对的，却一时无法说服对方，那么就不要操之过急。我们要明白，对方的看法、想法、做法，不是一天形成的。“冰冻三尺，非一日之寒”，因此，要对方改变观点也决非一日之功。如果是重要的事情，就要不惜拿出“愚公移山”的精神来，不达目的不罢休。只要你的观点是对双方都有利的，早晚有一天对方会“憣然醒悟”的。

说服客户的有效策略

想成功地说服客户，除了增强自身的说服力、遵循说服客户的原则外，还要应用有效策略。说服客户的有效策略有如下几项：

1. 从感情入手

在人与人的接触和交往中，感情的作用十分重要。人是感情的动物，有些时候人的感情能主宰一个人的行为。在说服客户的时候，我们不妨先从感情方面入手。为了双方能得到感情上的交流，首先要创造一种平和、温暖或是热情、诚恳的气氛，因为再雄辩的哲学家也不好说服不愿改变看法的人，惟一的手段是先使他的心变软，其道理就在这里。在说服对象抵触情绪比较重的情况下，你必须先改变他的心态。

2. 先顺后逆，先退后进

心理学有“名片效应”之说，意思是说与陌生人接触，先要向人家介绍自己的情况，让人家了解自己，取得信任。心理学还有个“自己人效应”之说，意思是说与人接触，要取得人家的信任，就应该先让人家认可你是他的“自己人”。我们之所以采用先顺后逆的说服方法，目的在于首先消除双方的陌生感，制造顺利沟通的有利因素。

3. 寻找沟通点

实际上，无论在心理、感情上，还是在理性上，我们都可以找到双方的共鸣之处，这就是双方之间最好的沟通点，比如说共同的爱好、兴趣，共同的性格、情感，共同的方向、理想，共同的行业、工作等。这都是很好的沟通点。当双方认识到彼此之间的沟通点，就会情不自禁地与对方心灵相近了，心灵相近的人再做沟通与说服，就容易多了。

4. 步步引诱

美国的门罗教授提出了一种激发动机的引诱法：一是引起对方的注意；二是明确对方需要什么，把说服对象引到他自己的问题上；三是告诉对方怎么解决，拿出具体的解决办法；四是指出两种前途，即预测不同的两种结果；五是说明应采取的行动。在步步引诱的过程中，要一直站在对方的立场上看问题，直到说服对方，都要从对方的利益出发，这样才更容易转变对方的原有观点，达到说服的效果。

5. 加以比较

摆出正反两个方面的事实，让对方自己去判断是非曲直，或让他们跟着我们一起去判断对错。这也是一种好方法。

客户，既是与你均分利益的人，更是给你带来财富的人。通过沟通，你绝对可以在二者之间找到最佳的结合点。

6. 求同存异

在某个问题上发生了分歧，如果总是把注意力停留在问题上，事情可能就卡住了。这时，把注意力挪到其他的目标上，可能就会找到一些共同点，在共同点的基础上保留分歧，事情就容易有结果了。

总之，说服客户不是一件简单的事，要想如鱼得水，必得多下功夫、多动脑筋、多总结经验，把以上几方面有效地结合起来，在实际过程中加以灵活运用，定能取得不错的成果。

第十一章

商务谈判如何沟通

商务谈判要有备而谈

充分了解对方的情况

你将与别人进行谈判时，完全有必要做一番充分的准备。人生的许多事件都需要事前准备，而谈判就是其中之一。比如说要想办法预知对方的策略并且有效地应付它等等。要想做到有备而谈，就必须事先有各种长、短程的准备工作。

谈判准备是谈判的一个重要步骤，也是谈判成功的前提条件。“凡事预则立”。谈判桌上风云变幻、谈判活动眼花缭乱，谈判者要在错综复杂的局势中左右其的发展，必须进行充分的准备，这也就是我们常说的“不打无准备之仗”。一个出色的谈判者在谈判中能镇静自若、从容不迫、成竹在胸、驾轻就熟，并能有效地实现预期目标，其重要经验之一就是打有准备之仗。比如说，事先组成精干的谈判班子，周密地搜集和整理各种资料与情报，精心拟订谈判目标、计划和策略。通过谈判的准备工作，创造有利于自身的条件，从而有效促进谈判的成功。

在谈判的所有准备工作里，最重要的一个步骤是对谈判对象的了解与研究。了解必须是客观的，也就是对于谈判的对象，应该尽全力搞清楚一

切有关于他的资料，这会帮助你应付谈判中任何变化的状况。

对于谈判对手的资料，要依靠个人的能力及经验加以适当的应用。对于对手过去的经验，我们有必要加以研究。比如说，他过去任职的机构、团体，每一项完成的工作、合约以及所有他谈判成功或失败的案子。研究对方失败的原因，比研究其为何成功更能了解到那人的个性与能力。若能细细分析他失败的原因，就可能知道他的惯性想法、对事情的处理方式以及心理倾向，而这些都足以告诉你他所需要的是什么。掌握了这些，你在谈判之前就已经占了优势。

比如，你可以研究对手过去的房地产交易，所缴交的地价税可以告诉你这笔交易的成交金额，当然，或许还有暗盘交易。所以不能只靠一项来源，一定要多方求证，土地代书那儿或许可以透露点消息。

如此，你就可以了解你谈判的对手是个什么样的人。从交易中可以知道这笔房地产在他手中有多长时间，多少利润可以满足他，这些因素都可以描绘出你即将遇上对手的个性，使你能够提前有针对地制定有效策略。

有一次，约翰和强生一同参加一项美国政府举行的拍卖会，发标的是一座报废的飞机制造厂。政府拍卖方式与民间相同，标价最高者得标。约翰和强生讨论之后，决定标价不能超过37.5万元。到达会场时，参加投标的人已有一百余人。强生四处转了一周后，回来指着三个人道："那三个人就是我们的竞争对手。"他果然说对了。

议价开始时，他们以10万元起价，很快地就成为他们和那三人之间的竞价。在他们提出21万元而他们喊价22.5万元之后，强生停止了竞价，并示意要约翰离开会场。约翰被他弄迷糊了，事先明明说好最后上限是37.5万元的。

强生说出了原因：他事先看过了这次拍卖的规章，有一条指出若是标价过低，政府有权拒绝成交。因为他们是第二高标，负责拍卖的人很自然地找上他们，并表示最高的标价已被拒绝了，是不是有兴趣再提高一点价钱。就这样，约翰与强生最终取胜。

以上这个故事就是摸清对方的底细，使得谈判获胜的例子。正因为知道了对方的底细，约翰与强生才能以低价达到自己的目的。可见，在谈判前了解对方是多么的重要。

制定详细的谈判计划

谈判的准备工作除了了解对方的情况外，就是要制定一个合理的、有弹性的谈判计划。谈判计划要尽可能地简单明了，以便洽谈人员记忆并容易实施，好在实际谈判过程中得心应手地与对方周旋。

一般来说，计划分为三个阶段，每个阶段的作用各不同：

1. 认真思考分析

认真思考、分析的目的是为了迅速地归纳有关对方的情况，同时理出自己的思路。思考分析的内容如下：我们了解对方哪些方面？预测一下他们在谈判中期望的是什么……我们把这些牢牢记在脑海中，就会对谈判的结果产生重要的作用。

2. 确立谈判方向

“谈判方向”就是我们希望通过谈判所要达到的目的。它是我们谈判的最终愿望。谈判方向的备忘摘要文字要求简洁，最多5—20个字，要是太冗长，就证明我们对为什么进行谈判没有一个明确的概念。

3. 制定谈判议程表

有时候，谈判方向并不是朝着我们的谈判目标发展的。而准备工作的实际程序是：首先，想出各种应对办法，然后逐步地制定出我方的谈判方向，最后制定出谈判议程表。谈判议程表要求文字简洁、易记，这样才能对谈判人员起到提示的作用，使他们能在把全部精力投入谈判的同时，把握住谈判流程。

在进行商务谈判前，最好是对对方的情况做充分的了解，并依此做充分的准备，制定出详细的谈判计划。准备充分才能有条不紊、增加胜算。

谈判者该具备哪些职业道德

言、行礼字当先

谈判人员决定着谈判的方向，谈判人员的素质与职业道德是谈判成功

与否的决定因素。正如医生的职责是救死扶伤、军人的天职是服从命令，一个合格的谈判者，必须具备“礼、诚、信”的职业道德。

中华民族素有“礼仪之邦”的美誉，以注重礼仪而闻名于世。《荀子·强国》曰：“国之命在礼。”意思就是国家的兴盛存亡在于民众是否懂得用礼教来约束自己的行为。

商务谈判同样如此，谈判人员从衣着打扮到言谈举止，从接待布置到日程安排，都要礼字当先，体现出良好的个人修养及职业道德。

对自我形象加以重视，也是对谈判对手的一种尊重。正如哲学家叔本华所说：“人的面孔要比人的嘴巴说出来的东西更多、更有趣。因为嘴巴说出的只是人的思想，而面孔说出的是思想的本质。”

在庄严、紧张的谈判过程中，谈判者应衣着整洁、举止端庄大方、谈吐有礼有节，充分体现出自身的教养与实力。

遵守谈判时间

在商务谈判中，时间就意味着金钱。一个合格的谈判者必须具有严格的时间观念。守时在谈判活动中，不仅是一种非常重要的礼貌行为，也是谈判得以顺利进行的重要因素。

曾经担任过美国国防部长的罗伯特·麦克唐纳对时间观念就非常重视。他在任职期间，对下属约法三章，规定参加一切会议必须准时到场。由于他对这种小事的认真态度，因而赢得了很好的口碑，提高了他的信誉。

在谈判中，要注意恰到好处地把握时间的“度”。比如说过早地到达会场，会让主人因为没有做好准备而难堪；反之若是迟到，则是对对方的不敬。最合适的做法是按约定时间提早几分钟或准时到达。如果因故不能按时赴会，则应尽早通知对方，并表示歉意。

尊重对方的习俗

由于历史、文化、宗教等差异，不同的国家、民族有着不同的风俗习惯。在谈判中应认真了解谈判对手的习俗，倘能加深了解，则能既不失礼于人，又可借此寻找突破口，创造谈判的契机。

比如说法国人的人情味非常浓，并天性浪漫。如果对手恰好是法国人，那么在实际谈判中，除了洽谈业务，还可不时交谈文化、社会、艺术等方面的话题，使谈判气氛更友好、活跃。而阿拉伯国家推崇“男尊女卑”的观念，如果与之谈判，则注意尽量避免让女性作为主要发言人，否则，对方会觉得是对他的一种轻视。北欧人多数嗜酒，但政府却制定了严厉的饮酒法，并提高了酒价。若与之谈判，我们能及时地馈赠对手一瓶好酒，那定会令对方感激万分，谈判多会达到我们满意的结果。

在谈判进行前，要尽可能地去了解谈判对手的习俗，这样有利于增加我们谈判的胜算。

以诚立足

在谈判桌上，不论情况如何变化，参与者都应坚定不移地守住一个“诚”字，即光明磊落、诚心诚意地和对手进行谈判。对于谈判中的“诚”，国际组织有关法律及守则中均有条文予以强调，并且从动机和事实两方面对非正大光明的行为予以限制，且明确指出，在谈判的动机上，不应有不可告人之目的，在谈判中不能以“虚构或扭曲的事实”为依据，而必须以“存在的事实”为依据。

我们在谈判中“以诚服人”，在谈判的过程中自始至终都以坦诚的态度面对谈判对手，在听取对手意见时，还要主动了解事实、正视事实，放弃或纠正自己无理的或者过分的谈判要求，这样才能有效促使双方化干戈为玉帛，使谈判得以顺利进行。

如果自己以诚相待，而对手并不领情，反而穷追猛逼、以势压人，你不妨试一试哈佛大学博士、世界级谈判大师嘉洛斯提出的让步策略，这种策略既可助你扭转谈判桌上的局势，又能体现出你以诚立足的风度。

1. 专心倾听对方所说的话。
2. 尽量给对方最圆满的解释，使之满意。
3. 把你所说的证明给对方。
4. 无论情势如何，都要不急不躁，礼貌有加。

信守承诺

在谈判这种利益冲突非常明显的活动中，信用是十分重要的，真正的

谈判者都格外强调言而有信。因此，在谈判过程中，作为一个参与者，必须恪守说话前后一致、信守承诺的准则。要做到信守承诺，应从两个方面加以注意：

1. 不能信口开河

在谈判中，谈判者应该注意自己的一言一行，把握好说话的分寸。对于自己没有把握做的事情绝不可做出轻率的承诺。因为对于谈判对手来说，只要表态就是承诺，他可能会以此作为调整自己立场的依据。你一旦否定了前言，则不可避免地会陷入自相矛盾的僵局。

2. 做到言而有信

对于谈判者来说，做到言而有信是极其重要的。因为，或许我们所做出的承诺，可能正是他们想要的谈判结果，所以说对方是会非常重视的。我方一旦食言，就很难再取信于人。所以在谈判中，应注意谨言慎行，尽量少做没有确切把握的承诺。

万一不慎在谈判中有所失言，必须及时向对方说明原委，请求原谅。不过，这种情况只能发生一次、两次，次数多了，就没人会相信你了。

谈判者具备良好的职业道德是很重要的，它会让对方无可挑剔，并乐于与我们合作，这十分有利于谈判成功。

创造有利于自身的因素

选定谈判的最佳人选

谈判的人选对谈判来说是十分重要的一环。谈判的成功与否与谈判的人选密切相关。谈判的人选可分为团体和个人。

绝大多数的谈判需要多人一起参加，如果单独一人参加，往往力量不够。安排多少人参加谈判才算合理？这就要根据谈判的重要性、困难程度以及时间的多寡来决定。

每次谈判时，该选用个人谈判或团体谈判应具体情况具体分析。环境、谈判的方法和条件都是考虑的因素。个人谈判与团体谈判各有利弊，选用哪种谈判方式，就要视具体情况和需要而定了。

个人谈判有如下好处：

1. 可以避免对方专挑较弱的成员提问，使团队秩序被打乱。

2. 个人可全权负责，不受其他人的牵制。

3. 避免成员间意见不一致而影响到谈判。

4. 能够做到当机立断。

团体谈判有如下好处：

1. 可充分发挥各人的谈判技巧，避免错误。

2. 人多力量大。

3. 给对方一种威慑的感觉。

安排个人谈判或团体谈判，主要看谈判需用到哪些技巧和方法。团体谈判有其特殊的功能目的。假如选用团体谈判，则需要团体中的成员能够履行计划和目标。进退有度的团体谈判领导者会利用成员作为让步或拒绝让步的借口，诸如："我要问问其他人的看法。"

谈判的首脑应该尽可能地利用每个人的长处。他必须知道如何利用谈判团体中的专业知识，并提供给他们正确充足的消息。而谈判团体应该由几个专家组成，每个专家都能在他的专业内谈判。例如第一个专家来谈判成本问题，那么另一个则谈政策问题。在未进入谈判前，成员之间要做好足够的沟通与准备，如有必要可事先准备好暗号，例如用某种动作示意同伴停止说话，或避开某一问题等。

不管采用个人或团体谈判，最高决策者对于即将来临的谈判，要负责的事项包括指导、指定谈判目标、提供消息、协助参与谈判的人，而且要经常注意事情的进展，并提供建议。

选择有利于自身的场地

谈判的场地该设在哪里呢？这也要具体情况具体分析。一般来说，谈判场地可以在任何一方的办公室。

那么，谈判是在自己的地盘好还是在对方的地盘要好一些呢？我们来分析一下。

在自己的地盘谈判有如下好处：

1. 对方来到你的地方，你拥有"地利"。

2. 节省旅途上的时间和金钱。

在对方的地盘谈判有如下好处：

1. 你可以拒绝提供情报，借口说这些情报资料不在身边。

2. 对方需要负责准备场所或其他事物。

很多人还是习惯尽量将谈判场地设在自己的地盘，这样心里会比较踏实些。那么，在对方被邀请到你的地盘后，则可以借问候探知对方的计划，比如说帮他安排旅程、替他预定旅馆或机票。（注意：假如你是到对方家中谈判，谈判完要住进旅馆时，要当心他会注意你办手续的时间。从这点他能够判断你的谈判最多能拖多长时间。）

谈判开始前，一定要将谈判场所做充分的准备，整个环境要舒适，要从会场的布置上显出谈判的重要性。房间的摆设，如灯光、座位等都要在考虑之内，这些客观因素都会对谈判有影响。椅子要舒适，良好的视觉效果会方便双方谈论细节。另外要有适当的空气调节，各种提神的东西要随时供应。

还有，谈判时所坐的位置也是值得一提的。多数人都会习惯地认为桌子前端的座位象征着权威，他们会较重视坐在这位子上人所讲的话。

所以说，座位的安排也是需要留心的。有的谈判方故意安排谈判场地的摆设，让他们的对手坐在较屈辱的位置和较不利的座位。在实际谈判中，低座位者不得不仰视高座位的人，如此一来，在气势上就已输给了对手。过于低矮的座位还会使坐者必须提着身子讲话，造成了说话时的不适和紧张。而坐高位的人可以俯瞰低座位者，占尽了地利。

如果谈判的地点是你对手的办公室的话，你或许会被安排坐在气势较弱的位置，这是不利于你的。如遇到这种情况，你可以用一种“以毒攻毒”的办法来对付：直接坐到对手的位子上。这样一来，对方只好提议重新安排位置，使大家都能坐得舒服。

利用议程增加有利于自身的因素

谈判的议程可由谈判的任何一方来准备。到底由哪一方来确定议程会更好呢？事实上，由哪一方确定议程都各有利弊。

让对方接受你提出的议程好处在于：可使对方处在自卫的劣势中。议程由你提出，你就可利用自己的方式制定措辞或条件。

从另一个角度来看，你的议程会事先将自己的立场透露给对方。对方

可能会根据你要讨论的问题，做好准备予以反击。而你事先却根本无法知道对方的意图。

如果议程由你方拟定，就要注意一定不要流于形式。有些不成熟的议程只是印好的表格、契约或租约，议程应该提出需要讨论的各种问题，并且先列小问题，后列大问题。这样，在实际谈判中就可以避免将时间浪费在小问题上，好留更多的时间讨论重大的问题。开始谈判时的那些小问题，你可以先让步，等到讨论大问题时，你也就可以得到让步。

在议程中要注意时间的安排。谈判的时间和谈判的地点一样重要。人的生理是有时间性的。一天中哪些时段个人的情况处于最佳状况，何时段又处最低潮，都是一有定规律性的。

有些人在上午大约11点时，工作情况最佳。如果这正是你效率最高的工作时间，那么完全可以将谈判的时间定在此时。

当然不能过分主观，你的对手在此时可能也是最精神的时候，这就增加了你谈判的难度。如果你在下午两、三点的时候精神也不错，那么最好就将谈判的时间安排在此时。因为多数人忙了一天，到了这个时间已有些疲倦感了。

将谈判的人选、谈判的场地与谈判的议程安排好，就等于创造了诸多有利于自身的因素，对将要来临的谈判会大有帮助。

如何培养自身的谈判优势

优秀的谈判者该具备哪些素质

1. 具有受人喜欢的特质

如果能被对方喜欢，谈判就会顺利得多。你的智慧、魅力、诚实与幽默都可能会得到对方的喜欢与欣赏。如果你能恰到好处地向对方显示你的这些方面，那么即使他们本可进攻，也常常会向你做出让步。

2. 意志坚定，灵活应变

塞夫·巴里斯特雷斯是有名的拼搏型高尔夫球运动员。他常常在极为不利的情况下，救起一些意想不到的险球，令许多球员自叹弗如。谈判也是如此。如果谈判已经基本形成定局，许多谈判人员就会失去信心。其实，只要谈判还没有结果，谈判的局面就可能随时改变。优秀的谈判者应该能够以坚定的意志应付各种不利局面，并懂得灵活应变，尽最大可能地扭转局面。如果缺乏坚定的意志，就很难应付谈判中的不利局面，更谈不上灵活应变，扭转局面了，结果只能是更坏。

3. 诚实

诚实者处处受欢迎，特别是在谈判场，如果谈判对方知道了你的诚实，他们是会对你特殊对待的。他们会愿意接受、帮助你，或者放松对你付款期限、交货期限的要求。如果你不诚实，那么就别想对方做出对你有利的让步。

4. 不自作聪明

聪明的人未必是优秀的谈判者。而自作聪明的人绝对是最差劲的谈判者，他狂妄地自以为全知全能，不把对方放在眼里。

在谈判前，应该提醒自己，不能自作聪明，即使是你真正内行的方面，也要保持谦虚的态度。

5. 热爱谈判

有人可能具有上述 4 种谈判优点，但是他们本身却讨厌谈判，他们的谈判水平就永远不会超过那些热爱谈判的人。

培养自己的谈判优势

所有的人都有适于谈判的潜质，关键在于怎么去发现和利用。下面的几种性格特点，可能使一名普通的谈判人员成为伟大的谈判能手。

1. 遇事有耐心

耐心是一种优秀的性格特点。在谈判中，拥有耐心是极其重要的。耐心甚至能使平庸的谈判变成伟大的谈判。而缺乏耐心则可能导致失去到手的赚钱机会。

有这样一名经理，他谈判从来没有耐心。他喜欢顺顺利利地交易，如果达不成交易，他就不出谈判室。他从来等不了第二次谈判，即使等待的结果是更加有利的局面。为了谈成交易，他宁愿开价 10 美元，也不愿意等待以后 1 美元的成交机会。虽然他做成了许多项目，可是基本上没有一个是赚钱的。

他的继任者和他恰好相反。继任者对谈判拥有耐心，并从不害怕要高价，也不害怕终止谈判，哪怕等上一个月再重开谈判。如果条件能提高，内容更诱人，他会有足够的耐心等待第二次、第三次甚至第四次谈判。他做成的项目虽不多，但创造的利润却比前者多出许多倍。这就是二者因耐心产生的差别。

在谈判中，你若比对手更有耐心、更善于等待，那么，你就有优势战胜他。

2. 语言表达能力强

有些人的最大优点就是能够清楚、简练地表达自己的意思，使事情易于为人理解。这种谈判的结果，往往比他们想像的还要理想。

不能否认，有些人利用含混不清的话语作为一种谈判的手段。他们故意把话说得模糊不清，以迷惑谈判对手，进而使自己占据有利地位。但是更有可能的结果是，谈判已经结束，对方还没有搞明白他的具体意思，这就会为日后的合作造成麻烦。

3. 能够注意细节

通常在谈判中，最有说服力的人就是最能注意细节的人。如果你注意并掌握了某一特定领域内的所有情况，而且超过其他人，那么你的说服力则可能比任何人都高。

4. 不疏忽大意

每次谈判都有主要问题和次要问题，值得注意的是，造成谈判陷入僵局的通常是次要问题。在谈判中，不能疏忽大意，只关注主要问题而忽略了次要问题，这样可能致使谈判不能顺利进行。不仅不能忽略次要问题，还有必要搞清楚对方为什么一再坚持它。

麦考梅克公司的总裁讲过这样一个故事：

几年前，我在欧洲一个新的高尔夫球场，把我一本关于商业内容的著作拍成了电视片。当时，我们公司的高尔夫球业务部和电视部已经组成了队伍，准备对即将举办的一次高尔夫球锦标赛进行电视转播。电视摄制人员、设备和我都必须在这个地方停留几天，所以我们想到了在这里把我的书拍成电视片。这是一个聪明的举动，球场老板很喜欢这个计划，他甚至同意给我们一笔赞助费。他想提高球场的知名度，招徕更多的生意。作为交换，我们应在电视片中出现一些球场的优美镜头，并且免费送给他们印

套拷贝。

我们的主要问题是摄制费用。球场老板的主要问题是在电视片上展现球场的风采，让世界上成千上万的人看到这些镜头。

在我们起草合同时，球场老板加了一句话，要求我们给他们提供一套1英寸的母带，用于他们的内部宣传。看起来这是一个奇怪的要求，为什么一个高尔夫球场想要电视片母带？为什么他们居然就这个问题和我谈了60分钟？当然，我们没有反对这一点，说到底，送一份母带的要求很容易被满足。

我们拍完了电视片。根据合同的要求，在最后剪辑的镜头中有球场的画面。我们把母带送给了对方。几天后，球场老板来找我们了。他说他很喜欢这部电视片，可是对球场镜头感到失望，这仅仅是因为这些镜头的长度太短，他们不能充分利用它来提高球场的知名度。

这说明我们认为无关紧要的镜头是他关心的主要问题。他原本希望我们能为他提供几英里长的有关球场的一流胶片。这样他就拥有自己球场的电视片了。

如果清楚这一点，我们就会尽可能从各个角度拍摄球场的景色，给他的胶片更长一些。这样做，基本上不会增加我们的费用。然而我们没有这样，因为无人问他为什么要在合同中加进这条看似次要的要求。如果问清楚了他的真实目的，我们本来可以做得更好，从而更有利于加强我们的友好关系。

一份简单易行的合同却产生了不应有的不愉快。这是我们的错误，而不是他们的错误。

在以后的谈判中，大家都应该记住这个教训。不要只重视交易的主要条款，而忽略了次要条款。哪怕这些次要条款是无关紧要的，你也应该给予重视。

培养自身的谈判优势，有助于自己在谈判中取得主动权，赢得谈判的成功。

把握好商务谈判的基本原则

谈判的成功与否不仅与谈判个人的综合水平与技巧有关，还与谈判者是否遵守谈判原则有关。要想使谈判能够达到预想的目的，就必须了解和掌握谈判的原则，根据情况的不同按原则行事。否则，就乱了章法，使谈判偏离了预期方向。一般来说，商务谈判可遵循下列基本原则：

1. 真诚守信的原则

有人认为，生意场上无“真诚”可言，真诚代表着不灵活与被动。其实不然，事实无数次地告诉人们，任何人凭自己的主观意志从事，或是利用欺诈的方式谋利，均会得到相应的惩罚。这种惩罚，有的来自经济，有的来自法律，有的来自社会。谈判也是一样，没有真诚就没有收获，所以说，谈判取得成功的首要原则就是要遵循真诚守信的原则，并且服从事实。为了真正地做到真诚守信，可以从以下几个方面入手：

（1）以事实为基础。有句话说得好：事实胜于雄辩。用事实说话是最能服人的。为了使谈判时本方有充足的根据，首先应从事实情况着手，全面搜集信息和材料。本方不仅要充分估计自己的谈判实力，还要充分调查对手的情况，比如说企业的发展历史、现状、企业的实力和信誉、谈判风格、谈判目标等等，在对这些情况进行了仔细了解后，再来评价对手的谈判实力。在谈判中，要进一步核实自己所掌握的情况与对手提供的情况，从而判断虚实、帮助决策。

（2）以信誉立足。信誉好是企业发展的根本，只有守信誉，别人才愿意同你做生意。如果不守信誉，那么是无法在商业圈里立足的。商业圈里信誉为重，凡事都要讲信誉，商务谈判也是如此。只有守信誉，谈判各方才能严格遵守谈判所达成的协议，信守诺言，真正做到“言必信，行必果”。

2. 平等互利的原则

平等互利是谈判活动必须遵循的一条重要原则。谈判的双方都要本着平等互利的原则，这样双方才能有效合作，在谈判中达成共识，从而保持长久关系。

(1) 谈判双方是平等的。参与谈判的无论是团体、组织或个人，大家共同合作的愿望都是平等的，没有主要、次要之分。大企业千万不能凭着实力强，轻视与自己进行谈判的小企业，这是成功谈判的一个前提条件。任何凭借自己或他人的权势，在谈判桌上压制对方的做法都是不可取的，除非你自己想赶走对方，否则一定要将自己的架子放下来，才能进行真正的谈判。

(2) 使双方的需求都得到满足。因为有需求，才使谈判各方走到一起来，也正是因为彼此有需求上的分歧，大家才坐下来进行交流，也就是所谓的"谈判"。因此，成功的谈判是建立在双方都得到满足的基础之上的。要想成功谈判，不做任何让步是不可能的，大家都抓住自己的利益不放，谈判就不会有真正的结果。

3. 求同存异的原则

谈判是一种为谋求一致而进行的协商活动，参与谈判的双方会蕴藏着利益上的一致和分歧，考虑到这些，为了实现谈判目标，谈判者还应遵循求同存异的原则：对于意见相同之处，达成共同协议；对于不太容易统一的地方，不急于求得一致，以后再谈。

为了遵守这一原则，应从以下几个方面入手：

(1) 要正确对待谈判各方的需求以及利益上的分歧。在谈判时应明确：谈判的目的不是扩大矛盾，而是弥合分歧，使各方形成谋求共同利益、解决分歧的合作关系。

(2) 要把谈判的重点放在双方所需的利益上，而不是放在对立的立场观点上。如果从对立的立场出发，是不会有好结果的。只有将谈判重点放在探求各自的利益上，才能通过利益的相互满足来调和矛盾，达成协议。

4. 公平竞争的原则

谈判主张合作、主张一致，还要讲竞争。公平竞争原则就是通过竞争达到一致，通过竞争形式的合作达到互利、多获利。当然，这种竞争是指公平的竞争、合法的竞争、道德的竞争。公平竞争要遵守如下要求：

(1) 双方完全处于平等的位置。双方在谈判过程中，为了解决矛盾，可能都会提出许多方案。公平竞争就是要求双方在提供方案时，机会是完全平等的。既然是平等，就不能按哪一方条件优越就由这一方提供方案，

或者一方实力强就由这方独揽，这就脱离了公平竞争的原则。

(2) 协议的达成与履行是公平的。公平竞争原则要求结果达成公平的协议。公平的协议才能使各方的利益都得到最大限度的满足。此外，在履行协议上，双方都具有公平的义务和责任，而不是说某一方可以自行决定某些做法，比如更改协议，或不按协议履行等等，都是违反协议的。

凡事都有原则。商务谈判同样有原则，并且谈判者要掌握、遵守原则。不但有利于谈判顺利进行，还有利于取得谈判的成功。

如何建立良好的谈判关系

谈判很少能进行得平稳顺利。谈判时，双方都在观察对方，寻求蛛丝马迹，以便在谈判中取得一些利益。为了多争得利益，常常使双方僵持不下，使谈判变得艰难。如果想要使谈判变得顺利，那么就需要建立良好的谈判关系。

谈判是一个说服的过程，谈判的主体是人。而人是一个感情动物，人和人之间存在着一个感情链，如果在谈判中抓住了感情链中的任何一环，都有可能产生连锁反应，达到人所接触的感情点。这就是谈判活动中说服对手，达到自己谈判目的的基础。基于人的社会性，在人的感情场周围布满了各种各样的感情，所以你要在谈判活动中打动对手，征服对手的心，并不是一件可望而不可及的事情。

有着良好谈判关系的谈判场面真是让人羡慕。通常他们会很快地完成协议，采取的方式是对双方都有益的，整场谈判没有浪费半点时间。谈判时双方经过一番协商后，很快就达成了协议。

最好将敌对关系变为合作关系

我们如果能把谈判建立在双方合作的基础上，彼此就会朝着公平互利的目标前进。谈判时，要随时注意把不同的利益设法转变为共同的利益，包括发现共同的利益、需要，强调双方可通过协议达成，而不是酝酿不一致的目标。

谈判时，采取合作态度有许多优点，例如收获会更多，会更一劳永逸地解决困难。

几年前有位出名的职业运动员想在合约中要求更多的钱，好几个运动季节，他都想通过谈判得到满意的合同，但均失败了。虽然这个运动员富有、聪慧，但他是个害羞的人。他承认自己不是球队总经理的对手。而且，这个总经理手中握有一张王牌——因为他们之间有协定，使得这个球员无法跳槽，只是并没有阻止他退出运动竞赛。

而这个经理每次总是迫使这个球员签下待遇更坏的合约。结果这个球员变得意志很消沉，后来他索性利用信件和经理谈判，甚至在未开始谈判之前，他就感到气馁。

后来一位经纪人和这球员接洽，他提出一个解决的办法：没有错，他和球队经理间的协定是他不能跳槽，但并没有阻止他退出运动竞赛。

虽然这位运动员害羞，但他有愉快的性格，而且也不难看。很多比他难看的人都参加表演事业，何况他。因此他开始和独立的制片家谈判，与他们讨论一个五年的合同。

这样一来，总经理突然感到一股压力。失掉运动明星，观众一定会很反感，如此一来自己的事业定会垮台。最后，这个运动明星和运动队经理再次谈判，并大斩所获。等到下一个运动季节，其他队员纷纷效仿，各尽其能地向这位总经理敲诈。

从上面这个故事可以看出，与谈判对方采用敌对的态度，远远不如采用友好、合作的态度。假如这个经理能在开始时好好坐下来谈判，那么，就不会出现所有球员都向他敲诈的局面了。从这个教训我们可以得出一个结论：谈判时应设法把敌对关系变为合作关系，这样于双方都是有利的。

采用投桃报李法

查尔斯·华特尔是纽约一家大银行的职员，一次奉上司之命写一篇有关某大公司的内容报道。他非常想获得该公司的详细资料，于是他找了该公司的董事长，并约定了会见的时间。

当华特尔先生被引进董事长的办公室时，一个年轻的秘书从侧门伸出头，她告诉董事长今天没有什么邮票可以给他。

“我在为我那12岁的儿子收集邮票。”董事长对华特尔解释说。华特

尔说明了他的来意之后，访谈开始进入正题，但董事长对华特尔的访谈采取模棱两可的回答态度，他不想认真回答，无论华特尔怎样好言相求都没有效果，访谈只得很快结束。

华特尔回到家中，苦思良策，忽然灵光一闪，他由董事长秘书所说的邮票想到了董事长12岁的儿子，再由此联想到他所在银行国外部门专门收集从世界各地信函上取下来的邮票……于是他有了主意。

第二天一早，他又去拜访那家公司的董事长。他首先请人传话说，有一些邮票要送给他的孩子。结果，华特尔受到了热情的接待。董事长满面微笑，非常的客气。他一边仔细地欣赏那些邮票，一边高兴地说："我的孩子肯定会喜欢它们……瞧这张，简直是无价之宝!"

接下来，华特尔同董事长花了一个小时谈论有关邮票的情况，看他孩子的照片，然后又花了一个小时，董事长把华特尔想知道的情况都说了，并且把他的下属叫进办公室，询问了一些具体的资料，甚至打电话给他的同行，代询其他对华特尔有用的资料。总之，把他所知道的一切都一股脑儿地告诉了华特尔，结果华特尔满载而归。

以邮票为媒介，华特尔以间接的方法，成功地说服了对手，获得了自己所需要的商业情报。

"投桃报李"一般用于我们交友、处世。有没有想过，我们在与人谈判时，也可以巧妙地利用这个方法?

以上这个故事证明，采用"投桃报李"法，对于建立良好的谈判关系是很有帮助的。华特尔针对对方感兴趣的事情，尽自己所能去满足对方，使之产生好感，为两方的关系起了个好的开头，使关系得到了良性发展。

在谈判桌上，即使与对手针锋相对、据理力争的时候，关心别人、体谅别人也是有利于谈判的。谈判双方的关系常常是"投之以桃，报之以李"的。

谈判双方不一定就是敌对关系，如果尝试着建立良好的谈判关系，那么，谈判不仅能顺利进行，还能较快地达成协议，于双方都有利。

在谈判中怎样与对方周旋

巧用暂停的方式

暂停是谈判出现僵局时常用的方法，运用的时机得当，则能够起到缓解紧张气氛、驱除压力、重新开始的作用。

巧用暂停，是制造谈判转机的好办法。当你的对手占了上风，谈判的发展倾向对自身大大不利的时候，暂停是最好的应付方法。

请务必明白一点，暂停、离席并不是意味着失败、退缩，它是企图扭转不利情势的积极行为。谈判中并无规则要你不能中断谈判。谈判进行得不如意时，最简单、有效的对策就是暂停，然后再重新开始谈判。

你的暂停行动有两个主要结果：其一，所有的紧张空气和争论顿时消失；其二，由于你采取主动离开，让你的对手处于不得不沉思、自省的地位。在绝大多数场合，这方法对你有利，因为它能促使你的对手考虑他的言行是否有待商榷、改进之处，不然你怎会离去。

也有另一种情况，就是你想要的谈判结果是很难在一场谈判中就达到的。那么，巧用暂停就成了一种绝妙的促成手段。

有一位地产大王，就很会利用暂停的手段来促成交易。有个名叫勒絮费的美国商人想在斯腾塔岛从这位地产大王的手中购置一块地皮。在谈判中，地产大王就巧妙地施展了"暂停"的手法。

开始，这位地产大王只派了一个代理人同勒絮费见面，磋商价钱。在握手告别时，勒絮费以为买卖的价格和条件已经谈妥了。然而，当他同地产大王本人会面后，却发现那不过是自己想出的价而已。地产大王开出了根本没磋商过的高价钱，把要求也提得更高，使成交的所有条件都对他更有利。

地产大王先派代理人同对方谈判，旨在摸清对方的底细，了解对方的最高承受能力，然后，再用暂停的方式制造一个缓冲，接着就提出了他认为最有利于自身而对方又可以接受的条件。由于当时斯腾塔岛上正兴起地产热，人们都疯狂地介入房地产，因而他的办法在大多数情况下都是很管

用的，人们在权衡利弊后，往往都接受了他的条件，他也因此财富大增，财源滚滚而来。

在以上这个事例中，暂停成了地产大王促成谈判的绝好武器。暂停给了他自己重新估算对方承受力的充足时间，也使得对方在这段时间内急于想完成谈判。这两种后果都是大大有利于自身的，所以他常常能够在暂停后的谈判中大获全胜。

如何应付不友好的谈判对手

所有的谈判，我们都希望能够在友好的气氛中进行。可惜的是，在现实世界里，有时偏偏遇到与理想恰恰相反的谈判对手。

这毫不奇怪：对方不是你的朋友，而是你的对手，双方很可能是有利益冲突的。既然如此，那么，如何应付、改变对方的态度呢？

美国著名讲演家戴尔·卡耐基曾经说过："将对方视为重要人物并以诚相待，纵使是敌对者也会成为友人。"

同不友好的对手谈判，要想改变对方的强硬态度，并使谈判取得进展，不妨试试这种方法。

几年前，纽约的电话公司遇到了一件麻烦事。一位苛刻的用户对电话公司接线员的服务不满意，因此在电话公司要缴收电话费的时候大发雷霆。他认为这些费用对于他所享受到的服务而言，简直有如敲竹杠，于是他怒火满腔地宣称，要把电话连线拔掉，并且到有关方面提出申诉。

为了解决这一抱怨，电话公司派出一位最干练的"调解员"前去见那位无事生非的用户。双方见面之后，那位暴怒的用户向调解员盛气凌人地发泄着他的愤怒，而调解员则静静地听着，不时地说："是的"，对用户的不满表示同情。

事后那位调解员回忆道："他滔滔不绝地说着，而我洗耳恭听了整整3个小时。我先后去见过他四次，每次都对他发表的观点表示同情。在第四次会面的时候，这位用户说他准备成立一个'电话用户权益保障协会'，我立刻表示赞成，并说我一定会成为这个协会的会员。这位用户从未见过一个电话公司的人同他用这样的方式和态度进行交谈，于是他的态度变得友善起来。前三次见面，我甚至连同他见面的原因都没有提过，但是在第四次见面的时候，我们已经化敌为友了，事情也就顺利地解决了。这位用

户该付的费用全部照付了，而且还主动撤销了向有关方面的申诉。”

在上面这个事例中，那位蛮横不讲理的客户之所以制造事端，是因为他觉得他没有受到应有的尊重。他所需要的是一种重要人物的感觉，而这却是他在电话公司接线员的服务中所没有得到的。

当调解员以耐心和尊重来面对他的控诉之后，他获得了他所需要的感觉，满足了自己的虚荣心，心中的抱怨和牢骚自然就烟消云散了。

电话公司的调解员正是运用了“将对方视为重要人物并以诚相待”这一有效策略，才平息了一场风波。

利用摊牌促成谈判

恰当的摊牌可以打破谈判的僵局，使谈判柳暗花明又一村。

摊牌观念的标准含义是：两个对手在谈判桌上争论不休、讨价还价。讨论得很热烈，不过明显地，空话较多，诚意不足。最后，其中一位争论者愤怒地站起咆哮道：“如果你真有诚意，那让我们摊牌。”他的对手别无选择，只好清楚地定义和表达他的立场，然后谈判才能继续进行。

摊牌是谈判中一项强而有力的工具，可以对谈判的结果起到决定性的作用，把谈判引向正确的方向。恰当的摊牌可以使进退维谷的谈判立时峰回路转，节省时间的同时，促使谈判能有个明确的结果。

两个人在谈判一栋房子的价钱，他们议价了大约一个月。他们双方都清楚此次交易对他们来说很独特。卖主知道，他的房子拥有房客，而且租金受政府控制——这对市场来说是很不利的，因为他不能合法地叫他们搬家，而他们又合法地付着很低的租金。

买主所处的立场也很特殊。他其实代表了两位要共同购买这房子的买主。而有诚心的屋主如果要自己使用房子的话，可以合法地赶出房客。所以这两位买主认为这场交易独特，是个合算的买卖。双方都知道这个事实，议价逐渐地越来越接近，然而最后双方都厌倦了讨价还价的游戏。谈判中止了大约整整一个月，在这段时间，双方都有时间思考。卖方没有获得令他有实质收益的出价，而买方也没有获得接近他欲付价钱的喊价。心理上，双方都决定了底价。

最后，买方拜访了卖主，提出建议，并在出价之前，声明这是最后一次出价，是他所能出的最高价钱。卖主说，他心里也有个底价。他建议，

如果他讲出他所能接受的最低价钱，事情或许容易解决些。底价揭晓之后，买方叹了一口气，说还多了一千元。卖主毫不迟疑，立刻表明态度，做最后摊牌。

“我告诉你，我会怎么做，我们的底价相差一千元。让我们平分此一千元，如果我们现在就能协议的话。”买主也已厌倦了这长期的谈判，同意了此提议，交易随即达成。

以上这个事例，若不是双方最后摊了牌，那么，双方可能永远都会纠缠不清，永远没有结局，因为一个不肯让价，一个不肯加价。而适时的摊牌却使谈判立时就有了明确的结果：双方都各让了一步，整个事情一下子就得到了较圆满的解决。这就是摊牌在艰难谈判中起到的关键作用。

商场如战场，谈判也是如此。它是双方耐心、智慧的一个较量过程。要想在较量中不处于被动位置，就要根据情况的不同采用不同的方式去与对方周旋。

制造、利用谈判的优势

先削弱对方的立场

有没有想过，先削弱对方的立场也是成功谈判的一种手段。

美国密德兰地区一家银行有一位非常难缠的客户——一位搞技术的工程师。他在经济景气的时候，有过一段辉煌灿烂的时光，但后来由于经济萧条，便只好结束了他的公司。由于他过去所经营的顾问公司一直和银行保持良好的关系，因此银行也一直认为他所经营的公司是一家相当健全的企业公司。但是，出于各种各样的因素，银行不愿意给予他太多的贷款。而那位工程师，希望能够找到机会东山再起，千方百计地争取银行的同情，希望银行能贷款给他。

经过一段时间，他终于想到了另外一种方式——必须先削弱对方的立场。于是，他便让会计部门整理出好几条抗议事项。

银行对于客户的这种抗议，显然有些措手不及。银行课长便立刻打了道歉电话。但是，工程师又以银行办事能力太差，办手续太慢，致使该公

司向外国购买某项产品的计划被拖延而蒙受重大损失，大表不满。

还有一件事，因为银行职员的一时疏忽，使得一笔原来应该存人那位工程师私人账户的款项，阴差阳错地存人了另一家公司的账户。为了这件事，那位工程师又借题发挥地大发雷霆，并把银行以往所犯的种种“罪状”全部列举出来，要银行提出解释以及具体的解决办法。

两个星期之后，工程师认为时机已经成熟了。此时，在犯了那么多错误之后，那位银行经理心中已做了最坏的打算，准备接受一切严厉的批评和惩罚。这时，工程师又打电话来，意外的是他对于过去所发生的事竟然绝口不提，反而以轻松的语气问道：“对于两年以上的私人贷款应该怎么样算法?”那位经理在事前一直预想银行方面会遭受激烈的攻击，但听到工程师的口气并不严重，便松了一口气，将利息的算法详细地说明了出来。

“这样贷款是不是一般市面上最有利的方式?”

“当然!”经理赶快回答，“据我所知道的，这是目前最有利的一种贷款方式。”他的语气十分惶恐，生怕再得罪这位难缠的客户。

这位工程师很希望和银行恢复往来，因而要求银行的经理让他获得一笔私人贷款。结果银行经理真的允许了他的要求。

通过以上这个例子可以看出，先削弱对方的立场，你就占据了有利的位置，对方就容易受你的条件了。

采用欲擒故纵的方式

有这样一位实业家叫史磺先生，他已70多岁了，仍旧活跃于商界。他知道他那自认是房地产开发专家的儿子，正一头栽进非他能力所及的公寓计划。老史磺可不愿意用自己的钱，便决定贷款。他找来会计师——无懈可击的霍夫曼太太——替他安排与银行代表魏得曼先生见面。史磺和霍得曼准时赴约，时间是史磺安排的。他当然是有备而来：他挑的银行、时间和银行代表，一切都配合得天衣无缝，他知道魏得曼先生有两大嗜好：网球与歌剧。

会面就从一些无关痛痒的应酬话开始，史磺平常不太说话，现在居然滔滔不绝。先说网球——他自己曾参加过1931年温布尔敦网球大赛第一回合的比赛，当然，久已遗忘的比赛情景又浮现在眼前。接着再谈歌剧。

他对毕洛特（德国巴伐利亚地区纽伦堡东北的一个城市）举办的瓦格纳 40 周年歌剧纪念大会的精彩节目，更是如数家珍。

下班钟响了，行员开始清理桌子，回家的时间到了。一向很“准时”下班的魏得曼先生，手指头很紧张地轻轻敲打着桌上那份史磺先生的档案，他真的打算就在这个下午能和史磺先生达成协议——也让自己能在星期一的例行会上把案卷呈给上级看。史磺先生却在一旁若无其事地等着。

5 点 10 分，史磺起身，看了看表，说这次会谈让他很愉快，不过他还有事得先走一步了。当魏得曼帮他穿上大衣，两人转身走向电梯时，这趟会面的真正目的才真正起了个头——是魏得曼提的。魏得曼说：“史磺先生，你不是来谈抵押贷款的事吗？’

史磺说：“抵押贷款？霍夫曼款的事吗？”

“当然啦！”

看得出来，这整件事都是“霍夫曼”的杰作！

史磺从头到尾都没提“贷款”，是魏得曼自己提出来的，当然，贷款的条件也就留给他伤脑筋啦，就在他们两位都还站在电梯门口时，魏得曼提出了条件。利率为 6.18％，而通常银行贷款的利率是 7％，条件可以说好得不得了！

史磺的例子说明了：离开谈判桌，并不是因为你不想做成这笔生意；有时候，反倒是你要成交的窍门。

鹬蚌相争，渔夫得利

1910 年经济衰退期间，通用汽车公司的创始人杜兰特遇到了无法解决的困难，因为公司债台高筑，为了渡过难关，需要向银行借钱，他被迫辞职了。

1911 年，杜兰特同一个瑞士技师路易斯·雪佛兰搭伙合作，生产了一种廉价的汽车，开始同福特竞争。这种汽车非常畅销，杜兰特为此大受鼓舞，因而想把通用汽车公司夺回来。他提出雪佛兰与通用以 5∶1 作股票互换。但是银行家们仍坚持要另加 900 万美元现金。杜兰特自己当然拿不出这笔现金，他想找一个能利用的对象——显然，这个被利用的对象必须具有极其强大的经济实力。

拉斯科布那时正受命于当时全美国经济实力数一数二的杜邦公司。当

拉斯科布向他提到杜邦时，杜兰特感到仿佛也只有杜邦能帮他了。于是他便请拉斯科布把他的想法透露给皮埃尔·杜邦，皮埃尔显然对前景无限光明的汽车工业十分感兴趣，没有表示出什么拒绝的意思来。杜兰特便写了一张请柬送给皮埃尔，邀请他在杜兰特与银行家们谈判时能亲自光临，皮埃尔的回答很干脆："我来。"

事实上，皮埃尔和拉斯科布早就对通用汽车公司垂涎已久，只是无法下手。当杜兰特遇到困难时，在拉斯科布的劝说下，皮埃尔买下了通用汽车公司的3000股股票。他们在等待时机到来。

最后谈判这天，杜兰特信心十足地来到银行家们面前，皮埃尔和拉斯科布也如约而至。谈判开始了，双方为了各自的利益而寸土不让，杜兰特精疲力竭，指望皮埃尔能在这关键时刻帮他一把，而皮埃尔却不动声色，傲然保持中立。双方僵持不下，最后按照协议规定，由最大的少数股持有人暂时代管通用汽车公司。

这个最大的少数股持有人便是杜邦。皮埃尔通过在谈判中保持中立而获得了他梦想中的收获，皮埃尔成了通用汽车公司的董事长，他在这个席位上呆了13年之久。

这个故事是"鹬蚌相争，渔夫得利"的典型。第一方与第二方争得你死我活、不可开交，最终两败俱伤，而第三方就借机得了势。这也是一种谈判成功的手段。虽不多见，可在某些特殊时期还是很值得借用的。

制造并有效利用自身的谈判优势，就能够在谈判中取得主动权，处于主导地位，并且很容易赢得谈判的胜利。

用攻心战术扭转谈判的僵局

当谈判进行到看似山穷水尽疑无路的时候，还有没有柳暗花明又一村的可能呢？可以这样说，许多谈判之所以陷入僵局，常常是由于谈判双方在立场、感情、原则上存在着一些分歧。如果谈判者能通过努力去打通心理障碍，那么就有可能打破谈判的僵局，并取得谈判成功。

给对方戴顶高帽子

谈判很少能够进行得一帆风顺，时常由于某些人为或突发原因，使得谈判双方僵持不下。事实上，谈判之所以陷入僵局，并不完全是因为谈判双方存在着不可化解的矛盾。也就是说，谈判本身并不属于那种没有可行性的谈判，而是谈判的某一方存在着心理障碍。如果另一方的谈判人员能够适当地采用攻心战术，给对方戴顶高帽子，有效地使对方解除心理障碍，那么问题可能就迎刃而解了。

福克兰是美国鲍尔温交通公司的总裁，他年轻的时候，由于成功地处理了公司的一项搬迁业务而青云直上。当时，他是该公司机车工厂的一名低层职员，在他的建议下，公司收购了一块地皮，准备用来建造一座办公大楼，而这块地皮上原来居住的1万多户居民，都得因此而举家搬迁。

但是居民中有一位爱尔兰老妇人，却首先与机车工厂进行抗争。在她的带领下，许多人都拒绝搬走，而且这些人都团结一致，决心与机车工厂周旋到底。

福克兰对公司说："如果我们采取法律手段来解决这个问题，会费时、费钱。但我们更不能用强硬的手段去驱逐他们，这样我们将会增加许多仇人，即使大楼建成，我们也将不得安宁。这件事还是交给我去处理吧。"

福克兰找到这位爱尔兰老妇人时，她正坐在房前的石阶上。福克兰故意在老妇人面前忧郁地走来走去，以引起老妇人的注意。果然，老妇人开口说话了："年轻人，你有什么烦恼?"

福克兰走上前去，他没有直接回答老妇人的问题，而是说："您坐在这里无所事事，真是太可惜了。我知道您具有非凡的领导才干，实在可以成就一番大事。听说现址将建造一座新大楼，您何不劝劝您的老邻居们，让他们找一个安乐的地方永久居住下去，这样，大家都会记住您的好处。"

福克兰这几句看似轻描淡写的话，却深深地打动了老妇人的心。不久，她就变成了全费城最忙碌的人。她到处寻觅住房，指挥她的邻居搬迁，把一切办得稳稳妥妥的。而公司在搬迁过程中，仅付出了原来预算的一半代价。

在以上这个事例中，福克兰就是采用的心理战术，以巧妙的赞扬给对方戴上了高帽子，从而打破了顽固爱尔兰老妇的心理防线，萌生了她的内

心认同感，并激发了她的主人翁意识，使她的态度由顽强抗拒转为积极配合，产生了一百八十度大转变。这就是攻心战术的力量。

找准对方的致命弱点

有的谈判方气焰极其嚣张，并仰仗某些有利于自身的因素得寸进尺，逼得对方无路可走，也致使整个谈判陷入险地。这种时候，处于不利位置的一方不必泄气，只要能够找到对方的致命弱点，那么，只需一击，它就会气焰全无，为了保住自身的利益，不得不做出让步，使谈判取得于双方都有利的圆满结局。

在南非的一个生产和销售农业机具的大型企业集团中，销售公司和生产公司之间出现了冲突。生产公司是应销售公司的需求而建立起来的。由于销售公司决定了产品的出路，于是它就强迫生产公司不断提供额外的，而且产品设计必须符合销售商所服务的那个市场某些特殊需要的产品。这对生产公司是非常不利的，结果生产公司的亏损越来越大，因而两家公司的冲突终于搬上了台面。

面对此情此景，销售公司理直气壮地道："你们这些产品的全部业务都是从我们这里得到的，我们理应受到特殊优惠。如果没有我们的销售，你们公司早就关门大吉了。所以，你们有责任供应我们所需要的东西，而且应该提高生产效率来配合我们的销售步调。"而生产公司则处于一种无可奈何的软弱地位，因为公司全然无利可图，多年以来一直被销售公司紧紧控制，如果销售公司对它的产品排斥或拒收，那么生产公司就将面临破产的危险。

显然，听任事态恶化的话，对整个集团的发展是非常不利的，必须采取措施解决两家公司的矛盾。于是董事长请来一个顾问，全权让他负责处理这个问题。顾问深入到两家公司，去了解双方的情况。他没有直接做评论，而是避实击虚，对两家公司的负责人进行了提问。在问话的过程中，他发现销售公司负责人的回答离题甚远，只要有可能，他就尽量避开这位顾问。

于是顾问得出了结论：对于谋求问题的解决，销售公司负责人的态度是不积极的。在谈判进入尾声的时候，顾问分别问双方负责人，是否愿意考虑某种解决方案？结果生产公司愿意接纳，而销售公司则按兵不动。

在进行了深入调查之后，顾问对这一矛盾的解决已经心中有数了。董事会采纳了顾问的意见，做出决定——在6周内关闭生产公司。这个决定让销售公司的负责人感到走投无路，因为他完全清楚生产公司的产品对他来说是何等的重要，一旦关闭，销售公司就成了无本之木、无源之水，同样面临倒闭的危险。于是他主动找到生产公司的负责人，二者重新调整了获利分配，解决了矛盾，两家公司一起向董事会提出了合作的申请，再次联手谋求共同利益。

为什么生产公司与销售公司之间的关系会峰回路转呢？顾问并没有对双方的冲突采取任何有力的措施，只是提议关闭生产公司，结果却使销售公司彻底让步了。

顾问有效解决问题的奥妙何在呢？其实，是因为他抓住了销售公司的致命弱点——销售公司离不开生产公司的产品，并以此为突破点，假意要关闭生产公司，导致销售公司面临危机，最后不得不做出让步，与生产公司重新开始合作。找准对方致命弱点的攻心战术使顾问帮助生产公司摆脱了谈判中的不利地位，获得了谈判的成功。

关心对方所关心的

有的谈判之所以总是毫无进展，是因为谈判的某一方对另一方一直有心理隔阂。怎样才能消除心理隔阂呢？这就要从“攻心”入手了。如果你能通过某种努力使对方与你心灵相通，那么，谈判就不再是难题了。

杜维诺面包公司生产的面包远近闻名，不仅品质好，而且信誉佳。经营这家公司的杜维诺先生是一个非常精明能干的人，他一直希望把自己的产品推销给当地的一家大饭店。一连四年，他经常给那家饭店的经理打电话，甚至在那家饭店专门包了一个房间，以便随时同饭店经理洽谈业务，但是他始终一无所获。

杜维诺先生是个意志坚定的人，他具有不达目的绝不罢休的精神。他当然不会眼看四年的努力付诸流水，于是他着手多方打听这位经理所关心的事情是什么。不久，他获悉这家饭店的经理是一个美国饭店协会的会员，并在最近担任了该协会的会长。这位会长十分热衷于公益活动，不管协会的会议在什么地方召开，他都会专程前往。在获得了这个讯息之后，杜维诺先生的心中有了计谋。

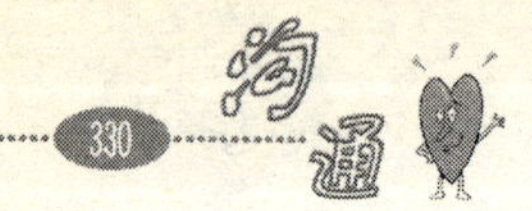

第二天，杜维诺前去拜访该饭店的这位经理，在双方会面的时候，杜维诺一反常态，对面包的事只字不提，而是大谈特谈有关那个协会的事情。经理先生非常高兴，邀请杜维诺也加入这一协会。杜维诺毫不犹豫地答应了。

几天之后，这家饭店的采购部门给杜维诺打来了电话，请他马上把面包的样品和价格表送去。杜维诺喜出望外地赶到了饭店，饭店采购部门的负责人笑咪咪地对杜维诺说："我难以想像你使用了什么绝招，使得我们的老板对你如此赏识，要知道，我们的经理可是一个非常固执的人啊!"

杜维诺哭笑不得，他感慨万千地想：我们公司的面包远近闻名，价廉物美，我努力了四年，可是连一片面包都没能推销给他，现在仅仅是因为我对经理感兴趣的事情表示了关心，形势居然完全改变了。

杜维诺经过了四年的漫长谈判都不能得到的结果，在采用了攻心战术后就轻而易举地达到了目的。我们不得不佩服杜维诺的执着还有他的心计。如果不是他面对谈判僵局不气馁，用心寻找谈判的突破点，那么，赢得最后的成功是绝对不可想象的。

在谈判过程中，出现僵局也是不可避免的事，这就要求谈判者练就健康成熟的心态，能够遇变不惊、遇难不退，从容地考虑问题、解决矛盾，用自己的真诚、机智与关切去征服、赢得对手，取得谈判的最后胜利。

怎样有效战胜谈判对手

在谈判的开始威慑住对方

万事起头难，谈判的开始尤其重要，可以说，有个好的开始，谈判就成功了一半。

在谈判开始的时候，每个谈判者都要逐步进入自己的角色，谈判双方开始讨论谈判内容。这一阶段虽然只占整个谈判过程的很小一部分，但它却是非常重要的，因为它为整个谈判奠定了基本方向。所以说，此时必须采取非常审慎的态度，否则可能在这一阶段只是差之毫厘，那么在下一阶段就会失之千里了。

在欧洲共同体的一次领袖会议上，英国首相撒切尔夫人又一次让人们领教了她的非凡能力。

她在这次会议上表示，英国在欧洲共同体中负担的费用过多。她说，英国在过去几年中，投入了大笔的资金，却没有获得相当的利益，因此她强烈要求将英国负担的费用每年减少10亿英镑。这个高得惊人的要求使各国首脑们脸色发青，他们认为撒切尔夫人的真正目标是减少3亿英镑（其实这也是撒切尔夫人的真正意图）。于是他们提议只能减2.5亿英镑，他们认为这个数目是能被接受的。可是素有“铁娘子”之称的撒切尔夫人，是不可能为这样一个在她看来微不足道的数目所打动的，她仍然坚持原有的立场，于是谈判陷入了僵局。一方的提案是每年削减10亿英镑，而另一方同意削减2.5亿英镑，差距太大，双方一时难以达成协定。

其实，这种情况早在撒切尔夫人的预料之中。她的真实目标并不是10亿英镑，但她的策略是以提高金额来改变各国首脑的预期心理。当然对手并没有轻易地改变自己的立场，双方处于一种僵持状态。这时，英国和法国这两个在欧洲共同体中处于领导地位的国家相互使用了威胁的手段。撒切尔首相告诉议院，一定要坚持她提出的方案执行，暗示对手并无选择的余地，同时也在含蓄地警告各国，并对法国施加压力。针对英国的强硬态度，法国也采取了同样的手段，他们在报纸上大肆刊登批评英国的文章，说英国在欧洲共同体中采取高姿态乃是别有企图。

面对法国的攻击，撒切尔夫人明白，要想让对手接受她提出的目标是非常困难的。因此，必须让对方知道无论他采取什么手段，英国都不会改变自己的立场，绝不向对手妥协。由于撒切尔夫人顽强的抵制，终于迫使对手做出了很大的让步。一见对方的立场发生了动摇，撒切尔夫人就逐渐地把欧洲共同体各国首脑的期待转向自己所期待的目标。最后，欧洲共同体终于同意每两年削减8亿英镑。

本来，能够减少3英磅，撒切尔夫人的心愿就算实现了。可是，她硬是利用“在谈判的开始威慑住对方”这一高招使得事情的结果远远超出所望，使人们不得不佩服她。

如何有效地说服对方

在谈判桌上，各谈判方在每个问题上完全一致是不可能的，分歧在所

难免。谈判的双方都是从各自的利益出发，并竭力想说服对手，使得谈判向着有利于自己的方向发展。这种时候，人们都习惯犯一个错误，就是只想自己想要的，而不去想对方想要的。

不错，双方谈判的目的都是为了获得自己想要的东西。交锋的关键就在于通过谈判桌上的角逐说服对手接受自己的意见。

可是，最有效的“说服”，不是让别人去做他们不想做的事，或者让别人去相信他们不相信的问题。最有效的说服不存在强迫，也不存在操纵，它必须是能让对方愉快地去接受。在谈判的过程中，要想有效地运用“说服”的方式，就必须要深入地了解对方的目标与需求。

甲方是个杰出的商业家。他投资的范围相当广泛，包括旅馆、戏院、工厂、自动洗衣店，但为了某些理由，他认为他应该再投资杂志出版业。我们就称这个人为詹森吧！詹森经由他人介绍看上了杂志出版家鲁宾逊先生。鲁宾逊是这行业的翘楚，很多大出版商都争相挖角，但始终无法罗致。

詹森决定把鲁宾逊负责的杂志弄到手，并将鲁宾逊网罗旗下。经过一两次的会面后，双方都认为应该坐下来谈判。

詹森经过调查和观察，了解到鲁宾逊自视甚高，而且不信任外行人。鲁宾逊现已妻儿成群，对于独立主持高度冒险的事业已经没有了兴趣，而且对留在办公室处理业务也深感乏味。

谈判开始时，詹森就开门见山地承认自己对出版业一窍不通，因此须要借重有才干的人。

接着他把一张 25000 元的支票放在桌子上说：“我们还要再谈你该得到哪些股份和长期的利益，不过，这点钱应该是经济实惠，而且能马上兑现。”

詹森还把一些部属介绍给鲁宾逊，包括经理在内。这些人都归鲁宾逊处置使用。

他们继续谈下去时，鲁宾逊马上提议要现金，不要股票。但是詹森向他强调，他会提供长期的安全福利，又告诉他股票在过去几年如何涨价，利息如何增滚，利益实在不小。詹森更进一步强调他需要借重鲁宾逊的干劲和才华。

最后鲁宾逊同意将他的杂志转手给詹森，并投到他的旗下，双方订立

了5年合约。合约包括付给鲁宾逊4万元现金，其他还有股票，并规定5年内股票不得出售。

鲁宾逊的需要终于得到了满足。只要他有足够的财政安全，而且扩展业务受到支持，他就能够使业务蒸蒸日上。

詹森付出一笔比他预计还低的价格，就获得了一批有价值的资产和一位才世超群的难得人才。

造成这次谈判成功的原因在哪里？关键在于詹森对鲁宾逊做了深入的了解，知道他需要的是什么。只要他满足鲁宾逊的所需，那么，无需太多的口舌，就能说服鲁宾逊投到自己的门下，心甘情愿地为自己效力。

要想战胜谈判对手，无论是在谈判的开始威慑住对方，还是采取一定的方式说服对方，都要首先了解对方。采取威慑住对方的方式要明白对方的最高承受力；采取说服对方的方式要明白对方需要的是什么。如此，才能在谈判中处于主导位置，有效地牵制住对方，顺利地战胜谈判对手，成为谈判的获胜方。

不要惧怕谈判，谈判是争夺利益的手段，更是彼此沟通，达到双赢的捷径。

第十二章

如何应付沟通受阻

充分认识沟通受阻

沟通受阻将会产生严重的后果

在日常沟通中，无论是发问、赞美、纠正或是拒绝他人，都要注意沟通方式的应用，这样你才能进行良好的人际沟通，减少沟通受阻的发生机率，避免给工作和生活带来负面影响。

20世纪90年代，曾经发生过一次空难，而导致这场空难发生的原因可以说与沟通受阻是有很大关联的。

一架埃维安卡航空公司的班机从南美的哥伦比亚飞往纽约，途中不幸坠毁，共有73人遇难。在坠毁前，飞机在肯尼迪机场上空盘旋了45分钟，耗尽了燃料，这主要是因为飞机驾驶员与地面控制台之间没有准确的沟通所致。

事故发生后，人们根据找到的黑匣子了解到，在飞机坠毁前的45分钟，埃维安卡航空公司的机组人员曾告诉地面控制台：飞机不能飞到波士顿机场降落，而是要先在肯尼迪机场降落，“飞机的燃料将耗尽”，“飞机还能照此样子继续维持约45分钟——这就是我们在飞机必须降落前所能做的一切”。

如果地面控制台把这个情况通知了地方控制台，地方控制台指挥飞机在肯尼迪机场降落，那么就完全可以避免这次空难的发生。可是让人遗憾的是，地面控制台并没有告诉地方控制台这架飞机出现的问题。所以，悲剧就不可避免地发生了。这就是沟通受阻所引发的严重后果。

哪些原因可导致沟通受阻

由此可见，沟通受阻会给个人和社会造成破坏性的影响。在人与人的交往中也常常因沟通要素质量不高、沟通工具运用不当、沟通方式选择欠妥等等而使沟通过程受挫。只要我们找到原因，就能有效避免、克服沟通的障碍。一般情况下，人与人之间的沟通障碍有以下几种：

1. 语言障碍

所谓的语言障碍就是语言的表达不够清楚。如语言不明确会造成对方的误解、语言的逻辑不正确可造成费解。这两项不符合语言规律时，就会产生语病，给沟通带来困难，造成阻碍。在现实生活中最常见的是语言表达先后顺序颠倒，也就是我们常讲的语无伦次，这就会让沟通变得很困难。所以说，我们在与对方交流时，不仅要用清楚的语言明确地表达自己的意思，还要注意语言的逻辑。

2. 习俗障碍

习俗即人的习惯与风俗，它是在一定文化历史背景下形成的，在不同的文化历史背景下，会产生不同的习惯。具体表现在道德习惯、礼节、审美传统等方面。人们的有些习俗是世代相传的，所以说它是经过长期重复出现而约定俗成的，虽然不具有法律强制力，但是它在家庭、亲朋、邻里、社会的舆论监督等方面，还是有一定位置的。因此我们在与人沟通时，为了避免因习俗不同而出现沟通受阻，要尽量做到入乡随俗。

3. 代沟障碍

代沟，就是“因年龄差异而造成的生活态度、价值观念、行为方式等方面的差异、对立乃至冲突”。代沟现象不仅限于家庭，也出现于社会和工作关系中。形成代沟的原因很复杂，较普遍的原因有：年龄差别造成的两代人的心理差别、时代不同造成的两代人不同的生活方式等。在与有代沟的人沟通时，最好的办法就是尽量找出双方的共同之处，从那里入手，就能找到共同点，从而进入沟通状态。

4. 行沟障碍

行业不同可能会形成行沟。社会分工不同，职业类型就千差万别，从事不同行业的人难免会出现沟通上的困难。行沟造成沟通困难的原因是行业与行业间的封闭与保守，造成隔行如隔山；从事不同职业的人还可能有一些职业性的特殊思维与行为方式，使其他人难以认同与理解，这就对沟通形成了阻碍。解决这一问题的办法是多了解对方、多理解对方，不要把自己的见解强加予对方，这样沟通起来就容易多了。

5. 位沟障碍

职位不同可能会形成位沟。职位障碍一般产生于有地位差异的交往双方。两者的职位、地位不同，自然而然就会产生“自我感觉差距”。如果处理不恰当，那么，由位沟产生的障碍就会影响到双方关系的和谐与感情交流，严重了就会影响到工作的正常进行。

我们知道了形成沟通障碍的原因，就明白了该如何去应付沟通受阻。这对我们克服在人际交往中的沟通阻碍是大有帮助的。当你能够很好地处理这些问题时，你的人际交往将更轻松，人际关系将更和谐，生活、事业也会更顺利。

不明确的交谈是沟通的大忌

在与人沟通时，可能会由于交谈不明确，导致沟通不当，从而让别人产生误会，这是沟通的大忌，我们应当尽量避免这种情况的发生。尤其是恋人之间，这一点更应该注意。

小明与小华谈恋爱的时间不是太长，他打算为女友小华买一件生日礼物。因为他们交往时间很短，小伙子经过再三考虑，认为送一条丝巾最恰当不过——浪漫，又不显得过分亲昵。

第二天，他去百货商店给小华买了一条白色的丝巾，让小华的妹妹玲玲带给她姐姐。玲玲也给自己买了一条内裤。回家的路上，玲玲把两件物品弄颠倒了，结果送给小华的礼物变成了内裤。第二天，他就接到了小华的电话：“你为什么买这样的礼物送我？”小明没有听出来对方的怒气，他

的情绪很高，说起话来空前的流利，根本容不得小华插嘴：“小华，我之所以选了这件礼物，是因为据我留心观察，你晚上和我出门时总是不用它。我没有给你买长的，是因为我注意到，你妹妹用的是短的。它的色调非常浅，不过，卖它的女士让我看她用的同样的东西，她说已经3个星期没洗了，但一点都不脏。我还让她当场试了试你的，它看上去好看极了……”“神经病！”等待对方夸奖的小明猛然听到这几个字，当时就懵了，愣在那里根本说不出话来……

现实生活中，不仅仅是恋人会因交谈不明确而产生误会，其他由交谈不明确而产生误会导致沟通出现障碍的例子还有很多。这就要求我们在与人交谈时，一定要用明确的交谈来表达自己的心意，否则，吃亏、受害的只能是自己。当对方已经误会了自己的意思时，一定要及时解释，别让误会加深或继续下去。就拿上面的事例来说吧，粗心的玲玲固然有一定的责任，可是主要原因还是是当事人双方交谈不明确。在电话中，双方都以为自己话中的“礼物”非常明确，所以，都没有说出来，结果闹出了笑话。在发现产生了误会后，小明竟说不出话，这就说明他应付沟通受阻的能力不够好。如果小伙子平时注意这方面的学习和训练的话，就不至于造成这种尴尬了。

在与人沟通时，交谈一定要明确，不能含糊其辞，否则容易造成不必要的误会，让朋友、同事误解自己。

耐心倾听对方的意见

用倾听代替讲话

“沟通、采纳意见、愿意倾听”是在一份针对两千多位经理做过的调查报告中，被受访者评定为领导者博得众人尊重的最重要的一个特质。

不仅领导者如此，在所有的人际交往中，最好的沟通者都是愿意倾听别人意见的人。

关于人际沟通的倾听，受人敬重的政治家丘吉尔是这样说：“站起来发言需要勇气，而坐下来倾听，需要的也是勇气。”

大多数人认为倾听是一种被动的行为，只倾听而不谈话就会感到压抑，好像不参与谈话是一种无能的体现。这种想法是不对的。认真倾听对方的谈话，这对于沟通来说不是消极的行为，而是积极的行为。没有耐心、认真的倾听，哪来的全面交流与理解。你能耐心倾听别人的讲话，别人才会耐心倾听你的讲话。如果双方都急于表达自己的意思，而不听对方的谈话，那么，沟通将无从谈起。

所以说，在与人沟通时，我们不要急于表现自己的“能说善道”，一心想去说服对方。当别人来跟你做正式的沟通，或者你主动与别人进行面对面的交流时，你不妨试着用倾听来代替讲话，这样，很可能会产生意想不到的效果。认真的倾听会使你对对方的意思更明了，从而知道自己该如何回复对方是最恰当的。另一方面，你能够认真听取对方的意思，也是对对方的一种尊重，从而使对方乐于与你合作。

导致倾听无法专心的原因

哪些因素会导致无法专心倾听对方的谈话呢？

1. 客观干扰

如电话铃声、打字机声等一切来自客观环境的声音都可能会对倾听造成干扰。

2. 思想不能集中

如惦记着会议、文件或报告等。

3. 事先已有问题的答案

对别人提出的问题自己已形成了答案或者总是试图止住他们要提出的问题。这些都会影响你专注去听。

4. 对对方有反感

如果对对方有强烈的反感，那么，在对方谈话的时候，自己就不能很好地去倾听了。

5. 主观思想严重

对方讲话时，内心总是站在自己的立场上，挑对方的不是，并想着如何去反驳对方。

为了避免无法专心倾听对方的谈话，我们要尽量克服这些干扰因素，提高我们与人沟通的效果。

如何进行有效的倾听

善听在所有方式的沟通中都是很重要的。不论这种沟通是自下而上，还是自上而下的，积极听取都是十分重要的。自下而上的沟通通常是你向你的老板或上司递交文件或报告，与他们交谈或为上级做介绍、引见等。而自上而下的沟通则发生在你与向你递交报告的人或其他情况下的属于员工之间的交谈时，或者是你草拟通知或撰写评估的时候。还有一种横向沟通是发生于同一水平线上人与人之间的沟通。

有个成语叫“洗耳恭听”，指的就是一心一意、恭恭敬敬地倾听，这是倾听的最高境界，也是对发言者最大的尊敬。如果你愿意全心倾听对方的意见，那么，你就已经迈出了沟通成功的第一步。

所以说，改善倾听技术，是沟通成功的出发点。

倾听可以说是一种行为、一种艺术、一种心智和一种情绪的技巧，认真、有效的倾听可使我们更深入地了解他人，甚至不需出声即可达到沟通的目的。

那么，如何才能进行更有效的倾听呢？

1. 主动倾听

主动的倾听，不是被动、照单全收，它是一种积极的态度，它会使你更清楚地了解对方讲话的内容，回答也更能切中要点。

2. 要有责任感

有责任感会使你的倾听变得积极并懂得欣赏对方，这样将会增加你与他人对话成功的机会。比如说参加会议前，要有妥善的准备，准时出席，不要随意退席或离席，而且要集中注意力。不要坐立不安、抖动或看表，这些都是不佳的表现。

3. 在倾听中沟通

你的眼睛一定要注视着对方，不时地点头称是、身体前倾，把手边的事先摆在一旁，表示你关心对方所说的话，要给对方信心，让对方把话说完。哪怕对方是长舌妇或反复说那几件相同的事，你还是要耐心等候，这样会比插嘴的收获更多。

4. 不要完全被动

一定要善加利用对方的谈话资讯，以引导谈话方向。还可以让对方谈谈你感兴趣的话题。同时你还要善用你的声调，如：深感兴趣的、真诚的、高昂的。肢体语言如用手托着下巴，这样会显得你态度诚恳而鼓励对方说出心里的话。

5. 用心倾听

一个好的倾听者不必完全同意对方的看法，但是至少要认真接纳对方的话语。点头，并不时说“原来如此”、“我本来不知道”等，鼓励对方继续说下去。

总之，沟通之道在于先学少说话，做一位好听众，多听少说，处处表现出聆听、愿意接纳对方意见和想法的模样。这时候，你会慢慢发现对方也变得愿意接纳你，并且积极提供你所需要的答案和讯息，甚至把他的真正想法告诉你，这样，你们之间的沟通就很容易了。

只要你懂得倾听，沟通就不再是一件困难的事。要想改善你的人际沟通，就试着从倾听开始吧。

面对讨厌的人应该如何沟通

让对方明白利害

生活是错综复杂的，在工作、生活中，你可能要与各种各样的人打交道。有你的亲人朋友、你喜欢的人，还会有你不喜欢的人。面对你不喜欢的，甚至是你讨厌的人，你应该如何和他们沟通呢？

我们一般都讨厌不讲理的人。可是我们有时又必须和这种人打交道。那么，我们应该如何和他们沟通呢？

事实上，不讲理的人无处不在，如不讲理的老板、同事、售货员、邻居甚至家庭成员等等，他们时常给别人带来痛苦。

赵先生有一家冷冻设备公司。他的一个客户就是一个不讲理的人。他总是纠缠赵先生公司的员工给他更优惠的价格，要么就坚持要赵先生把生产计划丢在一边，先满足他的订单要求。遇到一丁点儿不一致的看法，他就对员工大肆滥骂，还威胁终止合同。赵先生当然不愿失去这个客户，总是试图挽救局面。他派一个副总经理作为这个客户的单独联系人。他给这

个副总下了严格的指示："坐下来和他进行心对心的交流。告诉他，我们很珍惜和他的业务合作关系，但是我们不能忍受他无端的大发雷霆，我们愿意提供最优惠的价格和服务，尽我们的最大能力。如果这还不令他满意的话，那他只有另选高门了。"结果这个方法很奏效。

再不讲理的人，也是在乎事情的利害关系的。当他明白自己的无理取闹将会带来严重后果时，他也就不得不收敛了。

给对方一个台阶下

当然，针对情况的不同，还可以采取另一种方式——那就是给对方一个体面的台阶下。例如，你在超市出口排队等结帐，这时一个顾客加在你前面。你可以忽略他，可这太窝火；也可以大叫但对方也可能对你大叫。最好的方法是说："对不起，排队从后面开始。"这种礼貌地表示不满的方法，恰到好处地给了对方一个方便的出口、一个体面的台阶。遇到这种情况，这就是最好的解决问题的方法了。

不妨耍耍小聪明

小王是一家工厂的业务员，有一个让他十分头疼的客户。这个客户喜欢拖账，而且往往一拖就是好几个月。小王背地里叫这个客户为"鸡肋"，因为和他做生意很痛苦，但是业绩不错，丢掉他又觉得可惜。这一天小王开完财务会议出来又被叮了个满头包，因为有一笔金额不小的账款又被"鸡肋"拖了好几个月。小王因为心情不好，晚上和女朋友吃饭时也有些心不在焉。女友知道小王为什么愁眉不展后，说："喂！我有个主意。"她有什么主意呢？

第二天，小王急匆匆地来到客户的公司。一个职员扯开了喉咙喊："很抱歉！我们老板不在，等明天老板回来再打电话给你。"他只好点点头向门口走。忽然像是想起了一件事，由公文袋内掏出来一封信交给这个职员："你们老板回来之后，麻烦你转交此信给他。"说完就匆匆离去了。过了十几分钟，小王又急急忙忙地走回来说："很对不起，刚才的信给错了，请你还给我，这封信才是给你们老板的。"职员走进去拿了那封信出来交给小陈。只见小王看了一眼已经被拆开的信说："噢！太好了，你们老板

回来了，请带我去见他。”

小王见着了“鸡肋”，也拿到了货款。他一边向“鸡肋”道谢，一边打开皮包拉链将货款塞进去。

小王女朋友的办法真是不错，既不伤双方的和气，又达到了自己的目的。

不与对方计较

在我们的生活中，有一些生性浅薄而缺乏自知之明的人，他们以攻击人家的弱点为乐事，如果在你的周围刚好出现这样一个人物，他说话的声音特别嘹亮，每句话都像尖刀一样刺伤听者，令人又气又恼，这时该如何作出适当的反应呢?

1. 以静制动

他口若悬河地把你的弱点一一挑出来取笑时，你不必理会他，当他是一团空气，他可能很快就失去兴趣了。如果他得寸进尺，总是找你的麻烦，你还是要尽量抑制怒气，装作听不见，否则就中了对方的诡计，因为他的目的就是要你与他唇枪舌剑。如果你根本不理会他，他便无法再独白下去。众人的眼光是雪亮的，他的弱点会因此而暴露无遗、有目共睹，同时更显出你的涵养功夫，使大家欣赏你。

2. 以退为进

在对方说得起劲，更难听的话也冲口而出的时候，你实在不必再忍受这样肤浅的人了，你可以站起来礼貌地说：“对不起，请继续你的演说。我先走了。”如果对方还存有一点自尊的话，他应该感到羞耻。

将计就计、侧面回击

有一个因常常愚弄他人而自得的人，名叫汤姆。这天早晨，他正在门口吃着面包，忽然看见杰克逊大爷骑着毛驴哼呀哼呀地走了过来，于是喊到:“喂，吃块面包吧!”杰克逊马上从驴背上跳下来，说：“谢谢您的好意。我已经吃过早饭了。”汤姆一本正经地说：“我没问你呀，我问的是毛驴。”杰克逊以礼相待，却反遭一顿侮辱，士可忍孰不可忍！他非常气愤，可是又难以责骂这个无赖。否则，无赖会说:“我和毛驴说话，谁叫你插

嘴来着?”于是他猛然转过身子，照准毛驴脸上“啪、啪”就是两下。“出门时我问你城里有没有朋友，你斩钉截铁地说没有。没有朋友为什么人家会请你吃面包呢?”“叭!叭!”对准驴屁股，又是两鞭，说:“看你以后还敢不敢胡说?”说完，翻身上驴，扬长而去。

杰克逊的回击既有力度，又让对方无话可说。既然你以和毛驴说话的假设来侮辱我，我就姑且承认你的假设，借教训毛驴来嘲弄你自己建立和毛驴的“朋友”关系。这种将计就计、侧面回击的方式，远远胜过了正面的针锋相对，既不会引起争吵，又达到了回击的目的。

宽容与自己做对的人

宽容会受人称颂

宽容是做人的美德，更是一种明智的处世原则，是人与人交往的“润滑剂”，在人际沟通中将起到非比寻常的作用。常有一些所谓的厄运，只是因为对他人一时的狭隘和刻薄，而在自己的前进路上自设的一块绊脚石罢了；而一些所谓的幸运，也是因为无意中对他人一时的恩惠和帮助而拓宽了自己的发展道路。

格兰特兄弟发财后，乐善好施，把用辛勤劳动、艰苦创业得来的巨大财富慷慨地用于公益事业，比如建教堂、办学校、不断提高工人的福利待遇。格兰特兄弟以他们的仁慈和善行赢来了人们的尊敬和爱戴。然而却有人出版小册子诋毁他们。他给威廉起了个浑名“比利纽扣”，威廉闻听此事后，只是淡然一笑，说这个人会后悔的。威廉的话很快传到那位诽谤者的耳朵里，诽谤者说:“哈，这个威廉在警告我早晚有一天会落到他手里，怎么会呢?他太自以为是了，走着瞧吧，他才会后悔呢。”

这位诽谤者说过这番话后不久，就破产了，好像是天意。如果他得不到格兰特兄弟签名的执照，他只能关门歇业。迫于生存的压力，他站在被他称为“比利纽扣”的威廉面前，满脸羞惭地讲了自己的情况。

格兰特首先发问:“你从前是不是出过一本诽谤我的小册子?”诽谤者面红耳赤，惶恐不安地点头承认了自己的过错。他以为格兰特会把他的申

请书撕掉，不会在他的执照上签名的，但是格兰特却对他宽容一笑，在上面签了名。诽谤者的眼里含满了悔恨的泪水。

格兰特继续对他说："记得威廉说过你会后悔的，他的意思是说早晚有一天你会了解我们的，并会为自己的行为感到后悔的。"诽谤者泪流满面。"好了，事情已经过去了，不要再提起它了，还是谈谈你的生意吧，你准备怎么办?"这个可怜的人毫无自信。"但你如何履行合同呢?"这个可怜的人已身无分文，全部财产都给了债权人，他惟一的出路是四处去告贷。

"朋友，这样可不行，不能让你的妻子和孩子们跟着你遭罪，这样吧，我这里有一张10万英镑的支票，你先拿去，振作起来，重头再来，一切都会好起来的，我相信你会成为最出色、最优秀的商人的。"这个被感动得说不出一句感激话的破产商人，像个孩子一样嘤嘤哭泣着，走出了格兰特兄弟的公司。

格兰特兄弟宽容的胸怀能令所有知道此事的人感动，也正是由于此事，他们的仁慈和善行一直被人们广为传颂。大作家狄更斯先生也被他们的事迹深深打动，他所写的查雷伯兄弟，就是以格兰特兄弟为原型的。

宽容最能有效化解矛盾

在日常生活中，有时自己的利益和别人的利益会发生冲突。如果友谊和利益不可兼得，那么就首先要考虑舍利取义了，虽吃一时之亏，得到的却是长久的友谊。郑板桥曾说过："吃亏是福。"这绝不是阿Q式的精神自慰，而是智者一生阅历的高度概括和总结。

清朝时有两家邻居因一道墙的归属问题而发生争执，欲打官司。其中一家想求助于在京为大官的亲属张廷玉帮忙。张廷玉没有出面干涉这件事，只是给家里写了一封信，力劝家人放弃争执，信中有这样几句话："千里求书为道墙，让他三尺又何妨？万里长城今犹在，谁见当年秦始皇。"

家人听从了他的话，不再坚持了。这样一来，邻居倒也觉得不好意思起来，两家终于握手言欢。结果，反而由你死我活的争执变成了真心实意的谦让。由此可见，宽容的作用是多么积极而强大。

宽容别人，就是善待自己

《菜根谭》中讲："路径窄处留一步，与人行；滋味浓的减三分，让人嗜。"可谓深得处世的奥妙。努力去爱你不喜欢的人也是一种不可缺少的宽容。

小顾毕业后初入社会，在某合资公司外贸部就职，不幸碰上一个爱拍马屁、什么本事都没有的主管。此人每天下班后没什么事儿也要跟着日本科长拼命"加班"，无事生非，把白天理好的文章弄得一团糟，转眼出了错，又把责任全部推给小顾。小顾不是一个会"争"的女孩子，只好忍气吞声等日本科长看出事情真相，结果等了三个月，还是等不来一句公道话。

后来小顾就去了另一家外资公司。在那里，她出色的工作博得了许多同事的称赞，但无论如何也没法使苛刻、暴躁的经理满意。心灰意冷间，她又萌动了跳槽之念，于是向总裁递交了辞呈。总裁先生没有竭力挽留小顾，只是告诉她自己处世多年得出的一条经验：如果你讨厌一个人，那么你就要试着去爱他。总裁说，他就曾鸡蛋里挑骨头。

听了总裁的话，小顾茅塞顿开。虽然小顾还是像以前一样讨厌她的经理，但已悄悄地收回了辞呈。她说："现在想开了，作为一个成熟的人应该放开心胸去包容一切、爱一切。换一种思维看人生，你会发现，乐趣比烦恼多。"

可见，宽容别人，真正受惠的可能就是自己。

宽容，是与人沟通中必不可少的。它是做人必备的品质。具有这种品质的人，他的承受力与韧性都会大大增加，人格魄力也会大大增强。学会宽容吧，有一颗宽容的心，才能跨越沟通的障碍，去积极主动地和别人沟通。

如何面对沟通中的冲突

发生冲突的原因

在生活中，谁也难免遇到不好沟通的人，虽然你已经很努力了，可是，双方的矛盾还是面临激化，冲突就像一场将至的暴风雨一样，似乎不可避免。

总的来说，造成沟通冲突的原因一般有以下几个方面：

1. 认识不同

不同阅历的人，看待事物的观点自然就不一样。我有我的看法，你有你的看法。当两种观点发生严重矛盾，导致双方的利益产生冲突时，双方的矛盾与冲突也就产生了。要想有效避免或化解因认识不同而产生冲突，就不能只站在自己的立场上看待事物，而是要尽量为对方着想，想出解决意见分歧的有效办法。

2. 信息不同

打个比方说，两个人站在墙的两面来描述墙的颜色。一个说墙是红的，另一个却说墙是紫的。其实他们所说的都很正确，因为在墙的两面所接受到的信息各不相同，所以颜色就会不同。一般情况下，人们接触的都是不同的信息，获得的是不同的事实。这就很可能导致双方产生矛盾，面临冲突。如果我们只是按自己的意志去行事，那么，就可能触犯到对方，从而激化矛盾。为了把可能发生的冲突降到最低程度，我们必须设法了解对方所接受到的信息，在行事时也必须考虑到这一点。

3. 作用或任务不同

由此而产生矛盾冲突是最常见的。比如说，一个卖雨伞的人与一个搞建筑的人，对于下雨的看法就各不同了。前者会因为下雨而生意兴隆，而后者却会因为下雨而停止工作。所以说作用或任务不同，同样会导致人们产生分歧。

总而言之，产生矛盾、发生冲突，都是因为只顾自己的利益而不考虑对方。明白了这些，我们就要在认识对方的困难、问题和需要的基础上去

行事，综合双方的需要，采取正确的方式与方法，尽量使事情能够达到双方的目的，既化解了冲突，又达到了双赢的效果。

不妨息事宁人

既然我们知道发生冲突对事情的双方都没有好处，那么，能避免的还是要尽量避免。俗话说，一个巴掌拍不响，无论对方的情绪如何激动，只要另一方不与其对抗，那么，冲突的势头就会渐渐削弱。这对于平息冲突不失为一种不错的办法。

一天，曾有一位不速之客突然闯入洛克菲勒的办公室，直奔他的写字台，并以拳头猛击台面，大发雷霆："洛克菲勒，我恨你！我有绝对的理由恨你！"那个人恣意谩骂了好长时间。当时在场的职员都感到很气愤，以为洛克菲勒一定会很生气的，会让保安员将他赶出去。然而，出乎意料的是，洛克菲勒并没有这样做。他停下手中的活，和善地注视着这一位攻击者，那人愈暴躁，他就显得越和善！那人被弄得不知所措，后来渐渐平息了下来。一场本要发生的强烈冲突，就这样避免了。

一个人发怒时，遭不到反击，他的怒气就会慢慢消失的。其实，那个人是准备好了来此与洛克菲勒作决斗的，并想好了洛克菲勒要怎样回击他，他再用想好的话去反驳。但是，洛克菲勒就是不开口，反而使他不知该怎样做了。最后，他又在洛克菲勒的桌子上敲了几下，仍然得不到回响，只得索然无味地离去。洛克菲勒呢，就像根本没发生任何事一样，重新拿起笔，继续他的工作了。

息事宁人不是向对方示弱，而是有涵养的一种体现。不理睬他人对自己的无礼攻击，便等于是给对方最严厉的迎头痛击。

化解冲突的几项原则

由于对同一个问题产生不同的看法，人们之间便相互产生矛盾和隔阂，进而导致双方互存偏见，相互攻击，以至发展到势不两立的地步。既然有时我们无法避免与别人在沟通时发生冲突，那么，我们就要懂得如何去化解冲突：

1. 避其锋芒法

回避并不一定就是消极的表现。我们暂时避开对方的锋芒，形成一个缓冲，能有效避免发生白热化对峙，等风头过去再行理论，更有利于有效解决问题。

2. 不偏不倚法

处于居中位置，要求双方既合作又自我维护。通过折中，可以找到一种彼此都能接受，都能得到部分满足的解决方法，这也是一种比较好的解决问题的方法。

3. 求同存异法

这也是一个值得推崇的办法，虽然双方的意见还是存在一定的差异，可是，它能够最大限度地满足双方的合作和自我维护。

4. 换位思考法

站在对方的立场上去考虑事物，用理解的眼光看别人。我们要明白，别人不可能完全同我们的志趣一样，我们不能像要求自己那样要求别人，每个人都有自己的个性和特点，有不同的长处和短处。

美国众议院著名发言人萨姆·雷伯说道："如果你想与人融洽相处，那就多多附和别人吧。"他的意思不是说你必须同意别人所说的一切，而是说你不可能一方面无休止地激恼别人，而另一方面又指望别人来帮助你。结束了一天工作的人们，不喜欢把时间花费在无休止的争论上。如果此刻你挑起争端，他们会回避你。

无论是在工作中，还是在生活中，我们都要设法避免不必要的冲突，千方百计地消除各种矛盾，这样就能够使自己有一个宽松和谐的工作和生活环境。

如何应对沟通中的险境

保持沉着冷静

我们在与别人相处、沟通时，谁也不能保证所遇到的对象都是很友善、讲道理的。当面对暴躁、粗俗、无知，甚至是不讲理的对手时，我们要做的就是保持沉着冷静，理智应对。因为不友善的人大多是虚张声势，

只要你能保持沉着冷静，运用你的理智就足以应对对方。

杰克是一个农庄的庄主，有不少的黑奴在为他工作。

有一天下午，他在磨坊里磨麦，正当他们磨得不可开交的时候，磨房的门静静地打开了，一名黑奴的孩子走了进来。杰克回头看了看，很不友好地问她："什么事？"

那女孩大声说："我妈让我向您要五毛钱。"

"不行！你这个黑奴崽子，穷鬼，你回去！"

"是。"女孩率直地应着，可是一点也没有离开的意思。

杰克只是专心工作，根本没察觉她还站在那儿，等到好不容易再度抬起了头，才看到女孩还静静地呆在门口，他有些火了，大声对她说："我叫你回去，你听不懂啊！再不走，我让你好看！"

女孩依旧说："是。"可是却仍然一动也不动地站在那里。杰克火冒三丈，重重地放下手头的一袋麦子，顺手抓起身边的一把秤杆，气愤难当地往门口走去。大卫看了叔叔那副难看的脸色，再想想整个事件的过程，料到一定会发生严重的事情。可是那个女孩一点也没有退缩，不等叔叔走去，反先迎着他踏前一步，凛然的眼神眨也不眨地仰视着凶恶的主人，斩钉截铁地说道："我妈说无论如何都要拿到五毛钱！"

杰克细细地端详着女孩的脸，缓缓地放下了秤杆，从口袋里掏出五毛钱给了女孩……

黑人小女孩不被主人的气势所逼，而是沉着应付，最后终于挫败了主人那不可抗拒的锐气，彻底制服了一个有权有势的白人，而这小女孩获胜的法宝其实就是她的沉着、大胆和冷静。

保持理智与风度

绝大多数人遭到公开的羞辱时，都难以保持冷静、理智应对。因羞辱而受到感情伤害时，大多数人会失态：发火、口吃、脸红。在这里，我提醒你不妨选择另一种态度——保持理智，控制情势。

有一位政治家曾经在演讲时遭到当地某个妇女组织代表的指责："你作为一个政治家，应该考虑到国家的形象，可我听说你竟和两个女人发生了关系，这到底是怎么回事呢？"

当时，所有在场的群众都屏声敛气，等着听这位到政治家的桃色新

闻。政治家并没因此失态、窘迫难堪，而是十分轻松地说道："还不止两个女人，现在我还和五个女人发生关系。"这种直言不讳，使代表和群众如坠雾里云中。接着，政治家继续说："这五位女士，在年轻时曾照顾我，现在她们都已老态龙钟，我当然要在经济上照顾她们，精神上安慰她们。"

当他说完这些后，所有的听众掌声如雷。

当然，究竟如何化解这类窘迫的遭遇，还得看当时的具体情况。如果你的上司在同事们面前过分地指责你，而且很可能下次还会这样做时，你可以用下面的话来应对这种情况："我们是否能单独探讨一下这个问题?"

当双方能够单独谈时，情况就会不一样了，你们可以找出事情的症结所在，再商讨如何解决问题，这样就避免了再次发生同样尴尬的事情。

坦然面对批评

不得不承认，有些时候，确实是由于我们自身的不是而发生沟通冲突的。可是，即使我们明明知道这一点，也无法坦然接受别人的批评指责。这是因为人人都希望能维护自己的面子和自尊，或担心缺点和错误被人看穿，影响自己的成功和发展，所以就会有意无意地逃避批评，而很少有人会真正地把批评看作是针对自己的行为而不是人格。

不能正面面对批评，只能造成负面影响。如果批评者是你的上司，你即使不便顶撞，也会耿耿于怀，在工作中消极抵抗；如果批评者是你的同事，你即使不大发雷霆，也可能会报以挖苦，或伺机找茬；如果批评者是你的同学或朋友，你即使不和他争吵一番，也可能会责怪对方背叛了你，并把你们之间的情谊打上句号。

从理智上说，很少有人不懂得"人无完人"的道理，也没有多少人不知道对待批评应本着"有则改之，无则加勉"的态度。平时，所有的人都不忌讳说"欢迎批评"一类的话，甚至有的人不只一次地这样说过。但实际上，一旦真的被人批评时，受批评者则根本无法承受，会拒绝、逃避或者为自己辩护。

然而，我们应该想到的是，拒绝批评并非意味着可以免受批评，而且还会失去许多忠言善意的劝告，以及可能断送他人对自己的信任和友谊。一个人如果老是拒绝批评，那就无异于说自己以"完人"自居。这显然害多益少。所以，我们要能够正面面对别人的有益批评：

1. 耐心倾听批评

当别人对自己提出批评时，你先不要急于反驳、辩解、阻止或拂袖而去，也不要满不在乎、假装糊涂。如果批评者并非怀有恶意、敌意、居心不良或故意挑剔，你就应该保持自然大方的表情和姿势，认真而耐心地听完对方的批评，然后用自己的话简明地概括出他批评的大意，并问他是不是这个意思，还有什么要补充的。如果在倾听批评的过程中，你感到自己快忍不住了，可立即这样提醒自己："我非完人，别逃避、别发火、别害怕，听完再说。"

2. 学会接受批评

如果别人发现了你的缺点、错误，而且批评得有道理，你一定不要拒绝人家的好意，更不必担忧接受批评便矮人一等，更不必为此感到无地自容，觉得自己因此而一钱不值。你需要做的是拿出勇气改正自己的缺点和错误，这样下次就不会再出现类似的差错了。要知道，接受正确的批评，受益的是你自己。

比如说别人批评得有道理，但方式、方法不对，令自己难以接受，那么，你就试着把它理解为自己可以接受的方式、方法。

如果别人批评错了，你就要先表示谢意，然后再做必要的解释。至于对那些为了发泄个人私怨或怀有其他恶意的批评者，你可以提出正面劝告，没必要对此多加理会。

如何有效避免争辩

与人争辩是不理智的

沟通出现阻碍在所难免，如果一听到与你相左的意见就发怒，那么你就永远处理不好人际沟通。

林肯早年因出言尖刻而几至与人决斗。随着年岁渐增，他亦日趋成熟，在非原则问题上总是避免和人发生冲突，他曾说："宁可给一条狗让路，也比和它争吵而被它咬一口好。被它咬了一口，即使把狗杀掉，也无济于事。"

我们在遇到某些不讲理的人时，如果不争论也无关紧要，不存在大是大非的问题，那么就向林肯学习，把对方当“一条狗”好了。

卡耐基指出：普天之下，只有一个办法可以从争论中获得好处——那就是避开它。避开它！像避响尾蛇和地震一般。十有九次，争辩的结果是使争执的双方，更坚信自己绝对正确。不必要的争论，不仅会使你丧失朋友，还会浪费你大量的时间。

争辩不能解决问题

美国心理学家布斯和鲍顿曾调查了1万例真实的争论。他们偷听了社会各个阶层人之间的争论，包括出租汽车司机和乘客、丈夫与妻子、推销员和柜台服务员之间，甚至包括联合国的辩论。他们用偷听的录音做细致分析，并无比惊讶地发现了一个问题：职业的辩论家，包括政治家和联合国代表，他们的意见被接受的成功率反而不如走街串巷进行游说的推销员高。

其原因就在于：专业辩论的目的往往在于找出对方的弱点进行驳斥进而达到推翻其意见的效果，而推销员的目的却是避免争论，他们只是尽力找出一个观点使对方能接受、赞同或改变主意。

因为在我们讲述自己观点的时候，首先已经完全认同了这个观点，确认它是对的，因此才会说出来，并希望别人也认同、接受。一旦自己的观点受到别人的攻击，我们首先想到的绝对不是怀疑自己，而是怀疑别人。

于是，一场争辩就不可避免地发生了。争辩的双方都是考虑自己的立场与观点而不去考虑对方，事情的结果只能是愈争愈烈，却不会有双方都满意的结果。所以说，这种争辩的发生，是完全非理性、情绪化的。这种时候，任何一种能言善辩的人都无法得胜，因为双方都会抱持自己的观点不放。这样下去，很可能会从对观点的驳斥演变到对尊严和人格的冲突，同时也决定了没有人能赢得争论。

正如卡耐基所说：“争论的结果使双方比以前更相信自己绝对正确。要是输了，当然你就输了，如果赢了，你还是输了，因为争论赢不了他的心。”

学会接受他人的意见

争辩与争吵不能给我们带来任何好处与收获，相反它会让我们伤脑筋、白白浪费时间，还会让事情越来越糟、双方关系急剧恶化等。所以说，我们要尽量避免与人争辩。

当一个人的自我修养达到一种很高的境界和水平时，他就不会企图用争辩的方式来解决问题。当然，避免争辩不仅仅是个人修养问题，我们还要说服自己学会接受他人的意见：

1. 能够接受不同的意见

“人无完人”，人的思维不可能是绝对完整和全面的，总有一些客观或主观原因让你有所忽略，如果有人给你提出来，你要能认识到这是一件好事，能提醒你注意，避免下次犯下更大的错误。所以说，你应该感谢对方的提醒，千万不要因为意见不同就去争辩。

2. 保持冷静，不要争辩

人们最基本的生理反应，就是自卫。当遇到攻击的时候，直觉就会让你首先要去自卫，要为自己找理由去辩护，这就是争论的开端。为了避免无利的争辩，我们应该先冷静地听完对方所有的观点，客观地分析和思考，说不定就真的能从中获得极大的益处。所以说不要急于作出反应，这时冷静是最好的。

3. 要虚心

如果发现自己真的有错，绝对不要再试图为此而掩盖或找理由开脱，那样不会给自己带来任何益处。我们应该坦诚地向对方承自己的错误，并感谢他的提醒，这样，别人的态度也会软下来，同时也会解除他的武装，使他不再步步为营。

既然争辩不能解决问题，对我们有害无益，那么我们就要尽量避免争辩。而能够接受他人的意见，则能够有效避免与人争辩。

如何与反对自己的人沟通

正确面对反对意见

无论在何种场合，当你说出自己的观点时，难免会传来反对的声音。对于这些反对意见，你不要感到气愤，因为这很正常。相反，如果没有了反对意见，这才是可怕的。没有了反对意见，你的思想与行为就永远不会有所改进。所以你要把反对意见当作是一种进步的动力，别人能指出你的不足来，你才可以自醒，从而改正，更进一步。

实践证明，这种对待反对意见的心态，可以使你处世方法与讲话技巧的威力加倍，这绝对不可忽视。与此同时，你一定要自始至终在心里保持高度的自信："我一定要用实际行动让这个反对我的人心服口服。"

对反对意见该持何种态度

对于反对者，我们既不能生气，又不要盲目认同对方，而是用正确的态度去面对：

1. 耐心倾听

戴尔·卡耐基的说服原则之一，就是"多让别人说话"，这在处理异议时相当管用。比如说，我们为了说服对方购买，往往因话太多反而得不到好效果。敞开心灵，专注地倾听，鼓励对方把全部的、真实的想法表达出来，才是最好的。倾听也是一种技巧，不可急着想打断对方的话，一定得耐住性子听他全部说完。这样，你才能知道他抗拒你的真正想法。

2. 站在对方的立场上去思考

为什么对方会反对自己呢？想明白这一点，就需要我们能够站在对方的角度去思考，要想与对方达成一致，在设身处地为别人着想之前，还必须得放弃自己的成见。

3. 尊重对方

你不要因为对方反对你，你就脸色难看，这是没必要的。相反，你要

表现出对对方十分尊敬，对他的意见也十分重视，这样，对方才能将心里的话对你全盘托出，这些话往往对你是大有裨益的。

如何解决与他人的分歧

1. 给对方一个好印象

给对方一个好印象，十分有助于对方改变对你的看法。

2. 求同存异

不要遇到意见不和就剑拔弩张，试图一鼓作气制服对方，把自己的意见强加给对方。正确的方法是彼此都冷静下来，谈谈意见相同之处。这样，问题就好解决多了。

3. 以恰当的方式纠正他人错误

彼此意见相左时，千万不要轻率地教导别人，而要掌握时机，把握住分寸。否则，只能适得其反。

尽量与反对自己的人交流

有些时候，虽然对方对自己持反对意见，可是，自己的工作或生活需要对方认同自己。这种时候，你就要尽量与对方交流，认法通过努力使对方认同自己、接受自己。

要想扭转对方对自己的看法，首先我们要搞清对方的具体想法，也就是搞清对方的反对意见。

你要虚心地问对方，为什么会持反对意见。例："张先生，慎重考虑是绝对必要的！您一向是稳重的，这种事当然不能随便作出决定。那我可不可以请教您一个问题？不晓得您要考虑的是哪一部分？是设计本身呢？还是时间呢？"或"李先生，能不能请教一下，您为什么觉得计划太复杂？"

真诚、虚心的询问必能得到对方的详细解答。找到问题的症结所在，你就知道自己该做哪方面的努力了。

如何说服对方接受自己

有些时候，对方会找各种借口拒绝接受自己的请求，这时，我们就要想办法说服对方接受自己。

1. 将计就计，扭转局面

所谓将计就计，就是利用对方的反对理由作为说明的理由，这是处理反对意见常用的和最具效果的方法。比如对方说：“非常抱歉，我对此没有研究。”你可以这样回答：“王先生，您说这话就太谦虚了，谁不知道你是这方面的行家呀!”

2. 步步引诱

将对方的反对意见转化为赞同需求，使之成为有利的说服理由，其步骤为：

(1) 先赞美认同对方的观点。

(2) 引导出反对意见的不合事实之点。

(3) 灵活运用说服策略。这种方法往往能很好地维护对方的自尊，博得对方的好感，然后再施展语言功夫引诱对方接受自己。

3. 引用比较说服对方

这种方法在商业方面运用得较多。例如，推销员在说服准顾客时，常采取比较的方法。当准顾客对你产品的功能、效果提出反对意见时，你可以运用下列“富兰克林平衡表”来进行比较给他看：你在一张纸中央划一条线，左边写优点，右边写缺点，然后一一写下优点、缺点，你尽量写上全都的优点，并列下准顾客提出的缺点，只要优点胜过缺点，经常很快就能说服准顾客买下它了。

如何征服反对你的人

如何有效处理反对意见？曾有一位实力派的销售高手以擅长运用“先处理心情，再处理事情”的法则而声名大噪，成为商业界高收入者之一。

如何“处理对方的心情”呢？你可以向对方说：“我能够体会您的立场。”或者说：“我可以了解您的感受。”你这样对对方的观点表示认同，对方也就打消了对你的防范。如此，你就能在反对意见尽消的情况下，轻而易举地再进行利益诉求和商品展示了。

例如：“陈先生，我能够体会您现在的感受。以前我接触过的几位朋友，也都有同样的感受。然而，在他们试用之后，都觉得相当满意……”

“我一点也不奇怪您有这样的想法，因为我开始也是这种感受，但后

来我又仔细研究了一下，发现……”

人心都是肉长的，再反对你的人，当你表示你的诚挚与友好时，对方也会软下来，并尽量接受你的。

如何化解与别人的矛盾

产生矛盾的原因

一个人即使为协调人际关系做出了很多努力，事实上仍然不能完全免除同别人的冲突。只要人们之间发生交往，就会或多或少产生矛盾，这是由人的天性所决定的。

发生矛盾的原因不外乎这么几点：

1. 观点相异

这是人们之间发生冲突的最主要原因，多见于领导成员之间。由于对同一个问题产生不同的看法，人与人之间便不能达成共识，从而产生矛盾和隔阂，进而导致双方互存偏见，无法正常沟通，甚至发展到相互攻击，直到势不两立的地步。

2. 志趣不同

这类冲突多发生在同事之间、邻里之间。不同的人有不同的趣味和爱好，也有不同的优点和缺点，第一个人所崇尚的东西第二个人未必就崇尚，第二个人所追求的东西第一个人可能会嗤之以鼻。世界上没有两片相同的树叶，也没有两个志趣完全相同的人。

3. 个性抵触

性格、气质不同以至相反的人，相互之间也会产生冲突。例如一个急性子人，会看不惯一个慢性子人做什么事都磨磨蹭蹭；一个慢性子人，又会抱怨一个急性子人干什么都风风火火。

4. 产生误会

人和人相处，即使主观上不想发生磨擦，但仍然难以避免产生一些误会，有些误会会给双方造成极大的坏影响。

产生矛盾的原因有很多，但是归根结底多是由于狭隘自私、敏感多疑

等人性弱点引起的。容易与别人产生矛盾的人，往往习惯于凡事从自我利益出发，平时疏于对别人理解、与别人沟通。所以说，这是应该特别注意的。

求同存异能有效化解矛盾

美国著名的特纳公司的老板特德·特纳是美国最有钱的人之一。他为人宽厚、头脑敏锐，是美国新闻界和娱乐界的焦点人物。然而，如此成功的一个人当被问及最大的憾事是什么时，他却难过地回答："没能做一个像样的儿子。"

特纳的父亲老特纳当年是一个相当有知名度的广告商。特纳与其在很多年前便有许多思想上的隔阂，在许多方面都难以达成一致。知情人说，这父子俩只要单独在一起超过十分钟，便会争吵得不可开交，谁也说服不了谁，谁也不让谁，每次都搞得不欢而散。那时，年轻气盛的特德·特纳总认为，有个性的人必须勇于坚持自己的主张，即使是亲生父亲也不例外。

直到后来，有一次，父子俩为是否卖出一部分名下产业而彻底意见对立，且人们正在观望这对父子俩到底谁会占上风时，老特纳却突然引弹自尽了，虽说死因并非完全与此事有关，但至少也是因素之一。特德·特纳为此深受刺激，后悔不迭。他深信：如果自己不是那么激烈地与父亲争论，以至伤了他的自尊，而是先把自己的观点放一放，慢慢用事实说服他，也许父亲就不会死了。自己能与对手求同存异，却为什么不能与父亲这样做呢?

求同存异对于促使人际关系的和谐确实是一个上策，它不仅可以保存双方自以为是的一些优点，也能在两者之间寻找到对双方有利的地方。

求同存异的基础是能相互理解，是相互之间情感和心理的沟通。在人际交往中，应设身处地为对方着想，也就是将心比心。例如，青年一代有充沛的精力，好竞争、求创新、喜独立，不愿受人支配，给人一种"豪放不羁"的印象，对此，老年父母很不理解，认为青年人太狂了。而老年人稳重、深思熟虑、清心寡欲、顽固、保守，对此青年一代也很不理解，觉得老年人太老套了。

理解上有偏差必然会直接影响到双方的正常沟通，至少会影响交往的

深度和质量。遇到这种情况，双方最好是都能做一下换位思考，从而体验一下对方的情感，也许就能找到一些相同的看法，这是很有利于沟通、交往的。

化解矛盾的有效原则

当然，化解沟通中的矛盾，还有其他的有效方法与原则：

1. 理解对方

我们要懂得，大千世界中的人是各种各样的。别人不可能完全同我们有一样的志趣，我们不能像要求自己那样去要求别人，每个人都有自己的个性和特点，有不同的长处和短处。

2. 宽容对方

要知道，世上没有十全十美的人，包括自己在内谁都有缺点，谁都有可能犯错误。所以说，要给别人改正错误的机会，就像希望别人也原谅自己的过失一样。

所有的阻碍都不是绝对的，只要用心沟通，
就可以拂去所有的厚重，让生活再度美好。

3. 别苛求对方

即使对方已经很注意、很努力，可能也有令你不满之处。所以说，我们不要对别人过分苛求，应尽量做到小事糊涂，大事明白。“水至清则无鱼”，对别人要求过高就难免曲高和寡，对别人太苛刻就等于拒人于千里之外，如此，你就成了孤家寡人。

总之，化解矛盾要首先从自己做起，记住，你如何对待别人，别人也会如何对待你。要走进别人的心灵，自己就要首先敞开胸怀。

图书在版编目（CIP）数据

沟通 /兰馨编著．—北京：时事出版社，2005
ISBN 7－80009－877－X

Ⅰ．沟…　Ⅱ．兰…　Ⅲ．人间交往　Ⅳ．C912.1

中国版本图书馆 CIP 数据核字（2005）第 020690 号

出版发行：时事出版社
地　　址：北京市海淀区万寿寺甲 2 号
邮　　编：100081
发行热线：（010）88547590　88547591
读者服务部：（010）88547595
传　　真：（010）68418647
电子邮箱：shishichubanshe@sina.com
印　　刷：北京昌平百善印刷厂

开本：787×1092　1/16　印张：23.25　字数：350 千字
2005 年 4 月第 1 版　2006 年 1 月第 3 次印刷
定价：38.00 元